第16章 制造业数字化转型案例

工业互联网、智能制造和供应链金融是当前制造业数字化转型的典型领域和案例。本章将结合多家世界500强企业的具体案例来介绍制造业如何从这些方面入手进行数字化转型以及取得的一些成效。

16.1 海尔集团工业互联网平台

海尔集团是中国家电产业的领先企业之一，自 2009 年以来一直保持全球大型家电市场占有率第一的地位。2012 年，海尔集团开始施行网络化战略，根据互联网经济特征，通过在生产制造方面向数字化、网络化、智能化转型，力图实现企业整体的转型升级，其中，主要的举措就是建设海尔智能制造平台（Cloud of Smart Manufacture Operation Platform，COSMO 平台）。COSMO 平台作为海尔集团自主研发、自主创新、有全球引领作用的工业互联网平台，未来发展愿景是建立以用户为中心的社群经济下的工业新生态。

COSMO 平台的目标是打造开放的工业级平台操作系统，在此基础上聚合各类资源，为工业企业提供丰富的智能制造应用服务。目前，COSMO 平台的业务架构主要为 4 层，自上往下依次为业务模式层、应用层、平台层和资源层（见图 16-1）。

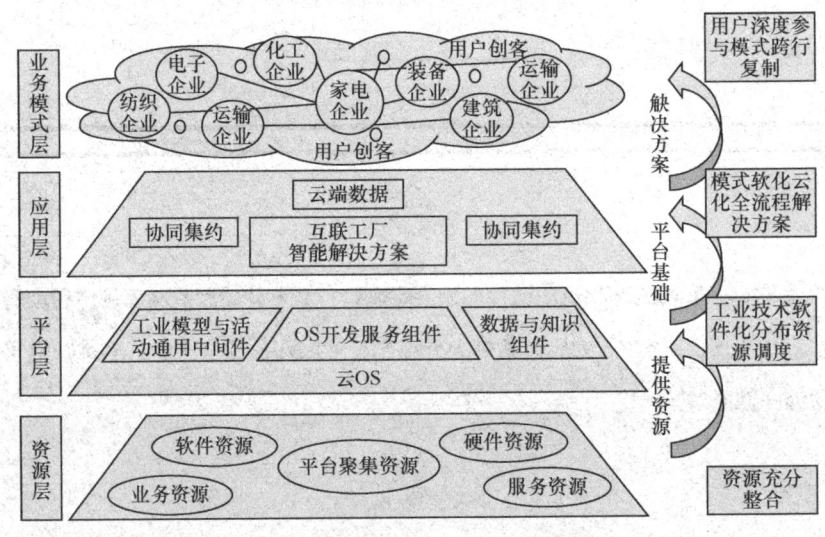

图 16-1　海尔集团 CSOMO 业务架构

最顶层的业务模式层的核心是互联工厂模式。在此基础上，海尔集团借助自身在家电行业积累几十年的制造模式和以用户为中心、用户深度参与的定制模式以及在工业互联网运营方面的经验模式，引领并带动利益相关者及与自身相关的其他行业发展。例如，海尔集团依托自身的家电制造模式，在制造电子行业、装备行业进行跨行复制。在业务模式层上，海尔集团对传统制造的组织流程和管理模式进行了颠覆，这是 COSMO 平台核心的颠覆。

在应用层上，海尔集团基于互联工厂提供的智能制造方案，将制造模式上传到云端并在应用层平台上开发互联工厂的小型 SaaS 应用，从而利用云端数据和智能制造方案，为不同的企业提供具体的、基于互联工厂的全流程解决方案。应用层目前已有基于 IM、WMS 等 4 大类 200 多项服务应用进驻。

平台层是 COSMO 平台的技术核心所在。在平台层上，海尔集团集成了物联网、互联网、大数据等技术，构建开放的云平台，同时采用分布式模块化微服务的架构，通过工业技术软件化和分布资源调度，向第三方企业提供云服务部署和开发。此外，平台层的数据与知识组件和工业模型活动的通用中间组件既可以为公有云提供服务，也可以为所有第三方企业的私有云提供服务。

COSMO 平台的基础层是资源层。这一层集成和充分整合平台建设所需的软件资源、业务资源、服务资源和硬件资源，通过打造物联平台生态，为以上各层提供资源服务。

COSMO 平台目前的运行机制是在智能服务平台上建设智能生产系统并构建智能产品、智能设备与用户的互联互通（见图 16-2）。

综上所述，COSMO 平台运行机制的核心理念在于以用户为中心，保证用户在生产全流程、全周期参与的体验迭代，通过与用户持续交互实现用户终身价值。这也是 COSMO 平台区别于国外主要工业互联网平台的关键所在。在具体操作中，COSMO 平台将全流程拆分为 7 个模块，分别对应交互定制、开放创新、精准营销、模块采购、智能生产、智慧物流、智慧服务等覆盖全流程的七大环节，通过泛在物联能力、知识沉淀能力、大数据分析能力、生态聚合能力、安全保障能力等五大能力，实现灵活部署、跨行业快速复制，赋能企业转型升级。

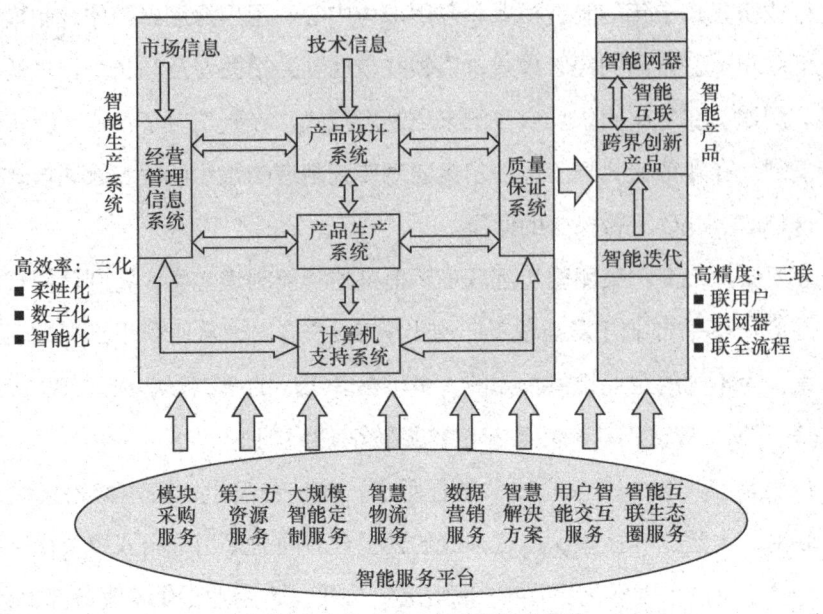

图 16-2　COSMO 平台的运行机制

16.2 海尔集团智能制造

当前全球各国都在争相介入新一轮国际分工争夺战中，随着比较优势逐步转化，全球制造业版图将被重塑。为此我国提出了"互联网+"行动计划。自 2009 年以来，7 年蝉联大型家用电器零售量全球第一的海尔集团，同样处在激烈竞争的旋涡中。同时海尔集团也是转型最快、最成功的企业之一，其核心思想是"互联工厂"，特点是以互联网技术为支撑，快速满足用户的定制化需求，使用户获得最佳体验。

海尔互联工厂通过互联网，让用户和生产线实现直接对话。用户的个性化需求可以在第一时间反馈到生产线，满足用户最佳体验。为了满足不同用户个性化需求，海尔互联工厂实现了从线上用户定制方案到线下柔性化生产的全定制流程。整个定制流程主要包括需求、交互、设计、预售、制造、配送、服务，循环迭代升级，各方资源融合成共创共赢生态圈。

海尔互联工厂可理解为"数字化支撑下的全流程透明可视"，其中包括两个含义：一是企业生产全流程可视，二是用户信息可视。"企业生产全流程可视"需要在基础设施上实现"IT与OT融合"，其含义是车间物联网、信息通信网、售后产品服务网的三网融合以及以iMES为核心的ERP、PLM、工业控制、物流系统的系统整合。这种融合其实就是"工业4.0"描述的"纵向整合"概念。"用户信息可视"要求实现"更广泛互联互通"，一方面是内外互联，通过互联网实现用户与设计、生产部门的互联互通，高效协同；另一方面是信息互通，机器设备与产品数据互联互通，最终还要和用户数据互通。也就是说产品在市场上的信息，可以在互联工厂实时反映到加工的设备、物流物料、加工的供应商，甚至员工的绩效也可以由用户对产品的评价驱动。这种互联互通与"工业4.0"所描述的"横向整合"异曲同工。

胶州空调工厂是海尔集团建设的互联工厂，也是"工业4.0"在国内的最新成果。该厂空调的颜色、外观、性能、结构等全部由用户决定，例如用户下单后，订单送达互联工厂，互联工厂随即开始定制所需模块，通过模块化拼装，可以实现用户对不同功能的选择并最大限度缩短产品制造所耗时间。在整个制造过程中，用户可以通过各种终端设备获取订单进程，了解定制产品在生产线上的进度和位置。

海尔互联工厂根据智能制造系统架构，设计出适合自己的转型之路——从"大规模制造"向"大规模定制"的转变（见图16-3）。信息技术（ERP、CMS、质量、财务、物流、供应链管理）和运营技术（传感器、机器、控制器、执行器）的完美融合是推动智能制造的核心动力。互联企业将业务与生产车间环境联系在一起，挖掘这两方面的数据并将其转化为具有指导意义的信息，这需要性能卓越、安全稳定、扩展性强且性价比高的服务器产品的支持。

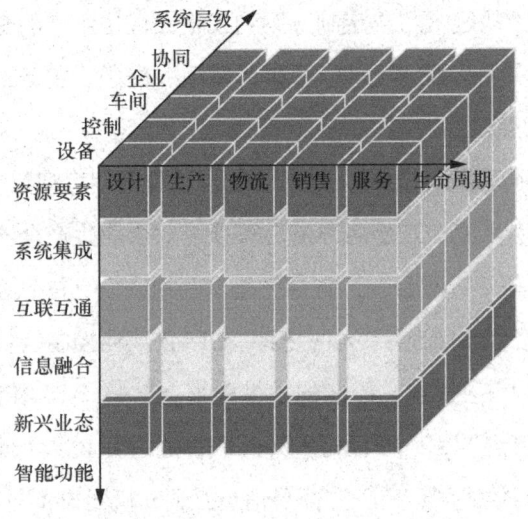

图 16-3 智能制造系统架构

16.3 海尔集团"数据上云"平台

作为世界 500 强企业，海尔集团在全球 17 个国家拥有 8 万多名员工，用户遍布世界 100 多个国家和地区。在发展过程中，海尔集团产生了大量有价值的文档数据资产。目前海尔集团在终端数据保护方面存在以下问题。

- 文档存储分散在员工本地硬盘上，备份困难，容易发生信息丢失、泄露等问题。
- 文档共享无法细分权限，权限混乱，散发范围广，对员工数据访问和带走文件难以有效控制。
- 文档全生命周期管理不能形成日志，无法追溯、审计、定位问题所在并进行有效风险规避。
- 员工终端丢失，容易造成大量终端数据泄露。

因此，海尔集团需要实施统一的海尔数据安全共享与存储管理云平台，保证企业文档资产的安全性，防止外泄。

海尔集团按照实际信息化和安全管理需求，采用 Hadoop 2.0 架构，在集团内部搭建了分布式存储和共享的"数据上云"平台（见图16-4）。基于廉价的硬件资源，搭建海尔数据安全共享与存储管理云平台，使用成熟的分布式架构（包括分布式应用和服务、分布式存储、分布式计算等），确保平台的高性能、高可用、可伸缩和可靠性。产品性能保证超过 10 000 并发用户、超过 30 000 注册用户正常使用并能支持平滑扩展。

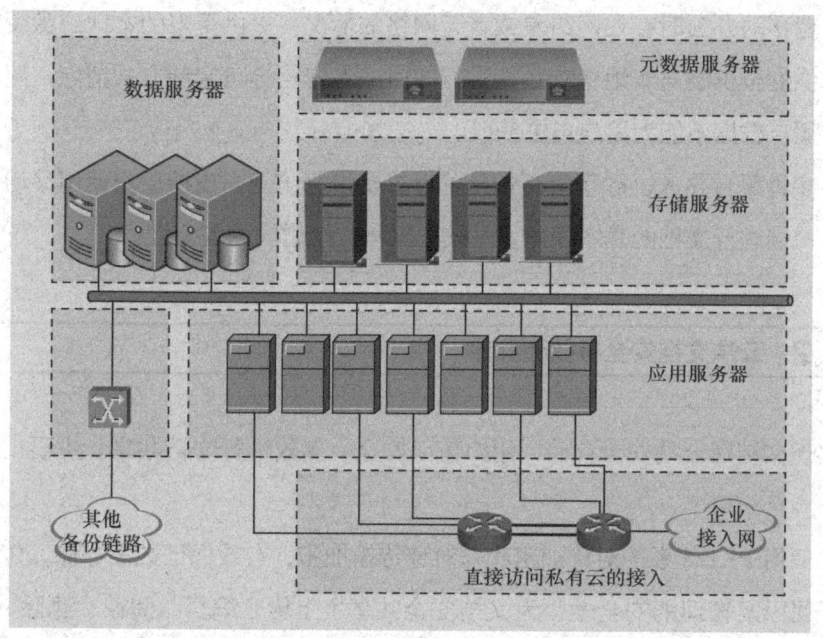

图 16-4 "数据上云"平台分布式架构

"数据上云"该平台是制造业第一个应用分布式的存储和计算技术构建的平台，数据集中存储在云端，而应用程序仍然驻留在 PC 端、移动端，可以极大地节约投入成本，同时完成信息化 + 安全管理的有效结合。

16.3.1 终端数据"上云"

海尔集团搭建数据安全共享与存储管理云平台，回收员工工作终端中的办公文档，降低文档泄露风险。主要方式实现如下。

- 终端使用方式上，在客户端电脑安装 Agent，虚拟一个类似于磁盘访问的盘符（保障用户体验，降低学习成本，保证用户快速上手），客户对于文档的访问均仅在此虚拟盘内进行，其他本地磁盘通过组策略或者其他可行方式进行隐藏或禁用，限制用户仅能对虚拟盘进行自主访问和文档存取操作。
- 客户端计算机不再存储办公数据，切断终端数据泄露的途径。考虑到出差或者移动办公时存在网络差或者无网络的情况，提供受限的本地磁盘缓存，提供安全机制对本地缓存数据进行即时或者定期等可定制方式清除，同时保证缓存数据不能为用户自主获取。
- 多种平台接入。除了使用传统的计算机进行访问，支持用户使用移动设备客户端进行文档的基本操作，系统应保障文档访问的安全性。

16.3.2 云端文档安全存储和共享

实现文档在云端安全存储，用户可以安全、高效进行文档共享。主要技术实现如下。

- 使用 PKI 体系的对称加密和非对称传输加密，有效保证数据存储、传输、使用以及管理的安全性，为文档安全共享（上传、编辑、阅读、删除、签入/签出等）提供细粒度的权限控制。
- 云端文档共享应该逻辑区分个人使用空间和共享使用空间，以保证个人和部门间共享。
- 在云端可通过不发送真实文件的方式安全共享文档，以减少对网络资源的消耗和提高安全性。
- 可对云端文档数据根据权限进行检索和使用。
- 支持并维护文档使用的多版本并可避免误删除。

16.3.3 云端文档访问全生命周期安全管理和审计

云中数据访问"事事留痕",为文档访问审计提供依据。主要技术实现如下。
- 系统提供文档生命周期操作的详尽记录,包括操作人、动作、时间、操作文档对象等信息,同时形成基于 Excel 等的日志报表,提供审计依据。
- 平台文档管理可进行二次授权,信息安全审计员、部门文档管理员、运维人员管理权限应进行严格分离,文档访问由各部门进行独立运营并保证权限控制。

16.4 雪松控股集团供应链金融平台

雪松控股集团创立于 1997 年,总部位于广州,是广州本土成长起来的世界 500 强企业、中国大宗商品领军企业,以 2334 亿元营收位列 2021 年世界 500 强第 359 位,连续 4 年上榜,是一家覆盖大宗商品供应链、化工新材料、文化旅游康养、社区智联服务和社会公益服务五大产业板块的民营企业,旗下拥有齐翔腾达、希努尔两家上市公司。

当前,国际经济形势风云变幻,我国中小微企业也面临着产业链重构的影响,同时融资难、融资贵问题依然突出,创新能力不强等问题有待于进一步加强。一方面,传统服务模式和技术条件下,中小微企业缺信用、缺信息、缺抵押的根本症结没有得到解决,依然面临成本高、风险大、效率低、供需不匹配等问题;另一方面,由于信用无法覆盖多级上下游企业,致使处于供应链长尾端的七成中小微企业仍存在融资难题。由于信息不全面导致信息不对称问题,中小微企业只能依赖抵押和质押。目前,市场上的信贷产品比较单一,大多要求企业提供土地、房产这些资产进行抵押、质押,而且经常要求企业家提供个人的无限连带责任担保,这些资金成本和时间成本都转嫁到中小微企业的融资成本上,加大了中小微企业管理者的个人负担。

近年来，尤其自 2020 年以来，随着物联网、区块链和金融科技手段的推广应用，通过专业的大宗商品供应链金融平台，贸易链条"四流合一"得以更好地展现，为金融机构塑造了一个真实可信、不可篡改的线上风控环境，促进了以应收账款融资、订单融资等方式为代表的供应链金融融资模式落地，为中小微企业更好地解决了融资难、融资贵的问题。

雪松控股集团通过"区块链＋大宗商品"在供应链金融领域的创新业务模式探索，加速供应链金融发展的步伐。通过新业务模式的推广实践，帮助中小型企业解决融资难、融资贵的难题。此外，该项目的顺利建设，帮助区块链技术与传统供应链金融服务业快速融合，为中小微企业提供全流程多场景的服务，为中小微企业有针对性地开发融资产品，帮助金融机构完善对中小微企业的融资产品和服务的不断创新。

16.4.1 "区块链＋大宗商品"业务场景

基于不可篡改、去中心化、匿名性、公开透明、自治性的特点，区块链技术能够有效解决大宗商品贸易行业虚假贸易、内幕交易、商业欺诈、设立平台对赌、提单仓单重复质押、篡改数据等不规范的交易行为。

通过搭建"区块链＋大宗商品供应链金融"平台（见图 16-5），充分利用区块链技术特性，能针对性地解决传统业务痛点并优化现有业务流程，实现全业务流程及周边供应链金融、物流、仓储的线上化支持。在该平台中，商品的生产出厂、货物在途运输、货物存放入库、货物贸易关系创建、货物提取出库、第三方机构监管、融资申请等相关核心环节的业务数据将随业务扩展逐步实现全量上链，在实现业务全方位支持的基础上，逐步实现与外部合作方、监管方、服务方业务系统的跨区域、跨机构、跨系统高效便捷对接。

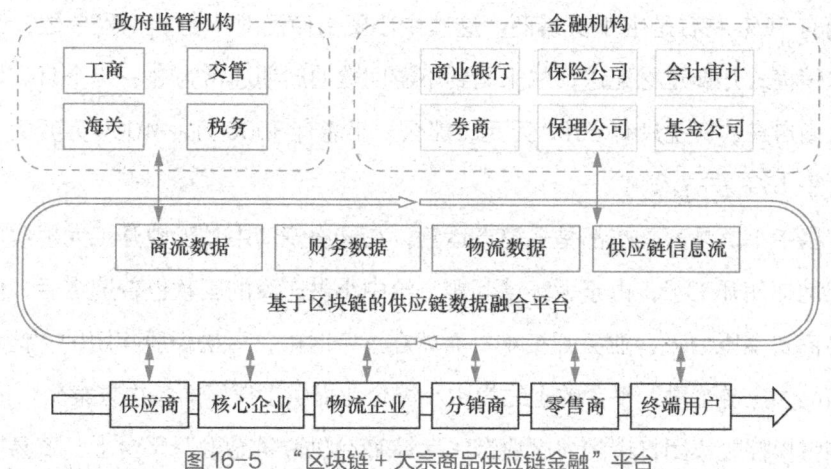

图 16-5 "区块链 + 大宗商品供应链金融"平台

"区块链 + 大宗商品供应链金融"平台的价值包括但不限于如下这些。

- 业务数据透明化。区块链上的所有信息对全网成员实时公开,包括各级监管机构,从根本上解决交易数据不透明的问题。

- 数据交互实时化。仓储货物的数量和种类必须实时与区块链上的汇总信息相符,监管者可以随时核对检查,而无须事先从交易所或第三方登记机构汇总仓单信息。这有助于现实对交易的实时监管,提高监管效率及灵活度。

- 流程执行自动化。利用区块链建立智能合约,可以通过条件触发自动执行传统合约的条款,执行过程不能人为干扰。

- 业务结算封闭化。这适用于清算结算体系。由于区块链的高度安全特性和数据永久保存特性,它非常适合用来做登记确权,如果交易也在区块链上发生,那么交易和清算同步完成,实现实时清算,尤其是在多层级贸易场景中,能够彻底消除由于延时清算造成的交易多方风险。

雪松控股集团打造的"区块链 + 大宗商品供应链金融"平台有效地解决了目前大宗商品贸易领域各参与主体的痛点和难点,尤其是中小微企业和金融机构。

16.4.2 疫情实践中的应用(以建材行业为例)

以建材行业工程配送项目为例,目前全国成千上万个工程项目中,上游的建材供应商有 70% 左右是中小贸易商。这些中小贸易商面对下游的工程单位，一般都是以赊销模式开展建材配送，从采购到下游回款的周期通常为 3～4 个月。如果一个贸易商自身的资金只有 1000 万元，那么一年能有 3000 万～4000 万元的收入，毛利水平 15% 左右。

这些中小贸易商基本都是轻资产运营，在这次疫情中，工地开工大规模延迟，有的工地即使开工了，由于大环境问题，给中小供应商的回款也普遍滞后，使得中小贸易商资金压力大，业务开拓难。而就在这个时候，雪松控股集团的"区块链+大宗商品供应链金融"平台的上线为中小微企业提供了很好的解决方案。

在雪松控股集团打造的"区块链+大宗商品供应链金融"平台上，贸易商只需要提供一些基本资料并与雪松控股集团指定的贸易商签订购销合同，同时由雪松控股集团指定的贸易商与下游工程单位签订购销合同；在平台供应链风控管理下，保障物资真实、安全地配送至工地；在下游工程单位收货确权之后，即可以通过平台合作的金融机构向上游供应商发放贷款。

首先，该平台解决了中小企业融资难的问题。中小贸易商不需要通过不动产抵押或信用担保的方式获取资金，而是通过平台的四流合一、先进的技术集成和O2O的风控管理，获取银行等资金方的充分信任后，按照优质的应收账款等底层资产来融资。所有的融资环节实现在线处理，提升了融资效率，在下游物资确权后 1～2 个工作日即可放款。相比于之前 3.5～4 次/年的周转率，可以大幅提升其资金周转，扩大市场规模。

其次，该平台解决了中小企业融资贵的问题。雪松控股集团通过对接国内各大国有银行和商业银行，通过自身的金融优势，成功地为平台客户对接上了一些低成本的资金方，按照目前的平均水平，能为中小企业提供 8% 左右的资金成本，使得贸易商的利润翻了一倍多。

最后，该平台不断帮助提升中小企业的盈利能力。一方面，雪松控股集团的平台为中小企业成功地提供了便捷、低成本资金，使得平台上的中小贸易商能最大化地利用自身优势开拓市场和客户资源，大幅提升收入和盈利水平。例如上述案例中的中小贸易商，如果有能力和资源获取 5 倍的订单，在自有资金 1000 万元的基础之上,通过平台再获得4000万元的融资,则全年可以实现1.5亿~2亿元的收入,利润相比之前翻了两倍多。另一方面,雪松控股集团通过线上和线下的贸易合作,帮助中小贸易商优化了供应链管理,例如通过综合物流服务或集采服务,帮助中小企业获取更低成本的车辆运输和材料采购,进一步提升盈利水平。

虽然雪松控股集团的平台根据供应链金融的原理,很好地解决了中小企业的融资问题,但目前很多银行还停留在传统的授信理念,对依托核心企业信用而延伸供应链金融授信的新授信理念还不能很好地接受,导致对雪松控股集团的平台的客户授信不足,无法满足平台企业的业务需求和融资需求,这还需要政府有关部门协助推进银行转变观念、提高效率,或者由政府主导、企业参与,成立专项供应链金融基金,通过科技平台,扩大对中小微企业的供应链金融融资支持。

雪松控股集团的"区块链+大宗商品供应链金融"平台目前已达成交易额282亿元,主要服务于华北、华东、华南地区的百余家中小贸易商和加工制造企业,其中,以应收账款和订单融资为主的供应链金融业务已经形成10多亿元的业务额,涉及15家企业。平台目前已合作的物流和仓储企业共计100多家,合作的银行等金融机构有10余家,平均放款周期根据不同的项目需要3~7个工作日。

产业数字化系列

产业数字化转型精要

方法与实践

李洋◎著

人民邮电出版社

北京

图书在版编目（CIP）数据

产业数字化转型精要：方法与实践 / 李洋著. --北京：人民邮电出版社，2022.3（2023.5重印）
（产业数字化系列）
ISBN 978-7-115-58409-0

Ⅰ. ①产… Ⅱ. ①李… Ⅲ. ①产业经济－转型经济－数字化－研究－中国 Ⅳ. ①F269.2

中国版本图书馆CIP数据核字（2021）第270624号

内 容 提 要

本书凝聚作者20余年在世界500强企业担任科技高管时总结、提炼的数字化转型的相关理念、方法论、实践经验、破局思路、实施路径等方面的核心要义，可以帮助企业深刻理解与实践数字化转型。

本书共16章。第1章和第2章简要介绍数字经济、数字化转型、产业数字化、数字产业化等相关内容。第3章~第9章系统地阐述数字化转型的战略设计、战术设计、数字化人才能力要求、组织能力建设、绩效考核、投资策略等内容。第10章~第12章从金融业、制造业、地产业三个方面重点阐释数字化转型的必要性、主要内容、实施路径等内容。第13章介绍数字化转型过程中的技术应用，同时介绍了云原生、业务中台、数据中台、数字化安全等热门主题。第14章阐释数字化转型的误区和应对策略。第15章和第16章从金融业、制造业两个方面介绍世界500强企业的数字化转型案例。

本书内容丰富，案例翔实，适合数字化转型的企事业单位管理人员，以及对数字化转型感兴趣的专业人员阅读。

◆ 著　　李　洋
责任编辑　秦　健
责任印制　王　郁　焦志炜

◆ 人民邮电出版社出版发行　北京市丰台区成寿寺路11号
邮编　100164　电子邮件　315@ptpress.com.cn
网址　https://www.ptpress.com.cn
涿州市京南印刷厂印刷

◆ 开本：700×1000　1/16
印张：18.5　　　　　　　　　　2022年3月第1版
字数：277千字　　　　　　　　2023年5月河北第3次印刷

定价：79.90元

读者服务热线：(010)81055410　印装质量热线：(010)81055316
反盗版热线：(010)81055315
广告经营许可证：京东市监广登字 20170147 号

前言

数字经济时代科技工作者的最大幸运是始终具有能够站在巨人肩膀上继续前行的机遇!

过去的20年,是中国飞速发展的20年,也是互联网、大数据、云计算、物联网等新兴科技蓬勃发展的20年。从传统的信息化到互联网转型,再到当下如火如荼的数字化转型,各行各业都在见证科技赋能业务和驱动业务的大踏步发展。在整个过程中,我们作为科技工作者,也在不断磨炼,伴随着社会、行业、企业不断发展,创造价值。

在此过程中,随着我国数字经济体量不断增长,数字产业化和产业数字化一时间成为各个行业、各家企业关注的热点和焦点。企业的CEO、董事长、财务负责人、人力资源负责人、业务负责人,以及与数字化天生息息相关的科技负责人都席卷在此潮流中。随之而来的便是各种困惑、不安、焦虑和无助。什么是数字化转型?要不要转型?转型的目标是什么?转型的路径是什么?转型要怎么转?……与此同时,笔者在对多个行业的数字化转型进行把脉的过程中,也看到企业出现的一些怪现象,主导数字化转型的CIO或者CDO身负重任,面临巨大的压力,而现实情况是,要么企业老板不太明白转型的重要性和必要性,要么与企业正常运营相关的业务、人力、财务等条线的负责人或者员工缺乏必要的数字化转型意识和思想,对数字化转型进程不但未能起到积极的促进作用,反倒在资源、组织、机制等各方面有所阻碍,更有甚者,很多打着控制/降低成本的旗号,破坏转型,破坏企业的价值创造。从根本上说,这是从业者在数字化意识、思想和文化方面出了问题,缺乏基本的大局观、企业责任感和社会责任感,使得企业错失了数字经济时代的发展机遇。

笔者自2001年开始步入网信工作领域,早年在多所名校求学,见证和亲历了中国科技行业在单机时代、互联网时代、信息化建设、数字化转型等历史进程中的长足进步,也作为主导者和中坚力量在金融、制造、互联网、商业等领域领导信息化建设和数字化转型工作,组建团队、构建流程、锻造能力、建设平台、支持和赋能业务、管理科技公司等,一路摸爬滚打,其间有经验、有教训,更有对中国科技发展的切身体验。因此,在数字化转型的重要历史阶段,笔者基于自己多年担任科技业务高管服务世界500强企业的经验,认为非常有必要对数字化转型的相关理论和实践进行清晰描述和界定，向 CEO、CIO、CDO、CPO、CFO、CHO、CMO 等企业的股东、董事会、经营者、高级管理者、中层乃至基层员工传递数字化转型的正确思想、预期、理念、文化和实践经验，以帮助大家在充满变化与机遇的时代能够掌握有效的工具，服务企业，不断取得进步。基于此，笔者经过与人民邮电出版社编辑深入沟通与交流，萌生了撰写本书的念头。

数字化转型不是从天上突然掉下来的新生事物，它是人类在自身发展过程中，在企业经营过程中，将企业的生存和发展、用户的连接和经营、企业价值的创造和提升等各方面的业务经营诉求诉诸数字化手段或工具的一项历史任务，它也是经历了网络化、信息化、自动化等发展阶段后的一个必然诉求，同时也是通往智能化的必然阶段。概括地说，这个宏观历史进程的顺利推进，在微观层面上对企业来说取决于科学和系统的战略规划、战术设计、组织建设、思想与文化养成、技术平台建设及运营等核心要素于一体。它是一项长期的工程，需要不断摸索、不断实践、不断优化、不断迭代。

没有理论的实践是盲目的实践。任何一个实践性强的领域都需要有相应的理论进行正确指导，而新生领域的常识对从业者来说是不可或缺的，因此数字化转型的常识对行业从业者来说尤为重要。本书正是基于这个背景，根据笔者 20 余年在多个行业、多家世界 500 强企业出任 CIO 或 CDO 的任职经历撰写而成，希望通过此书向企业高层管理人员、信息化或数字化从业人员以及有志从事数字化转型的大学生等群体讲述产业数字化转型的方方面面，不求全责备，但求帮助读者快速建立有关数字化转型的常识，从而帮助大家在具体的产业和企业数字化转型实践中把握先机，少走弯路，事半功倍。

同时，本书出版面世恰逢我出任会长的广东省 CIO 联盟成立十周年之际，谨以本书作为贺礼，祝愿联盟能够把握时代潮流，众行致远，继续服务好社会和行业。

感谢李球主任、古伟中局长、李广乾博士对本书的点拨指导和倾情推荐，感谢人民邮电出版社编辑团队的辛勤工作，感谢广东省工信两化融合发展中心袁宏伟主任及各位老师、专家、朋友在本书撰写和出版过程中给予的支持和帮助！

李洋
2022 年 1 月于羊城

资源与支持

本书由异步社区出品，社区（https://www.epubit.com/）为您提供相关资源和后续服务。

提交勘误

作者和编辑尽最大努力来确保书中内容的准确性，但难免会存在疏漏。欢迎您将发现的问题反馈给我们，帮助我们提升图书的质量。

当您发现错误时，请登录异步社区，按书名搜索，进入本书页面，单击"提交勘误"，输入勘误信息，单击"提交"按钮即可，如右图所示。本书的作者和编辑会对您提交的勘误进行审核，确认并接受后，您将获赠异步社区的100积分。积分可用于在异步社区兑换优惠券、样书或奖品。

与我们联系

我们的联系邮箱是 contact@epubit.com.cn。

如果您对本书有任何疑问或建议，请您发邮件给我们，并请在邮件标题中注明本书书名，以便我们更高效地做出反馈。

如果您有兴趣出版图书、录制教学视频，或者参与图书翻译、技术审校等工作，可以发邮件给我们；有意出版图书的作者也可以到异步社区投稿（直接访问 www.epubit.com/contribute 即可）。

如果您所在的学校、培训机构或企业想批量购买本书或异步社区出版的其他图书，也可以发邮件给我们。

如果您在网上发现有针对异步社区出品图书的各种形式的盗版行为，包括对图书全部或部分内容的非授权传播，请您将怀疑有侵权行为的链接通过邮件发送给我们。您的这一举动是对作者权益的保护，也是我们持续为您提供有价值的内容的动力之源。

关于异步社区和异步图书

"**异步社区**"是人民邮电出版社旗下 IT 专业图书社区，致力于出版精品 IT 图书和相关学习产品，为作译者提供优质出版服务。异步社区创办于 2015 年 8 月，提供大量精品 IT 图书和电子书，以及高品质技术文章和视频课程。更多详情请访问异步社区官网 https://www.epubit.com。

"**异步图书**"是由异步社区编辑团队策划出版的精品 IT 专业图书的品牌，依托于人民邮电出版社几十年的计算机图书出版积累和专业编辑团队，相关图书在封面上印有异步图书的 LOGO。异步图书的出版领域包括软件开发、大数据、人工智能、测试、前端、网络技术等。

异步社区

微信服务号

目录

导读 推动数字经济安全健康发展和经济社会数字化转型

第1章 时代呼唤数字化转型

1.1 从数字经济谈起	012
1.1.1 数字经济的来源	012
1.1.2 数字经济的主要内容	015
1.1.3 数字产业化和产业数字化	016
1.2 数字经济的时代格局和趋势	017
1.2.1 全球发展概况	017
1.2.2 中国发展概况	018
1.3 从工业革命的角度看数字化	019
1.4 数字化转型在重点产业的发展现状	021
1.5 信息化、数字化和智能化	024

第2章 深入理解数字化转型

2.1 以科技视角看数字化转型	026
2.2 以用户视角和企业经营视角看数字化转型	027
2.3 实施数字化转型追求的价值目标	029
2.3.1 生产运营优化	030
2.3.2 产品/服务创新	031
2.3.3 商业模式创新	032
2.4 数字原生企业与非数字原生企业	034

第3章 数字化转型的战略设计

3.1 企业经营需要战略设计	036
3.2 数字化转型战略设计五原则	038
3.3 数字化转型战略设计三大误区	040
3.3.1 目标不明确或错把某些设计前提当目标	040
3.3.2 战略设计与实现脱节	041
3.3.3 将战略混同于一般的行动计划	042

第 4 章 数字化转型的战术设计

4.1 战术与战略的关系	044
4.2 应用"3-1-1"战术设计框架	045
4.2.1 业务数字化	046
4.2.2 数字化基础设施	048
4.2.3 数字化文化与组织	049
4.2.4 数字化治理	050
4.2.5 数字化生态	051
4.3 战术保障数字化转型"从量变到质变"	052
4.3.1 灵活使用战术框架	052
4.3.2 "从量变到质变"的五个阶段	053

第 5 章 数字化转型的领导者——T 型能力领袖

5.1 数字化转型需要领导者和管理者的综合体	058
5.1.1 领导者和管理者基本概念	058
5.1.2 领导者和管理者的主要区别	058
5.1.3 数字化转型需要"具有管理才能的领导者"	059
5.2 "T 型能力领袖"的主要特质和能力	061
5.2.1 当前数字化转型失败的主因是领导者和组织的问题	061
5.2.2 认识"T 型能力领袖"	062
5.3 数字化转型相关 CXO 职责简介	065
5.3.1 首席信息官	065
5.3.2 首席数字官与首席数据官	066
5.3.3 首席技术官	071
5.3.4 当前企业的任用情况	072
5.4 企业如何选择数字化转型的领导者	073

第 6 章 三阶段构建"业务敏捷型"IT 组织

6.1 传统科技组织的特点和短板	078
6.2 什么是"业务敏捷型组织"	079
6.2.1 时代需要"业务敏捷型组织"	079
6.2.2 IT 类"业务敏捷型组织"的四个要素	080
6.2.3 "业务敏捷型组织"的基本能力	082
6.2.4 "业务敏捷型组织"的数字化人才	086

6.3	分三阶段建立"业务敏捷型组织"	087
6.4	应用 ITBP 机制做好业务依赖的伙伴	088

第7章 其他非 IT 组织促进数字化转型

7.1	与数字化转型密切相关的组织	092
7.1.1	人力资源管理部门	092
7.1.2	财务管理部门	092
7.1.3	法律事务部门	093
7.1.4	其他职能部门与业务部门	093
7.2	协同推进数字化转型	094
7.2.1	人力资源管理部门的支持	094
7.2.2	财务管理部门的支持	095
7.2.3	法律事务部门的支持	096
7.2.4	其他部门的转变	096

第8章 设定数字化转型的绩效

8.1	数字化转型绩效评估的必要性	100
8.2	如何评价数字化转型绩效？是 KPI 还是 OKR	100
8.2.1	KPI 和 OKR 的区别	100
8.2.2	应用数字化 KPI 进行评价	103
8.3	数字化 KPI 实例	105

第9章 企业确定投资数字化转型的策略

9.1	企业数字化转型的投资现状	108
9.1.1	加大数字化转型投入是大部分企业的共识	108
9.1.2	数字化转型投入现状不容乐观	109
9.2	数字化转型的三大主要投资方向	110
9.2.1	数字化技术投资	110
9.2.2	业务数字化投资	110
9.2.3	数字化组织和文化投资	111
9.3	说服决策层投资数字化转型	112
9.3.1	同业类比说明	112
9.3.2	事件驱动促进	112
9.3.3	定性 + 定量分析	113

第10章 金融行业数字化转型

10.1 银行业数字化转型　116
10.1.1 银行业的主要痛点与机遇　116
10.1.2 银行业数字化转型策略　117
10.2 保险业数字化转型　125
10.2.1 保险业的主要痛点与机遇　125
10.2.2 保险业数字化转型策略探讨　129
10.3 证券业数字化转型　134
10.3.1 证券业的主要痛点与机遇　134
10.3.2 证券业数字化转型策略探讨　136

第11章 制造业数字化转型

11.1 制造业数字化转型的必要性　144
11.1.1 制造业发展的大势所趋　144
11.1.2 制造业面临的三大挑战　146
11.2 制造业数字化转型的主要内容　148
11.2.1 培育数字化企业　148
11.2.2 构建数字化供应链、产业链　149
11.2.3 打造数字化生态　149
11.3 制造业数字化转型路径分析　150
11.3.1 从"产品中心"到"客户中心"　150
11.3.2 从"人智驱动"向"数智驱动"转变　152
11.3.3 从"传统组织"向"数字化组织"转变　153
11.4 应用工业互联网促进制造业数字化转型　155
11.4.1 什么是工业互联网　155
11.4.2 推进工业互联网建设的主要举措　157
11.4.3 工业互联网推动数字化转型的主要应用场景　158

第12章 地产业数字化转型

12.1 地产业面临的挑战和机遇　168
12.1.1 规模增速放缓,步入存量时代　169
12.1.2 政策引导加强,去杠杆趋势明显　169
12.1.3 需求端升级,需要精细化经营　170
12.2 地产业数字化转型策略　172

12.2.1	应用数字技术革新驱动地产业数字化转型	172
12.2.2	抓住七大数字化应用方向进行转型	174

第13章 新科技、新安全、新生态

13.1	**数字化技术概览**	**190**
13.1.1	云计算	190
13.1.2	大数据	195
13.1.3	人工智能	199
13.1.4	区块链	203
13.1.5	物联网	208
13.1.6	5G 和边缘计算	211
13.2	**数字化转型的云原生驱动力**	**220**
13.2.1	云原生与云计算的天然联系	220
13.2.2	云原生的技术构成	221
13.2.3	数字化转型为什么迫切需要云原生	222
13.2.4	使用云原生完成数字化转型目标	223
13.3	**业务中台到底要不要**	**225**
13.3.1	中台简介	225
13.3.2	业务中台	227
13.3.3	数据中台	228
13.3.4	技术中台	230
13.3.5	数据中台、大数据平台和数据仓库的区别	234
13.3.6	什么样的企业适合上中台	235
13.4	**不可忽视的数字化安全**	**236**
13.4.1	数字化转型面临的安全挑战	236
13.4.2	应用"数智化安全框架"保障数字化安全	238
13.4.3	人工智能原生安全需引起高度重视	240
13.5	**数字化生态是必经之路**	**245**
13.6	**数字经济时代的"新科技、新安全、新生态"**	**246**
13.6.1	应用"新科技"	246
13.6.2	夯实"新安全"	247
13.6.3	打造"新生态"	248

第14章 数字化转型的误区和应对策略

14.1	**转型避坑指南**	**252**
14.1.1	战略误区	252

14.1.2	战术误区	252
14.1.3	思想意识误区	253
14.1.4	投资误区	253
14.1.5	技术误区	253
14.2	给转型者的一些建议——"李洋十二条"	254

第15章 金融业数字化转型案例

15.1	平安人寿业务数字化转型	260
15.2	平安银行业务数字化转型	261
15.2.1	推动组织变革与机制创新	261
15.2.2	全面提升核心科技能力	262
15.3	平安集团大数据安全风控	264
15.4	平安集团下一代智能安全运营中心 NGSOC	266
15.5	平安集团数字化生态建设	268

第16章 制造业数字化转型案例

16.1	海尔集团工业互联网平台	272
16.2	海尔集团智能制造	274
16.3	海尔集团"数据上云"平台	276
16.3.1	终端数据"上云"	277
16.3.2	云端文档安全存储和共享	278
16.3.3	云端文档访问全生命周期安全管理和审计	279
16.4	雪松控股集团供应链金融平台	279
16.4.1	"区块链+大宗商品"业务场景	280
16.4.2	疫情实践中的应用（以建材行业为例）	281

导 读

推动数字经济安全健康发展和经济社会数字化转型

深刻领会数字经济的基本内涵，精准把握数字经济的核心要义。数字经济是一门多学科交叉、多行业跨界、多领域的学科，概念相对宏观，内涵十分丰富，而且随着信息技术不断创新及其与经济社会各领域渗透融合发展，数字经济的内涵和外延不断扩展变化，目前全球对此还没有一个统一的定义。作为经济学概念，人们认为数字经济是人类通过大数据的识别、选择、过滤、存储、使用，引导、实现资源的快速优化配置与再生，从而实现经济高质量发展的经济形态。按照《G20数字经济发展与合作倡议》所述，数字经济是指以使用数字化的知识和信息作为关键生产要素、以现代信息网络作为重要载体、以信息通信技术的有效使用作为效率提升和经济结构优化的重要推动力的一系列经济活动。中国国家统计局的《数字经济及其核心产业统计分类（2021）》指出，数字经济是指以数据资源作为关键生产要素、以现代信息网络作为重要载体、以信息通信技术的有效使用作为效率提升和经济结构优化的重要推动力的一系列经济活动。这与《G20数字经济发展与合作倡议》的表述基本一致。

数字经济是继农业经济、工业经济之后全新的社会经济发展形态，也是世界经济创新发展的主流模式。数字经济有着丰富的内涵。

第一，数字要成为核心要素。数字化是以泛在互联为基础环境、以数据作为关键生产要素，然后利用新一代数字化的信息技术并依托信息网络这个载体来实现。数字经济的框架主要包括数据资源的价值化、数据资源和数字化技术的产业化、数字技术和传统领域深度融合推动的产业数字化，以及政府和社会的数字化治理四个方面。数字经济核心产业是指为产业数字化发展提供数字技术、产品、服务、基础设施和解决方案，以及完全依赖于数字技术、数据要素的各类经济活动，其中，数字作为关键核心要素，发挥无可替代的作用。

第二，数字经济的核心推动力是新一代网络和信息技术及其与传统行业的融合创新应用，包括大数据、云计算、物联网、区块链、人工智能、5G、量子科技、虚拟现实和增强现实等新型网络信息技术。云计算作为关键核心的数字技术引擎，是数字经济发展的关键支撑，构筑了数字经济的底层核心。云计算加速推动网络信息技术的数字化革命,催生了基于万物互联和人类智力互联的数字经济形态,一方面,基于数字信息这一核心要素资源的网络信息技术创新应用及其产业化,培育新业态,形成数字产业化;另一方面,新一代网络信息技术与传统产业深度融合,促进传统经济向数字化、网络化、智能化方向转型升级,形成产业数字化。这二者构成数字经济的主体。

第三,数字经济的目标使命,是以数据为关键生产要素、以生态为主要商业载体、以开放共赢为主流合作模式,通过计算优化资源配置、提升效率、改善经济结构去推动一系列经济活动,从而实现新的增长和高质量发展。与此同时,由于新一代网络信息技术的广泛应用,颠覆了人们传统的时间和空间观念,数字经济的发展使传统经济体在竞争战略、组织结构、业务流程、客户关系和企业文化等经营管理各个方面面临新的挑战。

第四,数字经济发展受到摩尔定律、梅特卡夫法则、达维多定律三大定律的制约,呈现出四个基本特征。一是快捷性,高速泛在的互联网能够以接近于实时的速度收集、处理和应用信息数据,使得经济活动突破时间和空间的约束,体现数字经济高速快捷的经济特性;二是高渗透性,由于网络信息技术具有极高的渗透性功能,信息化与工业化、城镇化和农业现代化深度融合发展,数字化驱动引领三大产业相互渗透、融合发展;三是外部经济性容易导致垄断的特征,根据梅特卡夫法则,网络的价值等于网络节点数的平方,网络产生和带来的效益将随着网络用户的增加而呈指数形式增长,用户人数越多,每个用户得到的效用就越高,这容易导致在数字经济发展中出现强者更强、赢家通吃的垄断局面;四是边际效益递增促进可持续性发展的特征,互联网促使经济组织结构趋向扁平化,生产者与消费者可直接联系,减少了中间商层次,实现了大幅度降本增效,使得数字经济具有边际成本递减和累积增值的特点,这有利于减少传统产业对物质资源和能源的过度消耗,有利于改善人与自然环境的共生关系,有利于社会经济的可持续发展。

第五,数字化是数字经济发展的基础前提,数字化企业是推动数字经济发展的主要力量。数字化是构建数字经济底层的关键步骤,传统企业需要完成数字化转型才能形成新经济发展的内核力。如果仍旧采用传统低效的决策运营管理模式,即使拥有先进的科学技术,也不具备可持续发展的能力。只有大部分企业实现了数字化转型,进而形成数字化的产业集群,才能支撑数字经济快速健康可持续发展。数字化企业需要企业经营管理人员具有数字化思维意识、素养与技能,需要构建数字化的企业发展战略、运营管理模式和商业模式，还需要具备全面数字化的高效软硬件体系。数字经济中的平台经济基于网络效能、规模效应和排他效应，会在各行各业中不断延伸自己的触角。数字化龙头企业打造的数字化平台会延伸到工作和生活的方方面面，能够为多个行业赋能服务，也可以为经济社会数字化转型提供多方面的科技和数据支持。

企业数字化转型是指通过利用现代网络信息技术和通信手段，在企业组织内部从销售到市场，再到产品、服务以及新的商业模式等各个领域进行与数字化技术应用相关的全方位变革，从而改变企业为客户创造价值的方式。企业的数字化转型建立在信息的数字化和流程数字化的基础上，着眼于运用数字技术改造商业模式、产生新的收益和价值创造机会，着力于实现核心业务的数字化，开发数字化技术及支持能力，打造富有活力的数字化商业模式和新的核心竞争力，从而实现新的可持续增长。数字化转型对企业的深层次价值体现在：可以有效地提升劳动生产率，降本增效；可以通过资源的优化配置、人与机器的重新分工，推动商业模式的创新和变革，为企业创造新的价值；可以通过建立囊括企业内部数据和外部数据的大数据平台，以大数据分析结果为依据，做出合理的商业决策；可以通过率先实现创新技术、组织架构和企业文化的数字化转型，获得先发制人的优势；还可以通过数字化转型促进企业国际化。

从技术经济学的角度，我们可以对数字化转型给出另一个定义，即数字基建＋数字技术＋数字化商业模式＝数字化转型。而数字化转型的出发点和落脚点是一切以消费者满意为核心，这是因为数字基建＋数字技术＋数字化商业模式所有的投入和企业所有的产品和服务必须由消费者买单。这就需要在真正了解数字时代消费者的真实需求基础上，以创造和提升消费者价值为中心，以满足和挖掘消费者需求的价值为使命，在不断改善传统行业产业链结构的同时，创造性地发展新兴产业，使得企业和消费者的价值在市场中得以充分体现，最终实现企业价值的最大化。也就是说，因为数字化让价值的发现成本变低，数字化转型要综合利用先进数字技术在消费者中创造与数字化相关的价值经济而不是传统的规模经济。

企业如何推进数字化转型呢？每个行业和每家企业不同，转型的目标、策略和路径也不一样，需要具体问题具体分析。但是，推进数字化转型有一些基本的共性元素和要领值得遵守。第一，坚持以客户为核心的方向，始终在帮助客户创造和获取最大价值的过程中实现企业自身利益的最大化；第二，坚持整个组织做到敏捷的方针，以适应数字化转型企业文化和制度支撑，做到思维观念敏捷、团队人员敏捷、业务流程敏捷等，以适应内外部环境的变化和组织战略的调整；第三，紧密结合企业核心业务发展需要，认真制定一套清晰的数字化转型战略；第四，必须依据数字化转型战略实施的需要，培养出相应的数字能力，以适应市场环境和消费者的心理行为不断变化；第五，在打造数字化转型所需要的技术能力的同时，着力培育适应数字化转型的企业文化；第六，根据数字化转型战略实施的需要，调整企业组织结构、领导团队和人才发展战略和企业经营管理运营机制，让其始终与企业的数字化转型战略保持一致。

推动数字经济健康发展和经济社会数字化转型，必须认真领会贯彻落实新时代党和国家做出的重大决策部署要求。党的十九届六中全会把发展数字经济写入《中共中央关于党的百年奋斗重大成就和历史经验的决议》，党的十九届五中全会提出的国家到2035年基本实现现代化的九大远景目标、国民经济和社会发展"十四五"规划提出的六大目标都与数字经济发展和经济社会数字化转型紧密相关。近年来，互联网、大数据、云计算、人工智能、区块链等技术加速创新，日益融入经济社会发展各领域全过程，数字经济发展速度之快、辐射范围之广、影响程度之深前所未有，正在成为重组全球要素资源、重塑全球经济结构、改变全球竞争格局的关键力量。要站在统筹中华民族伟大复兴战略全局和世界百年未有之大变局的高度，统筹国内国际两个大局、发展安全两件大事，充分发挥海量数据和丰富应用场景优势，促进数字技术与实体经济深度融合，赋能传统产业转型升级，催生新产业、新业态、新模式，不断做强、做优、做大我国数字经济。

党的十八大以来，党和国家高度重视数字经济发展、网络安全和信息化建设，实施网络强国战略、国家大数据战略、国家网络空间安全战略，出台《中华人民共和国网络安全法》《中华人民共和国数据安全法》《中华人民共和国个人信息保护法》《关键信息基础设施安全保护条例》等法律法规，加强新型数字信息基础设施建设，拓展数字网络经济空间，大力支持网信领域的各类创新，推动互联网、大数据、云计算、区块链、人工智能、量子科技和实体经济深度融合，建设数字中国、数字政府、智慧社会，推进数字产业化、产业数字化、数字化治理，打造具有国际竞争力的平台龙头企业和数字产业集群，我国数字经济快速发展，经济社会数字化转型成就辉煌。特别是新冠肺炎疫情爆发以来，数字技术在经济社会各行业应用得到深度融合发展，加快推进各行业数据资源共享应用，有效促进产业数字化和社会治理数字化变革，在支持抗击新冠肺炎疫情、恢复生产生活方面发挥了重要作用。

推动数字经济健康发展和经济社会数字化转型，必须重点把握六个方面。一要精准把握数字经济发展的重大趋势和基本规律。当今时代，数字技术、数字经济是世界科技革命和产业变革的前沿和先机，是新一轮国际竞争重点领域和未来发展的制高点。数字经济具有高创新性、强渗透性、广覆盖性，不仅是新的经济增长点，而且是改造提升传统产业的支点，必然成为构建现代化经济体系的重要引擎。数字经济健康发展有利于推动构建新发展格局，有利于推动建设现代化经济体系，有利于推动构筑国家竞争新优势。我们要抓住先机、抢占制高点，以加快数字技术、数字经济融合发展为切入点，推动各类资源要素快捷流动、各类市场主体加速融合，帮助市场主体重构组织模式，打破时空限制，延伸产业链条，畅通国内外经济循环，实现跨界发展，加快数字产业化、产业数字化和数字化治理的进程，全面促进经济社会数字化转型。

二要着力加强网信领域关键核心技术攻关，完善新一代数字技术基础设施支撑体系。当前，以5G、集成电路、大数据、云计算、区块链、人工智能等为代表的新一代信息技术快速演进、交叉融合，促使"技术-产业"交互迭代效应持续增强，正在深刻改变全球技术产业体系，并强有力地支撑数字经济创新发展。我们要充分发挥新时代中国特色社会主义制度优势、新型举国体制优势、超大规模市场优势，牵住自主创新这个"牛鼻子"，提高网信领域基础技术研发能力，聚焦网络信息前沿技术和具有国际竞争力的关键核心技术重点发力，打好关键核心技术攻坚战，加快实现重点突破和体系化提升，把发展数字经济自主权牢牢掌握在自己手中。要加强战略布局，加快建设高速泛在、天地一体、云网融合、智能敏捷、绿色低碳、安全可控的智能化综合性新型数字信息基础设施，打通经济社会发展的信息"大动脉"，重点突破基础软件、区块链、EDA等关键软件，提升关键基础平台软件技术创新和供给能力，全面推进产业化、规模化应用，夯实数字经济健康发展的底层逻辑和发展根基。

三要着力构建平台体系，完善数字产业体系。基于互联网和数字要素资源的平台经济是数字经济的基本形态，也是数字化的神经中枢，通过平台整合线上线下优势资源，实现高水平互联互通，放大融通发展的倍增效应。一方面，要支持规范发展线上线下相结合的在线交易平台，使得O2O数字平台经济广泛渗透到经济社会各领域。另一方面，要重点发展以操作系统或技术标准支持的专业化平台，例如工业互联网平台、区块链平台、人工智能平台等，突出平台化设计、智能化创造、网络化协同、个性化定制、服务化延伸、数字化管理特色，实现资源优化配置、精准匹配供给需求和跨领域、跨时空融通创新发展。完善数字产业体系，必须依托数字核心企业形成产业关联体系和数字产业集群，进而形成具有聚合能力优势的数字产业链和供应链，这是数字经济的主体支撑和活力源泉。我国数字经济发展虽然具有速度优势和规模优势，但数字核心企业不多，底层技术和核心技术创新以及技术市场化上还不能适应竞争发展的需要，数字产业集群优势还不明显，消费互联网与工业互联网发展失衡，这些都是我国数字经济发展的短板所在，长此下去将会严重制约数字经济发展进程和水平，必须尽快完善数字产业体系，通过优化体系结构、强化体系功能、放大体系优势以解决这些问题。

四要着力推动数字经济和实体经济融合发展，协同推进数字产业化和产业数字化转型。推动数字经济和实体经济融合发展，不是简单的"数字经济＋实体经济"，而是通过数字技术和实体经济深度融合，发展新业态、丰富新场景，不断创造数字经济新的实现形式，开拓数字化新空间，培育发展新优势，从而获得创新发展的乘数效应和倍增效应。主要发展领域包括以深化产业链合作推动产业体系重构，通过平台整合线上线下资源形成平台化产业生态，推动"优势产业＋互联网＋人工智能"转型，通过场景化融合推动形成新产品、新服务、新业态等。要把握数字化、网络化、智能化的重大趋势方向，聚焦战略前沿和制高点领域，立足重大技术突破和重大发展需求，推进重点领域数字产业发展，增强产业链关键环节竞争力，完善重点产业供应链体系，加速数字化产品和服务迭代。特别是要推动互联网、大数据、人工智能同传统技术产业深度融合，利用互联网新技术对传统产业进行全方位、全链条的改造，提高全要素生产率，发挥数字技术对经济发展的放大、叠加、倍增作用，推动制造业、服务业、农业等产业加快数字化转型。此外，拓展数字经济创新发展空间，需要特别强调两个方面。一方面，要突出发展数字贸易。数字贸易就是通过数字技术和数字服务推动各领域开展的贸易创新，其突出的特征就是贸易方式的数字化和贸易对象的数字化。数字贸易在全球特别是在中国具有巨大的创新发展空间，它将推动经贸格局加速变革，也进一步推动数字经济体系的不断完善。另一方面，要突出发展数字消费。数字消费既包括数字产品和服务的消费化，也包括传统消费业态的数字化。数字消费既有内容创新，也有形式创新。从内容看，数字消费以新媒体传播为载体，以线上线下结合为特征，正在快速迈向"云消费"时代，通过内容营销和场景营销大幅度拓展消费新空间,加速推进生活消费全数字化变革。从形式看,从网红的流量经济、直播带货到"云消费""码经济",突破时间与空间、商品与服务的界限,实现供给需求精准对接,现实场景和虚拟场景双体验,从而激发消费需求。特别是随着数字支付和数字货币的推广使用,进一步强化数字消费的影响力,放大数字消费的空间,并且以强大的扩散力渗透社会生活各个领域,从更深层次上推动消费创新。"十四五"规划明确提出:提升传统消费,培育新型消费,发展信息消费、数字消费、绿色消费。这是从消费领域谋划部署推动"形成以国内大循环为主体、国内国际双循环相互促进的新发展格局,培育新形势下我国参与国际合作和竞争新优势"的战略举措,也是消费创新的必由之路,而数字消费则是其中的重中之重,对于创新消费理念、重构消费逻辑、引领消费趋势、拓展消费空间、优化消费结构、放大消费功能、推动消费革命具有重大而深远的意义。

五要坚持以人民为中心,完善数字治理体系,规范数字经济发展。要不断完善数据资源体系,依托数据要素确权、交易主体、定价机制、交易市场、交易监管机构等,构建数据权属与收益制度体系、数据定价交易市场体系、数据共享与安全隐私保护体系、数据技术标准与基础设施支撑体系、数据市场开放体系,把我国具有海量数据资源优势转化为发展优势,加快推进数字资产化、价值化进程,充分发挥数据在数字经济发展中的重要作用。要健全法律法规和数字时代国家安全政策制度体系,明确平台企业主体和行业自律的责任义务,完善主管监管机构分工协作体制机制,改进提高监管技术和手段,形成社会监督、媒体监督和公众监督的合力,积极参与数字经济国际合作,开展双多边数字治理合作,提高我国数字经济治理体系和治理能力现代化水平。要坚持以人民为中心,促进发展和监管规范两手抓、两手都要硬,在发展中规范、在规范中发展,健全市场准入制度、公平竞争审查监管制度,建立全方位、多层次、立体化监管体系,实现事前事中事后全链条全领域监管,防止平台垄断和资本无序扩张,保护平台从业人员和广大消费者合法权益,依法查处垄断和不正当竞争行为。要提升全社会数字经济思维能力和专业素质,加强新一代信息技术教育普及,增强领导干部发展数字经济的本领,提高全民数字素养和技能,夯实数字经济发展社会基础,挖掘推广数字经济新场景、新应用、新业态,开拓数字消费新市场、新空间,强化网络安全和数据安全意识,推动数字经济更好地服务和融入新发展格局。

六要着力加强网络安全保障体系建设,确保数字经济安全发展和数字化转型顺利进行。网络安全已经成为非常重要的非传统安全之一，没有网络安全就没有国家安全，更没有数字经济安全健康发展。在数字经济时代，数据蕴含着巨大的价值，已成为重要的生产要素和战略资产，数据的共享是数据开发、利用和增值的重要一环，但数据安全一直是制约数据共享的瓶颈。平衡数据共享与数据安全，加速释放数据要素市场红利，促进数字经济整体健康、持续发展的需求越来越强。与此同时，数字时代的网络安全呈现四大特点。特点之一，以攻击数据、盗取数据为核心，勒索病毒会长期存在并不断出现变种。因此，网络安全技术也要不断地创新才能主动应对威胁。特点之二，网络安全的防御不断向纵深发展。现在越来越多的网络攻击渗透的方式和正常的访问越来越难以区分，以前那种光靠外围围墙式被动防御的安全已经不管用，因为漏洞的存在，防御是一定会被突破的。因此，网络安全技术要和业务系统深度融合，通过业务判断网络的访问行为是攻击还是正常访问，这标志着网络安全技术创新、防护体系构建和方式方法的选择应用都进入深水区，网络安全保障需要与业务深度融合以建立全天候、全覆盖、全过程、全感知的新型技术架构和动态防护体系。特点之三，网络安全场景化的趋势非常明显，例如无人驾驶、车联网的场景、大数据分析应用的场景、数据确权定价和交易支付的场景、物联网的各种应用场景等，场景化、个性化的网络安全技术和解决方案也会越来越突出。特点之四，数据交换共享的安全需求和远程协同热度突增，新基建、新技术、新应用、新兴业态面临网络安全新的挑战。新基建使用了云计算、人工智能、区块链、物联网、5G 等技术，利用大数据高级分析等技术优化整体流程，并且提供更多的远程解决方案。与此同时，新基建作为数字化的基础设施，进一步加大了网络安全威胁覆盖面，尤其吸引了高级网络安全威胁的注意力，将大数据中心、5G 网络等新基建作为重点目标，增加云管端每个环节的安全防御难度。安全威胁随时都可能影响到新基建关键基础业务的正常运行。特别是，一旦发生网络攻击，攻击将会从数字空间延伸到物理空间，造成更加严重的后果。总之，互联网是一点接入、全球联网，网络安全是一点击破、全网突破。数字经济发展和数字化转型的过程中，安全和发展相辅相成。要正确处理安全和发展的关系，安全是发展的前提，发展是安全的保障，安全和发展同步推进，以安全保发展、以发展促安全。网络安全和信息化是一体之两翼、驱动之双轮，必须统一谋划、统一部署、统一推进、统一实施，做到协调一致、齐头并进。要认真贯彻落实《中华人民共和国网络安全法》《中华人民共和国数据安全法》《中华人民共和国个人信息保护法》《关键信息基础设施安全保护条例》《国家网络空间安全战略》等网络安全法律法规战略，严格实施网络安全责任制和网络安全三同时制度，聚焦关键信息基础设施网络安全、信息资产和数据安全，从资产、脆弱性和威胁分析应对网络安全的新变化、新形势、新挑战，坚持技术创新和管理创新，加快核心技术领域自主可控、安全可控的信息技术体系建设，构建全方位、全天候、全过程、全覆盖的体系化网络安全保障体系，确保数字经济安全健康发展，数字化转型顺利推进。

李洋博士在《产业数字化转型精要：方法与实践》一书中，从认知数字化转型的时代大格局和大趋势出发，从不同领域的多个视角阐述了数字化转型的定义和内涵，探讨了数字经济、数字产业化、产业数字化发展的现状，以及数字原生与非数字原生等前沿问题。作者围绕产业数字化提出了"六大实践精要"。第一，企业要明确何为数字化转型，精准把握数字化转型的四大本质，也就是说，数字化是在现有基础上，充分发挥数字要素的功能，优化资源配置，提高经营效率，提升企业的竞争力，而不是一切推倒重来；数字化要以业务的转型升级为根本目标和行动指南；数字化的出发点和落脚点体现的内在逻辑就是实现新的价值创造；数字化转型是一项长期的系统工程，不可能一蹴而就。第二，作者总结了数字化战略设计的五大原则，即遵守以用户为中心原则、遵守业务导向原则、遵守价值导向原则、遵守良性发展原则和遵守适度超前原则。此外，作者强调，企业应当以业务为主线，牢牢把握"科技创新、网络安全、数字生态"三大核心立足点，科学谋划、务实推进数字化转型。第三，作者围绕数字化转型的战术设计，提出了"3-1-1"战术设计框架，其中，"3"指的是业务数字化、数字化基础设施、数字化文化与组织，两个"1"分别是数字化生态和数字化治理。第四，数字化转型对领导者与组织应当具备的素质和能力提出要求，无论是企业的决策层、管理层还是执行层，每一个领导者及其团队都应该具备数字化的意识、素质和能力，企业数字化转型的关键人物 CIO 要具有 CEO 的全局观和把控执行力，具有 CTO 的前瞻性和敏锐性，也要具有 CSO/CRO 的果断和安全风控能力，能够及时发现安全风险并进行处理，也要具有 CMO 的智慧和宣传引导能力，还要具有 CPO 的技能，能够熟悉流程的再造与优化等。对数字化转型项目中企业的核心领导来说，除了具备上述 CXO 的各种素养和能力，更重要的是懂得科技创新与业务发展深度融合，具备把数字化全面贯彻到企业决策层、管理层和执行层各领域、各岗位，落实到企业转型的全过程，用数字化提升效率获取红利的能力。第五，数字化转型对组织人才和团队的要求：一是团队成员要具备一致的价值观，并且有过硬的技术；二是要建立团队内部管理和对外协同的运营机制以提升流程效率；三是团队要具备驾驭先进技术、集成应用技术构建平台的能力。就如何培育选拔引领数字化转型的优秀领导者和优秀团队组织，本书分别提出了"T型领袖人才"和建立"业务敏捷型"IT组织方案，并从定性和定量相结合出发，以实证案例讨论了如何确定企业数字化转型投资和如何设定数字化转型的绩效问题。第六，作者分析了包括世界500强企业在内的产业数字化转型实例，总结了一系列的数字化转型的路径和方案，包括以云原生技术为核心打造数字化基础设施，以数据上云构建企业移动、高效、安全的数字化办公系统，以数据中台技术支撑精准高效的业务数字化及数据资产管理，等等。

李洋博士在金融、地产和高端智能制造行业龙头企业的CIO、CSO以及CIO兼CDO岗位上，以制造业数字化转型、金融和地产业数字化转型为切入点进行实践探讨与创新，着力于数字化转型过程中新科技的应用、新安全保障体系的建设、数字化新生态的预测与展望，在制造业数字化转型中新技术的融合应用、供应链金融平台的建设和运营、地产业供给侧改革和去存量化等领域，探讨总结了多项成功的经验，指出了数字化转型中存在的多个误区，并给出了"李洋十二条"应对策略。

总之，《产业数字化转型精要：方法与实践》一书具有技术应用上的前瞻性和融合性，管理方法上的科学性和创新性，实操指导上的可行性和便捷性，有益于企业和企业家认清当今数字化转型的大趋势和时代要求，弄清楚为什么要数字化转型、做什么样的数字化转型、如何推进数字化转型等问题，从而帮助企业从自发到自觉科学有效开展适合本行业和本企业特色的数字化转型。

李球

湖南省委网信办室务会成员

一级巡视员

工信部电子科技委员会原委员

湖南省移动互联网协会会长兼理事长

中南大学区块链研究中心首席顾问

湖南商用密码产业示范基地顾问

2022年1月

第 1 章

时代呼唤数字化转型

数字化转型已经成为各行各业发展的大势,产业数字化转型的浪潮席卷全球。本章将详细阐述与数字化转型相关的数字经济及其发展、数字化转型在重点产业的发展现状,以及数字化与信息化、智能化等的联系和区别。

1.1 从数字经济谈起

1.1.1 数字经济的来源

虽然"数字经济"这一词汇经常见诸各种文章，但迄今为止人们对它的确切含义仍然没有达成共识。从现有的文献看，"数字经济"一词最早出现于加拿大学者唐·塔普斯科特（Don Tapscott）所著的《数据时代的经济学》（*The Digital Economy: Promise and Peril in the Age of Networked Intelligence*）一书中。在这部1996年的著作中，塔普斯科特并没有给出"数字经济"的确切定义，而是用它泛指互联网技术出现之后的各种新型经济关系。

数字经济是继农业经济、工业经济之后的一种新的社会经济发展形态，目前已经发展成当下非常受关注的焦点之一，伴随而来的是各种热词（见图1-1）。诚然，以数字科技手段重构生产要素，数字经济催生出新的生产力，从而构建出新的生产关系，不仅能够大幅降低环境、资源消耗，提高经济智能化水平，而且可以为社会提供大量就业岗位，让更多人从数字经济的发展和带来的机遇中受益。

在2000年之前，对经济影响最大的数字技术就是互联网技术，因此在这一阶段，人们对于数字经济的认识主要是围绕着互联网技术展开的，并且着重强调由其带来的电子商务（e-commerce）和电子业务（e-business）[①]。例如，曾任美国总统科技事务助理的尼尔·莱恩（Neal Lane）在1999年的一篇论文中，将数字经济界定为"互联网技术所引发的电子商务和组织变革"。而美国商务部在一份1999年的报告中，

---

① 电子商务指的是经由互联网技术进行的商品和服务交易，而电子业务指的则是采用了互联网技术的业务流程。

也把数字经济理解为"建筑在互联网技术基础之上的电子商务、数字商品和服务，以及有形商品的销售"。美国普查局于2001年发布的一份报告则把数字经济分为三部分：以互联网为核心的电子基础设施，以及建筑于其上的电子业务和电子商务。

在2000年之后，ICT产业发展迅猛，一大批新的数字技术纷纷涌现，并开始对经济发展产生重大影响。与之相对应，"数字经济"的概念也一再扩展，试图将更多新技术的影响也包含进来。例如，澳大利亚宽带通信和数字经济部于2013年发布的一份报告就将

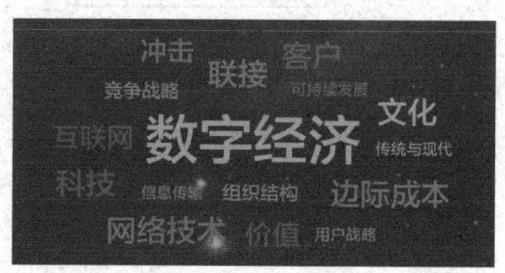

图1-1 炙手可热的数字经济及其相关热词

新兴的移动互联网纳入数字经济的范畴，把数字经济定义为"由互联网、移动网络等数字技术赋能的经济和社会活动"。而经济合作与发展组织（Organization for Economic Co-operation and Development，OECD）于2016年发布的报告则把数字经济的定义进一步拓宽，将物联网、大数据、云计算等新技术，以及在其之上衍生出的经济和社会活动全部纳入到数字经济的范畴。

通过以上对数字经济概念的简要回顾，我们可以看到两个重要的信息：首先，数字经济的概念不是一成不变的，随着数字技术的演进，它的定义会不断拓展；其次，数字经济所指的，包括技术本身，更包括在技术之上衍生出的各种经济活动，其范围是比较广泛的。

需要指出的是，尽管目前人们已经逐步认可数字经济不应该只包含互联网经济，而应该包含由更多数字技术衍生出的经济形式，但关于在既有的技术条件下，哪些活动应该被包含进数字经济，哪些活动不应该被包含进数字经济，仍然存在争议。为了避免概念上的混淆，我们可以将数字经济划分为三个层次（见图1-2）。

第一个层次（也就是核心）应当包括数字部门本身。它是用来生产和制造数字技术的，是整个数字经济的技术基础。

第二个层次（也就是狭义范围）应当包括由数字经济创造的原本没有的经济形态，例如数字服务、平台经济等。

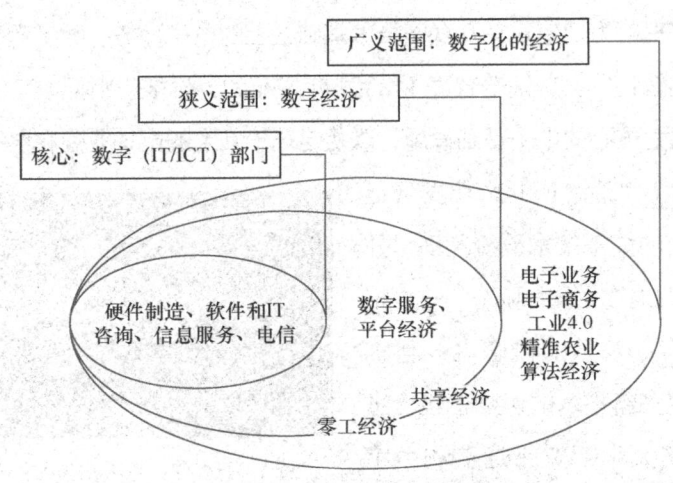

图1-2 数字经济的三个层次

第三个层次（也就是广义范围）则应当包括被"数字化"的各种经济活动。这一层次的范围很广，电子业务、电子商务、工业4.0等概念都可以纳入其中。

当然，现在一些经济形式可能会同时涉及两个或两个以上的层次。例如我们所熟悉的共享经济、零工经济依托平台作为核心，同时对传统业务进行数字化，因此应该同时属于上述的第二个层次和第三个层次。

G20杭州峰会发布的《G20数字经济发展与合作倡议》对数字经济的定义是**以使用数字化的知识和信息作为关键生产要素、以现代信息网络作为重要载体、以信息通信技术的有效使用作为效率提升和经济结构优化的重要推动力的一系列经济活动**。该定义阐明了数字经济的三个核心部分（见图1-3）。

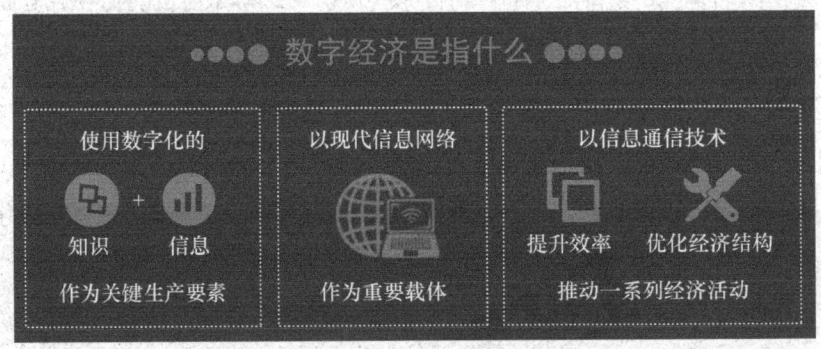

图1-3 数字经济的定义

1.1.2 数字经济的主要内容

为衡量数字经济发展水平的重要统计标准，《数字经济及其核心产业统计分类（2021）》（简称《数字经济分类》）已在国家统计局网站公开发布。《数字经济分类》从"数字产业化"和"产业数字化"两个方面确定了数字经济的基本范围，并将其分为数字产品制造业、数字产品服务业、数字技术应用业、数字要素驱动业和数字化效率提升业5大类（见图1-4）。

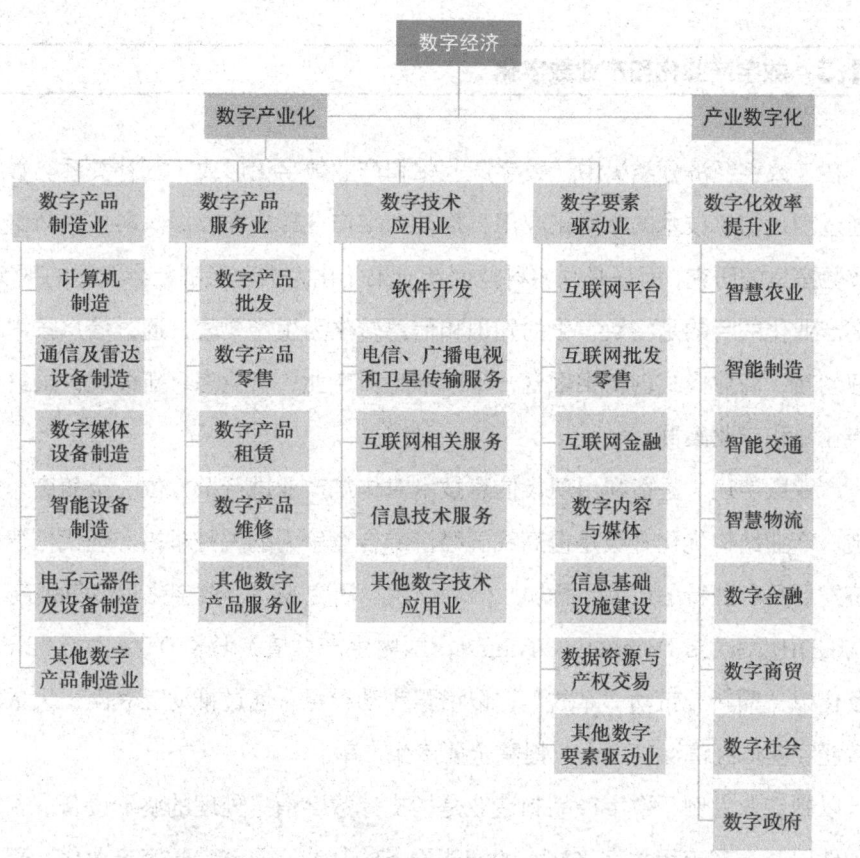

图1-4　数字经济的主要内容

在这5大类中，前4大类为数字产业化部分，即数字经济核心产业，是指为产业数字化发展提供数字技术、产品、服务、基础设施和解决方案以及完全依赖于数字技术、数据要素的各类经济活动，对应《国民经济行业分类》中的 26 个大类、68 个中类、126 个小类。前 4 大类是数字经济发展的基础。

第 5 大类产业数字化部分，是指应用数字技术和数据资源为传统产业带来产出增加和效率提升。第 5 大类是数字技术与实体经济的融合。该部分涵盖智慧农业、智能制造、智能交通、智慧物流、数字金融、数字商贸、数字社会、数字政府等数字化应用场景，对应《国民经济行业分类》中的 91 个大类、431 个中类、1 256 个小类，体现了数字技术已经与国民经济各行业产生深度渗透并将进一步广泛融合。

1.1.3　数字产业化和产业数字化

在《数字经济分类》中，数字产业化和产业数字化形成了互补关系。数字产业化通过现代信息技术的市场化应用，推动数字产业形成和发展。科技创新绝不仅仅是实验室里的研究，而是必须将科技创新成果转化为推动经济社会发展的现实动力。数字产业化的目的是将数字化的知识和信息转化为生产要素，通过信息技术创新与管理创新、商业模式创新相融合，不断催生新产业、新业态、新模式，最终形成数字产业链和产业集群。

产业数字化，是指利用现代信息技术对传统产业进行全方位、全角度、全链条改造。产业结构优化升级是提高我国经济综合竞争力的关键举措。现代信息技术对经济发展具有独特的放大、叠加、倍增作用。研究表明，数字化程度每提高 10%，人均 GDP（Gross Domestic Product，国内生产总值）增长 0.5% ~ 0.62%。产业数字化以"鼎新"带动"革故"，以增量带动存量，通过推动互联网、大数据、人工智能和实体经济深度融合，提高全要素生产率。

以制造业为例，数字产品制造业是指支撑数字信息处理的终端设备、相关电子元器件以及高度应用数字化技术的智能设备的制造，属于"数字产业化"部分。它包括计算机制造、通信及雷达设备制造、数字媒体设备制造、智能设备制造、电子元器件及设备制造和其他数字产品制造业。智能制造是指利用数字孪生、人工智能、5G、区块链、VR/AR、边缘计算、试验验证、仿真技术等新一代信息技术与先进制造技术深入融合，旨在提高制造业质量和核心竞争力的先进生产方式，属于"产业数字化"部分。它主要包括数字化通用专用设备制造、数字化运输设备制造、数字化电气机械器材和仪器仪表制造和其他智能制造。数字产品制造业和智能制造是按照《国民经济行业分类》划分的制造业中数字经济具体表现形态的两个方面，它们互不交叉，共同构成了制造业中数字经济的全部范围。

1.2 数字经济的时代格局和趋势

1.2.1 全球发展概况

在全球范围内，经济活动的数字化被推上了快速发展的道路，从国际组织、各国商务、产业、经济部门到各大咨询机构发布的众多研究报告均指出数字经济的巨大潜力。各国也从国家战略高度对数字经济发展进行了定位与指导——他们普遍将数字经济视为全球经济复苏的契机与新动力。世界正处于重大的数字变革之中，数字化正在主导全球经济的各个领域。以美国为例，2006—2016年，美国的数字经济年均增长速度达到5.6%，远高于1.5%的总体经济增长速度，是经济增长的主引擎。全球著名管理咨询公司麦肯锡的全球研究院对美国和欧洲的数字化研究显示，所处行业的数字化程度越高，企业盈利也越高。过去20年间，美国高数字化行业的平均利润率增长为低数字化行业的2~3倍。到2030年，数字化或将转变与创造10%~45%的行业总收入。

相关报告显示，全球数字经济指数与各国人均GDP也有一定关系，数字经济指数较高的国家人均GDP较好，呈现正相关关系。除此之外，数字经济在全球各国都展现出强大的发展韧性和抗冲击能力。2019年，全球数字经济增加值达到

31.8 万亿美元。全球数字经济城市竞争力方面，纽约、波士顿、伦敦、新加坡和东京位居前五。在英国，由媒体、互联网和电影、音乐、广告等创意产业所构成的数字经济已成为国家最大的经济部门；新加坡推出"全国人工智能策略"，在交通物流、智能市镇与邻里等领域推动人工智能应用，以促进经济向数字化转型。世界经济数字化转型已是大势所趋，数字经济是新一轮科技革命和产业变革的重要动力，也是推动经济高质量发展的重要途径，未来，数字经济大有可为。

1.2.2 中国发展概况

近年来，中国经济发展环境发生重大变化。国内方面，人口红利、城镇化等传统驱动因素对经济增长的边际贡献不断下降，传统的财政货币调控手段负面效应持续增加。国际方面，2008 年全球金融危机余波尚未完全平息，逆全球化思潮又开始出现，贸易保护主义盛行，国际经贸、科技、教育往来出现波折，使得全球产业链调整形势严峻。与此同时，经济发展不确定性因素增多，这加大了中国经济的下行压力。大数据、云计算、人工智能、区块链、物联网等新一代数字科技与实体经济的加速融合，为新产业、新模式带来无限可能，使数字经济得以蓬勃发展，为中国经济带来新的源头活水。同时，强有力的支持政策、迅速发展的数字科技、完善的数字基础设施、超大规模的市场和丰富的人才资源等，为中国数字经济大步追赶甚至超越西方发达国家，创造出重要的时代机遇。数字经济将有效带动生产力提升和生产关系调整，助力中国经济质量变革、效率变革、动力变革，极大地改变中国经济传统版图，启动经济转型发展新引擎。

中国早在 2015 年出台的"十三五"规划就在国家层面确立了数字经济发展的重要性，"十三五"规划建议拓展网络经济空间，促进互联网和经济社会融合发展，推进产业组织、商业模式、供应链、物流链创新，支持基于互联网的各类创新，全国数字经济稳步发展。2020 年，面对突如其来的疫情，数字经济展现出强大的发展韧性，实现了逆势增长，为世界经济复苏、增长注入了重要动力。这一韧性在中国表现得尤为明显。2017—2019 年，中国数字经济增加值规模年均增长达 20%。

2019年，中国数字经济总量达到35.8万亿元，占GDP比重的36.2%。2020年，视频会议、网上购物、在线教育、远程医疗等"非接触经济"加速发展，信息传输、软件和信息技术服务业增加值增长16.9%，全国实物商品网上零售额增长14.8%。数字经济已成为促进企业复工复产的"生力军"，也是对冲经济下行压力的"稳定器"。2021年1月5日，上海社会科学院信息研究所发布的数字经济蓝皮书《全球数字经济竞争力发展报告》显示，中国数字经济竞争力位于全球第三位，与美国的差距呈逐年缩小态势，中国的数字产业竞争力连续四年位居全球首位。

中国数字经济发展潜力巨大，不论是市场自带的数字化产业发展的用户基础、互联网巨头企业建立的丰富的数字化生态圈、不断外延的数字化商业战略，还是政府政策上对数字经济发展的重视，都预示着数字经济从上到下的发展势头。产业数字化转型打破了信息孤岛，实现了全产业、跨领域之间信息的互联互通，从生活方式到生产环节，从网络虚拟到实体经济，极大地拓展了传统经济的边界，数字经济正逐步成为推动我国经济发展的新动力。

1.3 从工业革命的角度看数字化

从18世纪60年代开始，人类社会历经四次工业革命，现在正处于第四次工业革命的进程中。每一次工业革命都诞生了许多新事物，但如果选择其中最具代表性的，则分别是蒸汽机、发电机、计算机和互联网。与这四种事物相对应的四个关键词分别是机械化、电气化、信息化和数字化，这四个词高度概括了工业革命的演进历程（见图1-5）。

第一次工业革命：机械化。第一次工业革命开始于18世纪60年代，标志性事件是织布工哈格里夫斯发明了"珍妮纺织机"，从此棉纺织业中出现了螺机、水力织布机等先进机器。不久以后，采煤、冶金等工业部门也陆续采用机器进行生产。

随着机器生产越来越多,原有的动力(如畜力、水力和风力)等已经无法满足需要。1785年,瓦特制成的改良型蒸汽机得到广泛使用,它提供了更加便利的动力,推动了机器的普及和发展,人类社会由此进入"蒸汽时代"。蒸汽机的广泛应用意味着生产不再依赖于水力和畜力,大机器生产开始取代工厂手工业。大机器生产促进了工厂和城市的繁荣,生产力开始第一次大爆发。

图1-5 四次工业革命演进历程

第二次工业革命:电气化。1866年,德国人西门子研制出发电机,随后电灯、电车、电影放映机相继问世,人类进入了"电气时代"。19世纪七八十年代,以煤气和汽油为燃料的内燃机相继诞生,解决了交通工具的发动机问题,让汽车、轮船和飞机得到迅速普及,推动了石油开采业的发展和石油化工工业的产生。19世纪70年代,美国人贝尔发明了电话。19世纪90年代,意大利人马可尼发明了无线电报。这为迅速传递信息提供了可能。发电机、电灯、电车、内燃机、电话和电报等技术的发明,推动了第二次工业革命的诞生。

第三次工业革命:信息化。20世纪40年代,第三次工业革命开始,其代表技术有电子计算机、原子能、航天、人工合成材料、分子生物学等。第三次工业革命让生产效率得到提升,从以前主要依靠提高劳动强度变成通过生产技术的不断进步、劳动者的素质和技能不断提高。这也使得经济、管理、生活等发生了很大变化,人们的衣、食、住、行、用也在发生重大变革。在这些技术中,对人类社会影响最大的是计算机的发明和应用,它推动了生产自动化、管理现代化、科技手段现代化和国防技术现代化,也推动了情报信息的自动化。

第四次工业革命:数字化。现在,我们正处于第四次工业革命时期。第四次工业革命是第三次工业革命的延续,相当于第三次工业革命的升级版,其标志性事件是万维网的诞生。1990 年,蒂姆·伯纳斯 – 李第一次成功通过 Internet 实现了 HTTP(HyperText Transfer Protocol,超文本传输协议)代理与服务器的通信,这意味着万维网的诞生。万维网让互联网开始走向商用并成为一个产业,让人类从信息化时代走向数字化时代。第四次工业革命催生了很多新兴行业,比如互联网、人工智能等;也催生了很多公司,包括现在十分活跃的亚马逊、谷歌、脸书、阿里巴巴、腾讯、百度、小米等;一些传统企业也通过转型涉足这些行业,比如 IBM、苹果、微软、华为等。

1.4 数字化转型在重点产业的发展现状

企业数字化转型的浪潮已经到来。有关数据显示,截至 2017 年,已有 50% 以上的中国 TOP1000 企业把数字化转型作为企业的战略核心。然而,不同行业的数字化转型的路径和速度不同,媒体、零售、金融服务行业处于数字化转型的旋涡中心,随后是快消品与制造、建筑、制药等行业。以下重点列举几个行业的发展情况。

1. 金融服务行业

近几年,以移动互联网、大数据等新技术为核心竞争力的金融科技公司日渐崛起,传统银行业开展数字化转型的紧迫感逐日递增(见图 1-6)。传统银行业主要面临两个挑战:一是随着互联网应用的不断深化,客户行为模式已经发生了根本性变化,新的客户行为模式对银行业提出了随时随地、知我所需、量身定制的新需求;

二是新进入者正在不断蚕食银行价值链，在资产业务、负债业务和中间业务三方面拆分传统上由银行提供的一系列服务。在这种情况下，借助数字技术重构用户体验、商业流程、产品与服务以及商业模式，进而实现转型创新和业务增长，已经成为传统银行业实现数字化转型的核心所在。

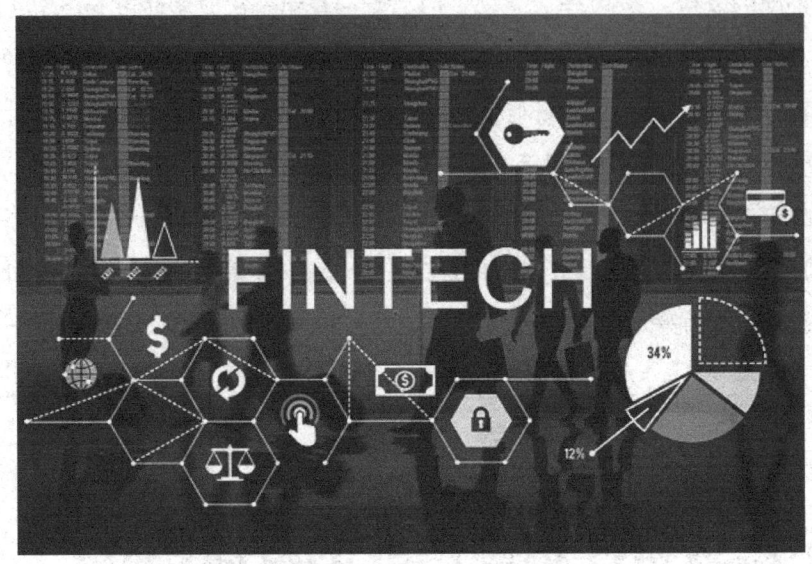

图 1-6　金融行业呼唤数字化和金融科技

2. 零售行业

零售行业是与消费者直接交互的终端，当今消费方式发生了很大的变化，科技进步和消费升级成为推动零售行业变革的两大主要力量。数字化帮助零售行业渠道实现线上线下全面融合以及产品全生命周期的信息透明化。消费者对产品的价值期望、购买方式、购买体验等提出了新的要求。大数据、物联网、云计算、人工智能、无人支付正在将零售行业推向数字化、智能化的新零售阶段。综合来看，目前中国零售市场中 57% 的销售受到数字化的影响，零售企业的数字化能力将成为企业未来成功与否的决定性因素之一。新零售商业模式、数字化转型实现了客户的全方位连接，也可以帮助零售企业实现平台化、生态化、社交化的全新商业模式。零售企业必须把握数字化转型契机，通过大数据全方位感知、勾勒客户画像，场景化感知客户需求，实现数字化客户体验；通过O2O连接线上线下，实时响应，锁定客户，完善数字化渠道建设；优化供应链、支付结算体系，实现透明、智能的运营体系，发挥数字化运营竞争优势，优化数据化运营体系。

3. 制造行业

经过几十年的快速发展，我国制造行业规模跃居世界第一位，并逐步建立起种类齐全、独立完整的制造体系。但与先进国家相比，我国的企业管理仍然较为粗放，标准化、规范化管理基础薄弱，经营管理人才队伍和信息化水平还不高，内部系统集成度比较差，处于"2.0普及、3.0补课"的状态，精益管理需求再次得到极大推动。目前，大多数企业在购买生产车间设备时没有要求开放数据接口，大部分设备还不能自动采集数据，无法实现车间联网；同时，由于运营执行层缺乏信息系统支撑，生产过程难以实现全程追溯，与生产管理息息相关的制造BOM数据、工时数据也不准确，导致指令下不去，反馈数据上不来。生产车间还是一个黑箱，造成设备利用率不高，常常由于设备故障造成非计划性停机，影响企业生产。实现透明化生产、提高设备的综合利用率、合理安排生产、解决企业信息孤岛现象是目前制造行业企业数字化转型的主要需求。如何高效率、低成本地获取快速变化的数据资源并通过在网络组织中建立信息沟通机制来完成敏捷生产与协同供给将成为制造行业企业面临的严峻挑战。推动智能制造快速发展、加速制造行业企业转型升级，对我国构建新型制造体系、培育经济增长新动能、实现制造强国具有重要意义（见图1-7）。

图1-7　数字化驱动制造行业企业转型升级

1.5 信息化、数字化和智能化

信息化是指建设计算机信息系统，将传统业务中的流程和数据通过信息系统来处理，通过将技术应用于个别资源或流程来提高效率。企业信息化是指企业以业务流程的优化和重构为基础，在一定深度和广度上利用计算机技术、网络技术和数据库技术，控制和集成化管理企业生产经营活动中的各种信息，实现企业内外部信息的共享和有效利用。企业通过信息化来提高经济效益和市场竞争力。企业信息化将涉及对企业管理理念的创新、管理流程的优化、管理团队的重组和管理手段的创新等。

数字化就是要把物理系统在计算机系统中仿真虚拟出来，在计算机系统内体现物理世界，利用数字技术驱动组织商业模式创新、商业生态系统重构和企业服务大变革等。按照国际著名咨询公司 Gartner 的定义，业务数字化是指利用数字技术改变商业模式并提供创造收入和价值的新机会，它是转向数字业务的过程。

智能化是使对象具备灵敏准确感知功能、正确思维与判断功能、自适应学习功能以及行之有效执行功能而进行的工作。智能化是从人工、自动到自主的过程。

关于这几个阶段的联系，我们可以简单地理解为：数字化是信息化的高阶阶段，是信息化的广泛深入运用，是从收集、分析数据到预测、经营数据的延伸。数字化并不会脱离信息化，它解决信息化建设中信息系统之间信息孤岛的问题，实现系统间数据的互联互通，进而对这些数据进行多维度分析，对企业的运作逻辑进行数字建模，指导并服务于企业的日常运营。而智能化则是信息化、数字化的发展高级阶段，没有前期的信息化和数字化，智能化不能实现。

第 2 章

深入理解数字化转型

要科学、合理地开展数字化转型工作,第一要义是理解什么是数字化转型,数字化转型追求的价值目标是什么。本章首先从科技视角、用户视角和企业经营视角来阐述数字化转型,然后详细介绍企业开展数字化转型所追求的三大价值目标,并对数字原生和非数字原生进行解释。

2.1 以科技视角看数字化转型

数字化转型是数字经济时代各行各业关注的热点和焦点问题。但是以笔者多年的从业经验来看,即使是同一产业和企业的业务条线、科技条线的同仁对数字化转型都有不同的认知,大家对数字化转型的理解和诉求千差万别。因此,我们确实有必要对数字化转型做正本清源的阐释。

目前业界对数字化转型的定义可谓林林总总,仁者见仁,智者见智。笔者很难诠释所有相关定义。因此,本书将挑选三家较为典型和颇具代表性的公司给出的定义进行分析和说明。

从科技视角来看,Gartner 给出的定义是"数字化转型(digital transformation)是建立在数字化转换(digitization)、数字化升级(digitalization)基础上,又进一步触及公司核心业务,以新建一种商业模式为目标的高层次转型"。这个定义更多的是从数字化的角度来阐述数字化转型,非常符合科技人员的理解和视角。但是,从现实来看,什么是数字化转换,什么是数字化升级,这本身就难以说清楚。另外,虽然这个定义在后半部分提及数字化转型与公司核心业务和商业模式相关,但是并没有给出其业务目标,所以我们认为该定义还存在科技视角的局限性。

全球著名的信息技术、电信行业和消费科技咨询和活动服务专业提供商 IDC 给出的数字化转型定义是"利用数字化技术(例如云计算、大数据、人工智能、物联网、区块链等)和能力来驱动企业商业模式创新和商业生态系统重构的途径和方法"。这个定义同样着重于数字化技术的应用范畴,对于业务的方面也只是提到商业模式创新和商业生态系统重构,从整个定义的描述上来看,强调的还是数字化,并没有清晰地描述和定位转型的目标和效果,因而该定义具有局限性。

接下来再看看数字化转型和流程变革做得很好的全球领先的信息与通信技术解

决方案供应商华为公司对数字化转型的定义。相比于咨询公司，华为公司的定义颇具代表性："通过新一代数字技术的深入应用，构建一个全感知、全连接、全场景、全智能的数字世界，进而优化再造物理世界的业务，对传统管理模式、业务模式、商业模式进行创新和重塑，实现业务成功。"这个定义可以说比前面提到的两家公司的定义更加实在且指导性更强，它不仅点出数字化技术构建数字世界的路径，而且指明最终的转型目标是"实现业务成功"。但不难看出，该定义对于数字世界等的描述是与华为公司所经营的数字产品业务息息相关的，同样具有一定的局限性。

2.2 以用户视角和企业经营视角看数字化转型

结合上面的分析，虽然三个典型的定义涉及业务目标，但是所做的描述还是基于科技视角的方法。从本质上来看，数字化转型是一项具有典型时代性的涉及企业经营、用户体验的综合性工程，因此，我们在本书中给出一个基本定义，该定义从企业经营视角、用户视角和科技视角来阐述数字经济时代的数字化转型。

> 数字化转型是数字经济时代下，企业的经营者将其经营领域内的价值创造（含用户体验提升、商业模式创新、业务增长、组织/流程效率提升、风险控制加强等）的核心诉求，诉诸新一代网络化、数字化、智能化技术，从而提升其竞争力和实现业务成功的科学、系统化工程。

这个定义不仅清晰地指明了企业经营者为了提升企业竞争力以及价值创造对于数字化转型的主动性和必要性，而且点明了数字化转型的几个核心本质：业务转型升级，提升企业竞争力，价值创造，长期、系统、科学的工程。它主要体现了以下核心属性，与业界的其他定义具有明显的区别（见图2-1）。

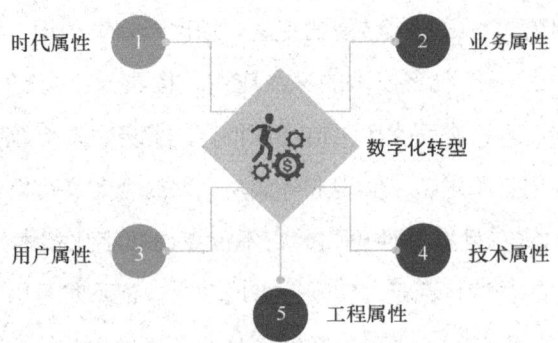

图 2-1 数字化转型的五大核心属性

- 时代属性：数字化转型是数字经济时代的任务和使命，在不同的时代会有不同的使命，比如互联网时代的互联网转型。
- 业务属性：数字化转型是以业务为目标（比如商业模式创新、业务增长、效率提升等），要紧紧抓住这个目标，通过数字化来驱动，而不是以数字化为目标、以业务为辅。分清楚主次，才能不偏离方向。
- 用户属性：虽然数字化转型的目标以业务收益为主，但是不能丢掉用户目标，如提升用户体验、为用户创造价值等。用户为先、用户至上是企业运营的根本，也是企业营利的根本，在数字化转型这个历史性的阶段，企业经营者更加不能忘记，但是业界的其他定义往往遗忘了这最重要的一点。
- 技术属性：即业界一直强调的"数字化"这个技术属性。当然，这个技术属性不是传统的，它是与时俱进的（包括技术创新等），也是必不可少的。
- 工程属性：数字化转型不是只讲理论的工作，纸上谈兵是行不通的。它是一项长期的、系统的、不断迭代优化的、不断体现价值和接近转型目标的工程，这是业界最容易忽视的。操之过急或僵化不前都将导致失败。

同样地，基于上述定义，我们可以看看"数字化转型"这个系统工程的三个核心要素——"型""转"和"数字化"。从我们解释它们的顺序来看，就表明了它们的重要性有所不同（见图 2-2）。

- "型"是战略和目标，指引方向。
- "转"是战术和路径，明确"型"以后的实现和落地路径。

- "数字化"则是在转型过程中需要借助的科技工具和手段。这里不能本末倒置，不能为了数字化而转，更不能盲目地转。

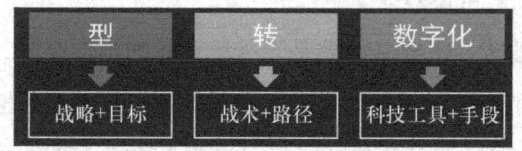

图 2-2 数字化转型"三要素"

2.3 实施数字化转型追求的价值目标

企业的任何一项经营行为都不是漫无目的的，对数字化转型工作来说同样如此。一般来说，数字化转型追求的价值目标主要包括以下三个（见图 2-3）。

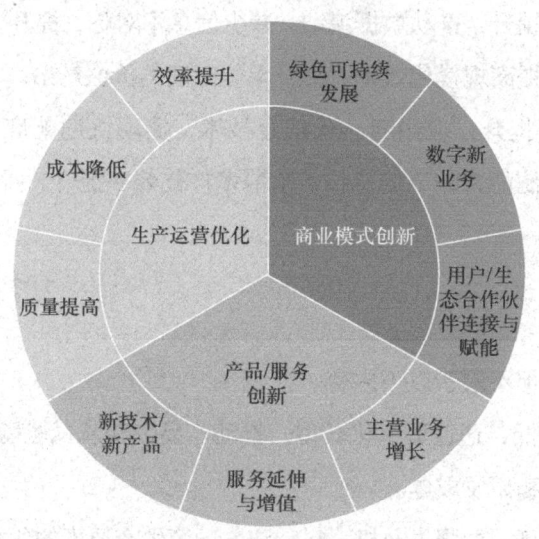

图 2-3 数字化转型价值创造目标示意

- 生产运营优化：主要是基于传统存量业务，聚焦内部价值链开展价值创造和传递活动，通过传统产品规模化生产与交易，获取效率提升、成本降低、质量提高等方面的价值效益。
- 产品/服务创新：主要是拓展基于传统业务的延伸服务，沿产品/服务链开展价值创造和传递活动，通过产品/服务创新开辟业务增量发展空间，获取新技术/新产品、服务延伸与增值、主营业务增长等方面的价值效益。
- 商业模式创新：主要是发展壮大数字业务，依托与生态合作伙伴共建的开放价值生态网络开展价值创造和传递活动，获取用户/生态合作伙伴连接与赋能、数字新业务和绿色可持续发展等方面的价值效益。

2.3.1 生产运营优化

1. 效率提升

效率提升包括但不限于以下内容。

- 规模化效率提升：推动数据流动，减少信息不对称，提升资源优化配置效率，以细化分工提高规模化效率，提升单位时间的价值产出。
- 多样化效率提升：应用新一代信息技术，实现快速响应用户动态需求，增强个性化定制能力，以信息技术赋能多样化效率提升，提高单位用户的价值产出。

2. 成本降低

成本降低包括但不限于以下内容。

- 研发成本降低：通过数字化转型，推动产品创新从试验验证到模拟择优，降低创新试错和研发成本。
- 生产成本降低：加强人、机、料、法、环等生产要素的优化配置和动态优化，降低单位产品的生产成本。

- 管理成本降低：提高资源配置效率，减少由于人、财、物等资源浪费和无效占用带来的管理成本。
- 交易成本降低：优化交易的搜寻和达成过程，降低产品/服务的搜索成本和交易成本。

3. 质量提高

质量提高包括但不限于以下内容。

- 设计质量提高：优化改进产品/服务设计、工艺（过程）设计等，提高产品和服务质量，提供满足客户需求的稳定的产品和服务。
- 生产/服务质量提高：实现生产/服务质量全过程在线动态监控和实时优化，提升质量稳定性，降低质量损失。
- 采购及供应商协作质量提高：实现对采购及供应商协作全过程在线动态监控和实时优化，提升供应链质量管理水平。
- 全要素全过程质量提高：实现（新一代）信息技术和质量管理深度融合，将质量管理由事后检验转变为按需、动态、实时全面质量管理，全面提升质量管控和优化水平。

2.3.2 产品/服务创新

1. 新技术/新产品

新技术/新产品的价值效益包括但不限于以下内容。

- 通过新一代信息技术和产业技术融合创新，研制和应用新技术，开发和运营知识产权，创造新的市场机会和价值空间。
- 通过催生具有感知、交互、决策、优化等功能的智能产品（群）和高体验产品/服务，提升用户体验，提高单位产品/服务的价值，开发智能产品群的生态价值。

2. 服务延伸与增值

服务延伸与增值的价值效益包括但不限于以下内容。

- 依托智能产品/服务，沿产品/服务生命周期和供应链/产业链提供远程运维、在线运营外包等延伸服务，将一次性产品/服务交易获取价值转变为多次服务交易获取价值。

- 拓展卖方信贷、总承包、全场景服务等基于原有产品的增值服务内容，提升产品市场竞争力和价值空间。

3. 主营业务增长

主营业务增长的价值效益包括但不限于以下内容。

- 推动主营业务核心竞争力转变，从依靠技术专业化分工提高规模化效率转变为依靠新一代信息技术赋能提高多样化效率，持续提升主营业务核心竞争力，实现主营业务增长。

- 推动主营业务模式创新，依托数据要素的可复制、可共享和无限供给属性，实现边际效益持续递增，创建网络化协同、个性化定制等新模式，提升柔性适应市场变化的能力，逐步提高市场占有率，实现主营业务增长。

2.3.3 商业模式创新

1. 用户/生态合作伙伴连接与赋能

依托在线平台，实现用户的广泛连接和智能交互，同时实现与生态合作伙伴的业务协同和能力共享，充分发挥用户/生态合作伙伴连接带来的"长尾效应"和"价值网络外部性"，创造增量价值。用户/生态合作伙伴连接与赋能的价值效益包括但不限于以下内容。

- 基于平台赋能，将用户、员工、供应商、经销商、服务商等利益相关者转化为增量价值的创造者，不断增强用户黏性，利用"长尾效应"满足用户的碎片化、个性化、场景化需求，创造增量价值。
- 充分依托价值网络外部性，快速扩大价值空间边界，不断做大市场容量，实现价值持续增值以及价值效益的指数级增长。

2. 数字新业务

通过新一代信息技术的融合应用，将数字化的资源、知识、能力等进行模块化封装并转化为服务，实现内外部数据价值的开发和资产化运营，形成数据驱动的信息生产、信息服务新业态，实现新价值创造和获取。数字新业务的价值效益包括但不限于以下内容。

- 对外提供数据查询、统计分析、数据处理、数据交易等数字资源服务带来的价值效益。
- 基于知识数字化、数字孪生、智能化建模等对外提供知识图谱、工具方法、知识模型等数字知识服务带来的价值效益。
- 通过主要业务相关的数字能力打造模块化、数字化和平台化产品，对外提供研发设计、仿真验证、生产、供应链管理等数字能力服务带来的价值效益。

3. 绿色可持续发展

绿色可持续发展的价值效益包括但不限于以下内容。

- 通过新一代信息技术在产品全生命周期和产业链全场景的深度应用，提升节能、环保、绿色、低碳管控水平，大幅提升资源利用率。
- 通过新一代信息技术在材料、工艺、能源等领域的融合应用，推动绿色、可再生等新材料、新工艺、新能源的研发和推广应用，开辟可持续发展的新空间。
- 通过数据、信息、知识规模化开发利用，构建完善的数字产业生态，降低物质资源消耗，减少环境污染和生态损害。

2.4 数字原生企业与非数字原生企业

数字原生企业（Digital Native Enterprise，DNE）也称为互联网企业，这是由 IDC 提出的一个概念。一般来说，数字原生企业有如下 7 个关键特征。

- 业务以互联网为核心平台（如谷歌、亚马逊、阿里巴巴、京东、百度等），并依托这个平台生存和发展。
- 快速扩大业务规模。在资本的支持下，数字原生企业将获客数量和规模作为核心发展战略，因此能获得比传统企业更快的发展速度和更大的规模。
- 始终以客户为核心，将客户的需求、体验和忠诚度作为企业重要的核心竞争力。
- 勇于承担风险，并积极探索和创新，不断试错迭代，持续推出新的服务。
- 将高科技人才、信息基础设施、技术体系、数据资产和算法作为企业的战略资产，并持续开发、优化上述资产。
- 重视商业生态的拓展及维护，将生态系统开发、平台整合能力和核心 IP 视为同等重要的能力，通过不断整合外部资源，提供新的产品和服务，确保满足客户的多元化需求，提高客户的黏性和忠诚度。
- 将网络空间海量数据的分析处理、异构数据的整合、分析与决策支持能力和人工智能技术的应用作为组织的关键知识。

根据以上特征不难看出，数字原生企业在很多关键特征上与互联网企业相类似，因此互联网企业属于数字原生企业；而与之相对，传统企业，例如制造、运输、医药、消费等行业都属于非数字原生企业，它们是数字化转型的迫切需要者和主力军。

第 3 章

数字化转型的战略设计

战役需要成功的战略设计,实现数字化转型亦需要正确、清晰的战略设计,它关乎转型的整体方向,是保证企业成功实现数字化转型的前提和先决条件。如果方向不清晰甚至有偏差和错误,则会从根本上导致转型失败。本章将详细介绍数字化转型战略设计五原则,同时给出战略设计中需要规避的三大误区。

3.1 企业经营需要战略设计

战略管理是现代企业日益重视的管理方式，它能帮助企业在复杂多变的环境中捕捉机遇、抵御风险，实现企业资源与外部环境动态平衡，以达到企业发展的目的。因此，战略管理在企业经营中占据非常重要的地位（见图3-1）。

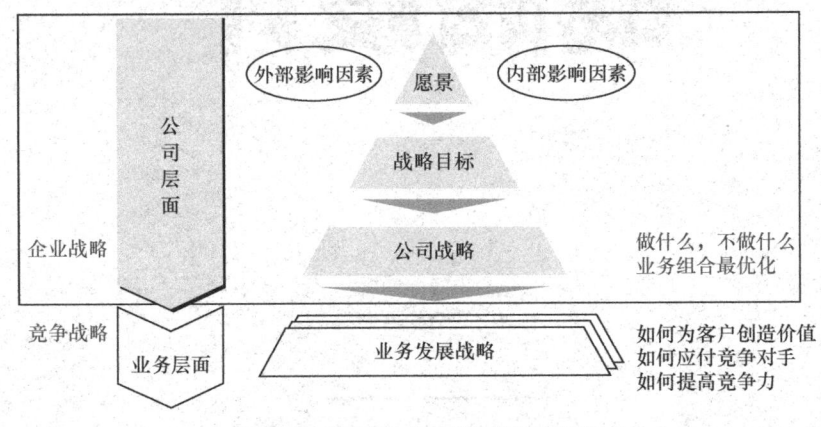

图 3-1 战略在企业经营中的重要地位

一般来说，战略管理包括三个部分：战略设计、战略实施和战略评估。战略设计是战略管理的基础和核心，它为企业经营指明方向，是企业发展的灵魂和主线，也是战略实施和战略评估的基础。

企业的战略可以表现为不同的形式，而每一种战略都在创造特定的价值。从企业价值循环的角度分析，可以将企业战略分成三大类：竞争战略、财务战略、投资战略。

1. 竞争战略

竞争战略的目的是争取客户，而争取客户意味着满足客户价值[①]的需要。企业为了在竞争战略上取得优势，必须关注以下几点。

- 客户定位。企业必须善于发现自身的优势，基于此选择目标客户群。
- 产品品质定位。企业必须以较低的成本提供优质的产品。
- 市场定位。企业必须努力开拓国内外市场，选择适用的销售渠道与手段以满足客户需求。
- 研究与开发定位。企业必须以领先的优势不断开发新品，以最快的速度占领市场，从而取得持续的竞争优势。

2. 财务战略

财务战略的目标既是为股东创造最大的投资回报，也是企业所有战略的最终目标，它是检验企业战略成功与否的标志。而财务战略的前提条件是为客户创造价值。财务战略的基本要素如下。

- 为股东提供利益分配。这是股东投资回报的一种表现形式。
- 保护投资者的利益。这是指投资人的投资价值可以得到不断增值。
- 保护债权人的利益。这是指确保债权人能够按时收回贷款并取得利息收益。
- 建立完善的资本结构。合理配备债务与股东权益，不仅能够保证企业的投资者取得最大的投资效益，而且有利于最大限度地降低企业的经营风险。
- 充足的资本金。确保资本的数量，提高资本的质量，可以使企业的经营活动持续进行。

3. 投资战略

竞争战略与财务战略可以同时满足客户与投资人的眼前利益，而投资战略着眼于企业的长期利益。为客户与投资人创造持久的价值是投资战略的最终目标。投资

---

① 客户价值是指消费者使用或者消费企业提供的商品或劳务的价值与它们为这一消费所付出的代价之间的价值之差。

战略通过对企业各种资源的长期投资追求未来的价值。该战略包括以下内容。

- 人力资源投资。通过对人员技能与知识的培养来提高人员的适应能力和竞争力。
- 长期资产投资。该投资包括对无形资产、固定资产的投资以及兼并与收购，以达到扩充企业生产能力的目的。
- 战略投资。通过各种手段与供应商和消费者建立战略合作伙伴关系，提升企业的品牌与形象。
- 营运资金投资。流动资金是企业经营的基础，通过不断扩充流动资金规模，提高企业的生产规模，以便适应企业不断发展的需要。

3.2 数字化转型战略设计五原则

这里所讨论的数字化转型战略（简称为数字化战略）是一个跨领域的概念，它围绕着企业的计算机、网络、数据、系统和基于网络的营销和发展计划展开。这个概念始于21世纪初期，致力于寻找增加客户和员工之间互动的方法，确定新的数字业务领域，以开发和利用互联网资源作为企业的优势。因此，从根本上来说，数字化战略有别于企业传统战略设计，它不是单纯的竞争战略，由于牵涉一定程度的投资和财务战略，因而它是一个综合体。

从根本上来说，数字化战略属于企业战略的一部分，因此数字化战略的制定会随着企业、行业的不同而不同。我们来看一些知名企业的战略。例如，阿里巴巴的战略是"让天下没有难做的生意"，苹果公司的战略是"让每人拥有一台计算机"，福特公司的战略是"平民汽车"，各企业的战略不同，提出的角度也不尽相同。因此，在这里我们将给出设计数字化战略的五原则供读者参考，如图3-2所示。

原则一：用户导向。数字化战略针对的对象是用户，一定要满足和迎合用户，努力通过数字化的手段来获客、经营用户、挖掘用户需求，切忌一上来就要赚钱、获取利润，罔顾用户在体验、感知、接受度方面的重要性，从根本上导致方向错误和失败。

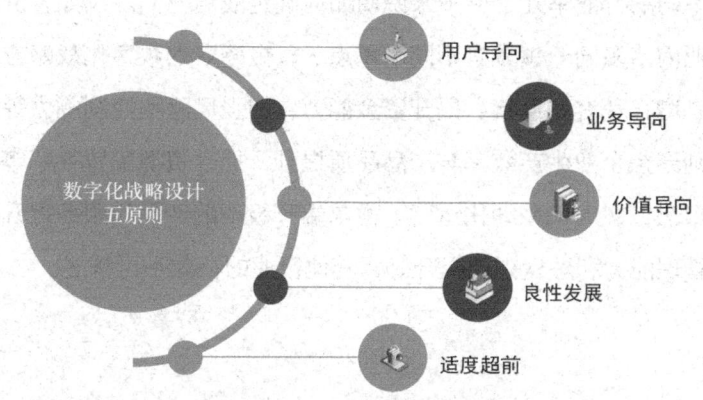

图 3-2　数字化战略设计五原则

原则二：业务导向。数字化战略有一个特殊性——冠以"数字化"这个名号。人们很容易误会数字化转型只是科技、IT 团队的转型，这个认识非常片面且危险。虽然我们并不否认数字化转型可以自科技开始，也可以由科技来牵头，但是并不是以科技为导向，而应以科技为驱动。在第 2 章中我们也详细论述过，数字化转型从根本上说是业务的转型，只不过借助了数字化这个手段，因此战略设计中要牢牢把握业务这个导向。

原则三：价值导向。数字化战略要在原则和方向上保证转型是一个科学、长期、系统的工程。这不是一次没有产出和目标的工作任务或企业活动，它的目标是创造价值，无论是满足用户需求、提升用户体验，还是降低运营成本、提高经营效率，抑或是创新商业模式、寻找企业新的利润增长点等，这些都是价值的体现。

原则四：良性发展。数字化转型类似于企业其他的经营活动，在达成业务目标和价值创造的同时，要保证这种发展和提升是可持续的、良性的、建设性的，而不应是短期不可持续的、恶性的、破坏性的。

原则五：适度超前。数字化转型本身是一种改变、变革，不是简单的细枝末节的微调，而是基于企业发展历史和当前的经营情况确立转型的战略。这个战略不是短期的，也不是频繁变化的，应该具有一定的稳定性。因此，战略不能短视，也不能盲目超前，我们主张适度超前，能够看得到未来 3～5 年或者 3 年左右的方向。

我们从不同的行业举几个例子来说明如何确定战略方向。例如，从宏观的角度上来说（行业内诸多同一领域有不同侧重点），金融业的数字化战略方向是不断提升用户体验、增强获客和运营、提升资金能力、加强风险和控制能力等；制造业的数字化战略则聚焦企业生产效率与产品品质提升、提升资源配置效率等；地产业的数字化战略聚焦存量时代精细化运营、需求端升级下的产品和服务提升、去杠杆政策下的现金管理能力和融资渠道提升等，其他行业的在此不再赘述。

3.3 数字化转型战略设计三大误区

3.3.1 目标不明确或错把某些设计前提当目标

企业在进行数字化战略设计时经常混淆目标与限制两个概念，导致制定的目标不是真正的目标，而是企业存在和发展的限制条件。例如，把满足企业相关利益者的利益作为企业的宗旨就不是数字化战略设计目标。诸如为股东提供满意的回报率、为顾客提供物超所值的商品、为职工提供优良的生活待遇、为社会做出贡献等，这些都不应该出现在数字化战略的描述当中。这是因为，任何企业不提供令股东满意的回报，就无法持续取得企业所需的资金；不生产社会所需的产品，就无法进行销售；不提供优良的职工工作条件，就无法招聘到心仪的员工。缺乏这些条件，企业将无法生存，更谈不上发展。因此，上面这些因素实际上都是企业正常运转的限制条件，它们无法对企业制定数字化战略起到任何指导和激励作用。企业满足这些要求时，只能维持生存，并不一定能取得竞争优势。

同时，在这样的宗旨或目标指导下制定的战略无法指明企业的发展方向。在眼前利益的诱惑下，企业容易进入不相关或不熟悉的领域和行业，造成资金紧张和战术失误，从而导致经营失败。此外，目标不明确也违背了 3.2 节描述的原则四和原则五。经营层还可能在目标的压力下行为短期化，采取削减研发开支、降低人力培训成本、减少社会公益支出等策略，以换取既得利益集团的短期所得，这对企业长期发展有害。

3.3.2 战略设计与实现脱节

以往的企业战略设计通常分为几个阶段：确定企业宗旨、拟定阶段目标、制定企业战略，最后产生相应战术。很多企业采用这种方法制定战略，但在实际操作中很容易造成各环节脱节，数字化战略设计在很大限度上也存在这个问题。原因是通常由企业高层和外部专家负责战略设计的前几个步骤，而战术设计由中层和基层进行。这里潜在的危险是，虽然高层和外部专家对企业的外部客观环境有更多的把握，但对企业自身的战术能力却不一定有深入了解。有可能他们制定的激动人心的目标与宏伟的战略，由于得不到相关战术的保证而不能得到完全实施；或者目标过于容易实现、缺乏挑战性，导致企业资源浪费。这些都是明显的战略脱节，容易导致企业在竞争中处于不利地位。

设计与实现的脱节已经不是理论分析上的可能，而是现实中经常存在的问题。例如，很多咨询公司在为企业做数字化战略设计的时候经常会事先声明，企业数字化转型是否落地与设计无关，咨询公司不能也不应该为数字化转型的失败或者各种问题买单。这个现象非常普遍，也从一定程度上体现了设计与实现的脱节所造成的不良后果。所以，究竟要如何解决这个问题呢？是企业以后依赖自己的队伍进行端到端交付式的设计和实现以保证效果，出了问题自己承担，还是索性把主动权和自主权交给第三方公司来掌控，然后对是否成功实施总是保持着不可预期的结果呢？这值得企业的决策层深思。

3.3.3 将战略混同于一般的行动计划

战略是计划的一种，但它不同于一般计划，或者也不同于一般的战术（见图 3-3）。数字化战略是一种带有全局性、长远性和根本性的经过系统设计的计划。它分析未来多变环境的预测及企业自身优势，通过数字化技术、平台、理念结合业务来选择企业最优的发展方向和竞争方式，以适应未来环境和赢得竞争优势，保持企业持续生存和发展。战略设计包括特定竞争方式的选择。而一般计划是在既定的环境下，以过去的经验为指导，为达到某个目标而设定的行动时间表。一般计划极少涉及竞争对抗的因素，也缺乏在频繁多变的环境中的生存能力。

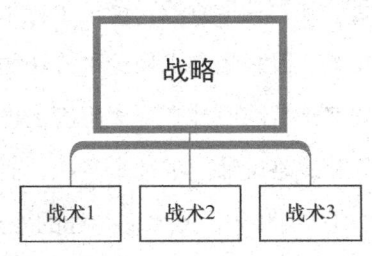

图 3-3 战略不等同于战术和计划

但是，很多企业把战略混同于一般计划和战术。它们制定的战略不是着眼于未来，而是局限于过去，强调企业现状，以经验作为战略设计的基本指导。目标是用过去的目标略加修改而得到的，战略、战术也来源于过去的成功经验，用修改的目标加上实现的时间表就构成了战略。这样的战略显然不能为企业在瞬息万变的环境中指明道路，没有对未来环境的把握，也就无法选择合适的竞争方式着手准备。之所以很多企业一遇局势变动就束手无策、一蹶不振，从根本上就是因为它们制定的战略只是一般计划而已。

第 4 章

数字化转型的战术设计

前面我们介绍了数字化战略的设计，本章我们介绍战术设计。数字化转型的战术路径和打法设计非常关键，它是在战略大方向确定前提下实现数字化转型的具体切入点、步骤和路径，而且需要通过大量的工作来实现"从量变到质变"的目标。本章将从战略、战术设计的关系分析出发，详细介绍企业如何运用"3-1-1"战术设计框架来一步步实现数字化转型，同时给出数字化转型的五个发展阶段。

4.1 战术与战略的关系

读者也许会问,战略和战术是什么关系?两者有什么区别?

首先,战略与战术是全局与局部的关系。战略是指企业为实现战略目标及实现目标的途径和手段进行的总体谋划,战术则是指为实现战略目标所采取的具体行动。战略是战术的灵魂,是战术运用的基础,战术的运用要体现既定的战略思想,是战略的深化和细化。

其次,战略是方向,而战术是方法。战略的作用是确定前进的方向,战术则是为此方向提供具体、可行的方法。战略是今天选择什么才能实现明天的目标,而战术是具体做什么、能够达到的当前状态是什么。战术是为战略服务的,两者之间是相辅相成的,也可以用战术来弥补战略上的一些小失误。如果战略选择错误,那么再好的战术都白费。简单来说,战略是道,战术是术,如图4-1所示。

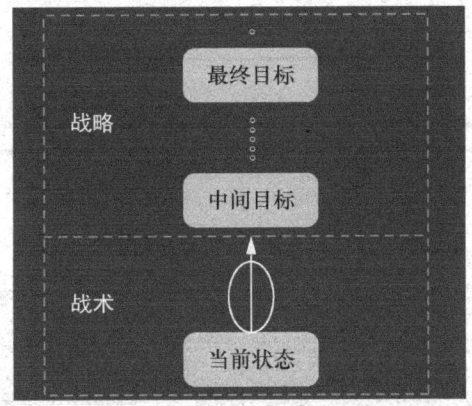

图 4-1 战略与战术的辩证关系

我们通过一个例子来说明战略与战术的区别。战略是指要做什么、不要做什么,它是基于一系列因果关系的假设。例如企业要加强客户关系管理以促进业务发展,这是战略，它基于的假设是，如果我做客户关系管理就可能巩固客户关系。战术是指这件事情该怎么做。例如战略制定要做客户关系管理，那么战术就是怎么样做好客户关系管理，这可能需要引进 CRM 平台，对员工进行培训，制定客户关系管理的运营机制等。

4.2 应用"3-1-1"战术设计框架

在战术落地上，结合笔者在多个行业的从业经验，建议着重依据"3-1-1"的战术框架进行（见图 4-2）设计。

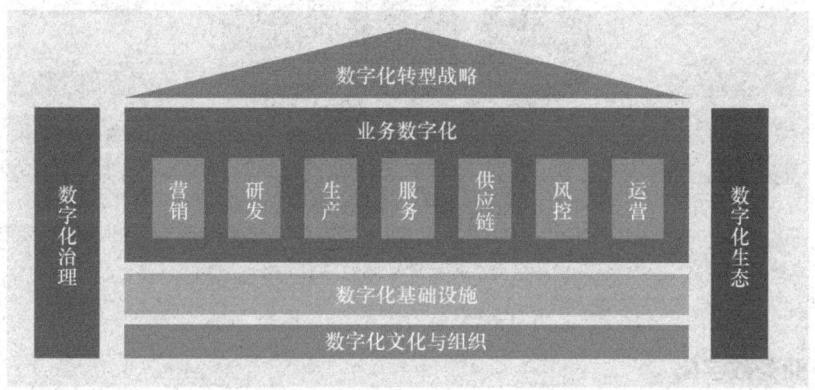

图 4-2 数字化转型的"3-1-1"战术框架

- "3"是业务数字化、数字化基础设施、数字化文化与组织三大方面，其中业务数字化又可细分包括营销、研发、生产、服务、供应链、风控、运营七大方向（特别说明：虽然笔者通过尝试按七大方向归纳总结、基本囊括和涉及了所有行业的业务数字化方面，但是，如果针对比较特殊的行业，这七大方向还可以做简单优化和微调，无须太过于教条和僵化地照搬照用）。

- 两个"1"是指数字化治理和数字化生态，各个行业的数字化转型落地工作均可以从该框架中挖掘。

4.2.1 业务数字化

业务数字化战术阶段主要包括单一业务数字化、业务数字化集成融合、业务模式创新和数字业务培育四个组成部分。该阶段主要目标是加速业务体系和业务模式创新，推进传统业务创新转型升级，培育发展数字新业务，通过业务全面服务化构建开放合作的价值模式，快速响应、满足和引领市场需求，最大化获得价值效益。某行业业务数字化示例如图 4-3 所示。

图 4-3　某行业业务数字化示例

1. 单一业务数字化

单一业务数字化是指单个部门或单一环节相关业务的数字化、网络化和智能化发展。组织应深化新一代信息技术在产品/服务、研发设计、生产管控、运营管理、市场服务等环节的深度应用，逐步提升各业务环节的数字化、网络化、智能化水平。它包括但不限于如下内容。

- 产品/服务数字化、网络化、智能化，包括提升产品或服务的状态感知、交互连接、智能决策与优化等。

- 研发设计数字化、网络化、智能化，包括数字化建模与仿真优化、智能化研发管理等。
- 生产管控数字化、网络化、智能化，包括生产/服务现场生产活动的数字化、智能化管控，以及生产资源精准配置和动态调整优化等。
- 运营管理数字化、网络化、智能化，包括基于数字化模型的管理活动精准管控、动态优化和智能辅助决策等。
- 市场营销服务数字化、网络化、智能化，包括以用户为中心的服务全过程动态管控以及服务资源按需供给和动态优化配置等。
- 供应链管理数字化、网络化、智能化，包括以企业为中心的上下游供应链管控及资源分配等。
- 风控管理数字化、网络化、智能化，包括以系统防入侵、数据防泄露、业务防风险为目标的安全风控、安全合规等。

2. 业务数字化集成融合

业务数字化集成融合是指跨部门、跨业务环节、跨层级的业务集成运作和协同优化。组织可按照纵向管控、价值链、产品生命周期等维度，系统推进业务集成融合。它包括但不限于如下内容。

- 经营管理与生产作业现场管控集成，包括经营管理和生产/作业现场间数据互联互通、精准管控和协同联动等。
- 供应链/产业链集成，包括采购、生产、销售、物流等供应链/产业链环节数据互联互通、业务协同优化和智能辅助决策等。
- 产品生命周期集成，包括需求定义、产品研制、交易/交付、服务、循环利用/终止处理等。
- 产品生命周期管理环节之间基于数据驱动的协同优化和动态管控等。

3. 业务模式创新

业务模式创新是指基于新型能力模块化封装和在线化部署等，推动关键业务模式创新变革，构建打通组织内外部的价值网络，与利益相关方共同形成新的价值模式。典型业务模式创新包括但不限于如下内容。

- 智能化生产，包括生产过程的智能运营优化，也包括与生态合作伙伴间基于平台的智能驱动的生产能力协同等。
- 网络化协同，包括基于关键业务在线化运行的平台技术网络和合作关系网络，实现相关方关键业务和资源的在线协同和动态优化等。
- 服务化延伸，包括基于数据集成共享和数据资产化运营，沿产品生命周期、供应链/产业链等提供增值、跨界、全场景的延伸服务等。
- 个性化定制，包括基于产品的模块化、数字化和智能化，利用互联网平台等快速精准地满足用户动态变化的个性化需求等。

4. 数字业务培育

数字业务培育是指通过数字资源、数字知识和数字能力的输出，运用大数据、人工智能、区块链等技术，基于数据资产化运营形成服务于用户及利益相关方的新业态。数字业务包括但不限于如下内容。

- 数字资源服务，包括对外提供数据查询、统计分析、数据处理、数据交易等服务。
- 数字知识服务，包括基于知识数字化、数字孪生、智能化建模等，对外提供知识图谱、工具方法、知识模型等服务。
- 数字能力服务，包括开展主要业务相关的数字能力打造，并推动能力的模块化、数字化和平台化，对外提供研发设计、仿真验证、生产、供应链管理等数字能力服务。

4.2.2 数字化基础设施

数字化基础设施是保障数字化转型的技术、平台、系统、应用等（见图4-4），包括但不限于如下内容。

- 有序开展生产和服务设备设施自动化、数字化、网络化、智能化改造升级，加强新技术、新材料、新工艺、新装备等产业技术创新与应用。
- 部署适宜的 IT 软硬件资源、系统集成架构，逐步推动 IT 软硬件的组件化、平台化和社会化按需开发和共享利用。
- 建设覆盖生产/服务区域统一的运营技术（Operational Technology，OT）网络基础设施，同时提升 IT 网络、OT 网络和互联网的互联互通水平。
- 自建或应用第三方平台，推动基础资源和能力的模块化、数字化、平台化，适时与生态合作伙伴共建共享社会化能力共享平台。

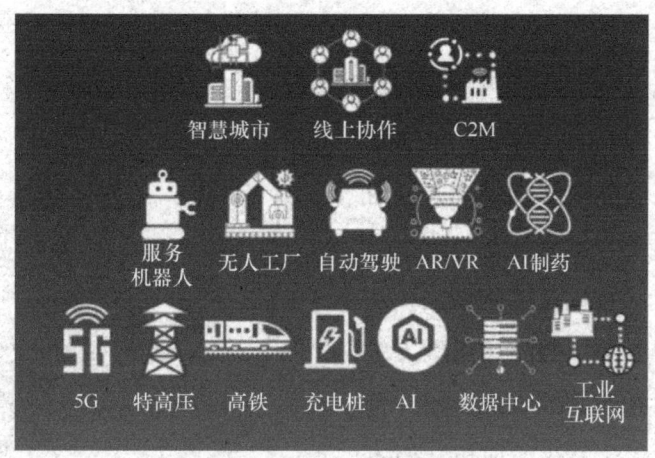

图 4-4　新型数字化基础设施示意

4.2.3　数字化文化与组织

数字化组织应从组织结构设置、职能职责设置等方面入手，建立与新型能力建设、运行和优化相匹配的职责和职权架构，不断提高针对用户日益动态、个性化需求的响应速度和柔性服务能力。数字化组织主要包括但不限于如下内容。

- 适时建立流程化、网络化、生态化的柔性组织结构，同时建立数据驱动的组织结构动态优化机制，提升组织结构与新型能力之间的适宜性和匹配度。

- 建立覆盖全过程和全员的数据驱动型职能职责动态分工体系以及相互之间的动态沟通协调机制，提升新型能力建设活动的协调性和一致性。

同时，组织应从管理方式创新、员工工作模式变革等方面入手，建立与新型能力建设、运行和优化相匹配的组织管理方式和工作模式，推动员工自组织、自学习、主动完成创造性工作，支持员工实现自我价值，与组织共同成长。这主要包括但不限于如下内容。

- 开展与其新型能力建设与业务创新转型等需求相匹配的管理方式创新，包括但不限于推动职能驱动的科层制管理向流程驱动的矩阵式管理、数据驱动的网络型管理、智能驱动的价值生态共生管理等管理方式转变。
- 顺应新一代信息技术引发的工作模式变革趋势，支持员工基于移动化、社交化、知识化的数字化平台履行职能职责，同时以价值创造结果和贡献为导向，激励员工开展自我管理、自主学习和价值实现。

另外，组织还应从价值观、行为准则等方面入手，建立与新型能力建设、运行和优化相匹配的组织文化，把数字化战略愿景、数字化思维等转变为组织全员主动创新的自觉行为（见图4-5）。数字化文化主要包括但不限于如下内容。

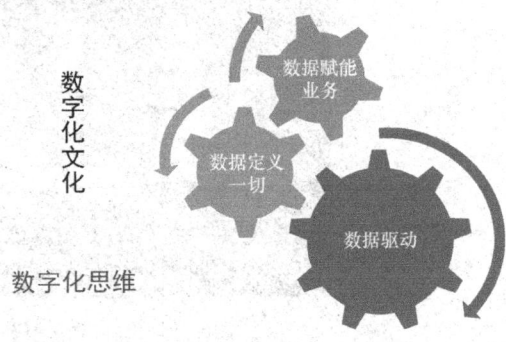

图 4-5　数字化文化示意

- 积极应对新一代信息技术引发的变革，构建开放包容、创新引领、主动求变、务求实效的价值观。
- 制定与价值观相匹配的行为准则和指导规范，同时利用数字化、平台化等手段工具，支持行为准则和指导规范的有效执行和迭代优化。

4.2.4　数字化治理

数字化转型战术执行过程中还应运用架构方法，从数字化领导力培育、数字化人才培养、数字化资金统筹安排、安全可控建设等方面入手，建立与新型能力建设、运行和优化相匹配的数字化治理机制。数字化治理包括但不限于如下内容。

- 围绕实现数据、技术、流程、组织等四要素和有关活动的统筹协调、协同创新管理和动态优化，建立适宜的标准规范和治理机制。
- 高层领导者对数字化转型敏锐战略洞察和前瞻布局，以及由一把手、决策层成员、其他各级领导、生态合作伙伴领导等共同形成的协同领导和协调机制。
- 全员数字化理念和技能培养，建立完善数字化人才绩效考核和成长激励制度以及跨组织（企业）人才共享和流动机制。
- 建立适宜的制度机制，强化围绕新型能力建设等数字化资金投入的统筹协调利用、全局优化调整、动态协同管理和量化精准核算。
- 有效开展自主可控技术研发、应用与平台化部署，充分应用网络安全、系统安全、数据安全等信息安全技术手段，建立完善安全可控、信息安全等相关管理机制，提升整体安全可控水平。

4.2.5 数字化生态

依托数字化在线平台、在线服务，企业综合运用在"政、产、学、研、用、介"方面的资源和优势，实现与这些群体的广泛连接和智能交互。这几项当中，"政"是指国家政府机关及相关监管机构；"产"指产业界的相关同盟和伙伴；"学""研"分别代指大学和科研机构；"用"是指用户，用户也是构建生态不可或缺的资源和相关者，这个容易被忽视；"介"意指中介，在科技界主要指类似于中国信息协会、网络空间安全联盟这样的第三方组织，它们也是非常关键的、企业可以整合的资源。

数字化生态建设，其实包含以下两个方面的含义。

- 内部生态：即为了前面章节所述业务数字化和数字化文化方面的工作，科技部门与企业其他职能部门（如人力、财务、法务、风控等）以及业务部门（如市场、研发、生产等）形成的数字化生态。
- 外部生态：即企业科技部门、业务部门与外部"政、产、学、研、用、介"

资源形成的数字化外部生态。

图 4-6 给出了一个基于 5G、云计算、区块链、人工智能等数字化技术构建的行业数字化生态圈。

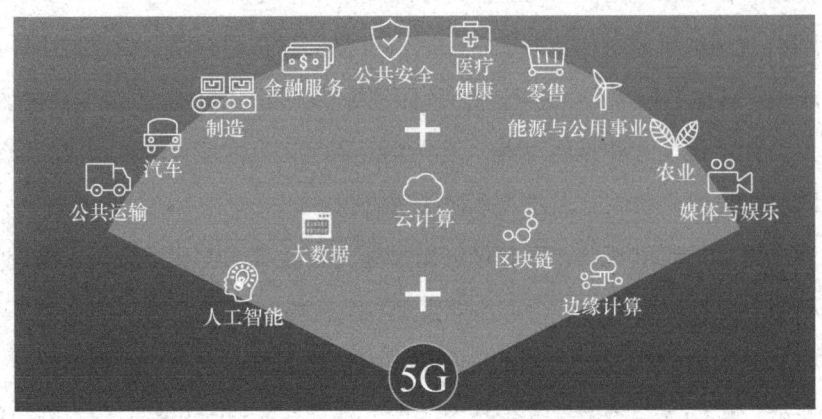

图 4-6　5G 外部生态示意

4.3 战术保障数字化转型"从量变到质变"

4.3.1　灵活使用战术框架

前面我们强调过,数字化转型是一个长期、科学、系统化的工程,需要经历长时间的积累。因此,可以说它是一个"从量变到质变"的过程,在制定战略之后,需要依据战术一步步落实,从生产运营优化到产品/服务创新,再到商业模式创新,这样才能达到最终转型的"质变"。

当然,不同的行业会存在不同的数字化转型路径,本书介绍的战术设计框架可以在实践中灵活运用。这里我们举几个简单的例子。譬如银行、保险、证券、信托、消费金融等金融业可以根据实际业务诉求，选择实施数字化营销、数字化风控、数字化运营、数字化供应链、金融科技数字化基础设施等实现战略目标；制造业实施数字化研发、数字化生产、数字化供应链、智能制造数字化基础设施等；地产业选择实施数字化营销、数字化服务、数字化运营、智慧地产数字化基础设施等。而数字化创新和数字化生态是普遍需要的。数字化驱动则主要是科学运用包括人工智能、大数据、云计算、区块链、5G、物联网、云原生等新兴科技来保障转型正常开展。这方面也是目前业界关注的技术前沿，很多热词都有所体现，也是众多行业、企业、从业人员追逐和关心的重点。但是，我们通过前面对数字化转型的分析可以清醒地看到，数字化只不过是数字化转型的工具和技术，而不是全部。

4.3.2 "从量变到质变"的五个阶段

依据业界经典的cobit能力成熟度模型，可以将数字化转型发展分为五个发展阶段，即初始级发展阶段、单元级发展阶段、流程级发展阶段、网络级发展阶段和生态级发展阶段（见图4-7）。

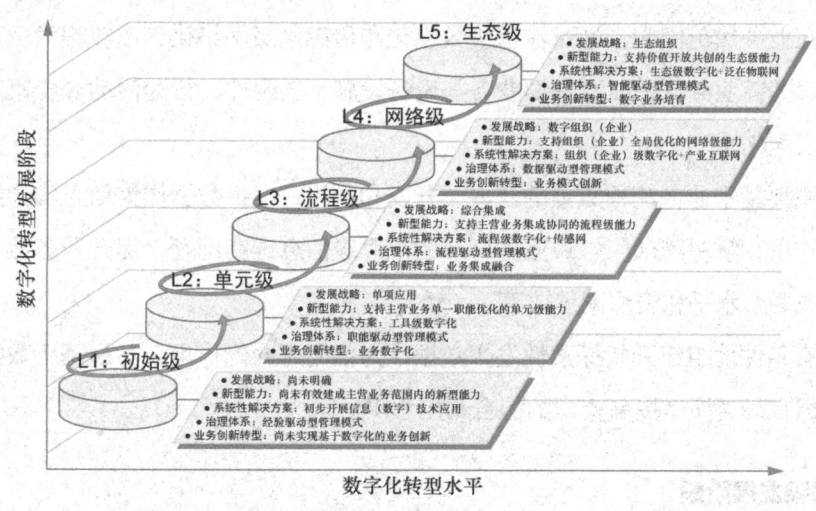

图4-7 数字化转型发展的五个阶段

1. 初始级发展阶段

处于初始级发展阶段的组织总体特征主要表现如下。

- 在单一职能范围内初步开展信息（数字）技术应用，但尚未有效发挥信息（数字）技术赋能作用。
- 初步应用信息（数字）技术获取、开发和利用数据，但尚未有效支持和优化主营业务范围内的生产经营管理活动。

2. 单元级发展阶段

处于单元级发展阶段的组织总体特征主要表现如下。

- 在主要或若干单一职能范围内开展了（新一代）信息技术应用，提升相关单项业务的运行规范性和效率。
- 主要应用（新一代）信息技术实现业务单元/部门数据的获取、开发和利用，发挥数据作为信息沟通媒介的作用，解决单元级信息透明问题，提升业务单元的资源配置效率。

3. 流程级发展阶段

处于流程级发展阶段的组织总体特征主要表现如下。

- 在业务线范围内，通过流程级数字化和传感网级网络化，以流程为驱动，实现关键业务流程以及关键业务与设备设施、软硬件、行为活动等要素间的集成优化。
- 主要基于业务流程数据的获取、开发和利用，发挥数据作为信息沟通媒介的作用，解决跨部门、跨业务环节的流程级信息透明问题，提升业务流程的集成融合水平和资源配置效率。
- 有条件地组织开始探索性发挥数据作为信用媒介的作用，开展基于数据的价值在线交换，提高资源的综合利用水平。

4. 网络级发展阶段

处于网络级发展阶段的组织总体特征主要表现如下。

- 在整个组织范围内,通过组织(企业)级数字化和产业互联网级网络化,推动组织内全要素、全过程互联互通和动态优化,实现以数据为驱动的业务模式创新。
- 主要基于整个组织范围内数据的获取、开发和利用,发挥数据作为信息沟通媒介和信用媒介的作用,解决整个组织信息透明问题,同时基于数据实现价值网络化在线交换,提升组织价值网络化创造能力和整个组织资源综合利用水平。
- 有条件地组织开始探索使用数据科学重新定义并封装生产机理,构建基于数据模型的网络化知识共享和技能赋能,提高组织创新能力和资源开发潜能。

5. 生态级发展阶段

处于生态级发展阶段的组织总体特征主要表现如下。

- 在生态级组织范围内,通过生态级数字化和泛在物联网级网络化,推动与生态合作伙伴间资源、业务、能力等要素的开放共享和协同合作,共同培育智能驱动型的数字新业务。
- 主要基于生态圈数据的智能获取、开发和利用,发挥数据作为信息沟通媒介和信用媒介的作用,解决生态圈信息透明问题,同时基于数据实现价值智能化在线交换,提升生态圈价值智能化创造能力和资源综合利用水平。
- 生态级组织还将用数据科学重新定义并封装生产机理,实现基于数据模型的生态圈知识共享和技能赋能,提高生态圈开放合作与协同创新能力,提升生态圈资源的综合开发潜能。

第 5 章

数字化转型的领导者——T型能力领袖

企业在做好数字化转型战略设计和战术设计之后，需要马上着手开展的工作是寻找和确定主导数字化转型工作的领导者，只有确立好领导者才方便开展后续的组织建设、流程建设和平台建设等工作。那么，要找什么样的领导者？这些领导者的特质和职责是什么？等等，这些关键问题的答案，我们将在本章为大家详细介绍。

5.1
数字化转型需要领导者和管理者的综合体

5.1.1 领导者和管理者基本概念

关于领导者与管理者的争论由来已久，一直以来二者在工作中常常被混淆。在数字化转型中，企业的决策层在寻找主导数字化转型的领袖人才时，一定要注意区分这两个角色的不同定位和职责。

从概念上来说，领导者是一种社会角色，特指领导活动的行为主体，即能实现领导过程的人；而管理者则是指在组织中从事管理活动、担负管理职能的人，即负责计划、组织、领导和控制他人的工作，以期实现组织目标的人。管理者是被任命的，他们拥有合法进行奖励和处罚的权力，其影响力来自他们所处的职位和组织所赋予的正式权力；领导者则可以是任命的，也可以是从一个群体中产生出来的，可以不运用正式权力而以自身影响力和魅力来影响他人的活动。

不难看出，领导者和管理者都是在组织中拥有权力的个体，在组织中处于举足轻重的位置。他们工作的最终目标都是为了组织发展，他们的工作对组织的发展将产生重大影响。领导者和管理者之间没有根本的利益冲突，只有二者密切合作才能使组织更好地发展。理想情况下，管理者应该同时就是领导者。

5.1.2 领导者和管理者的主要区别

对于领导和管理的区别，被誉为"领导力第一大师"的哈佛商学院教授特约翰·科特（John Kotter）是这样说的："领导是用来做什么的？是用来构建一个远景和策略的，是用来协调、拟定策略和协调相关人士的，他要排除障碍，要提升员工的能力，以实现远景。什么是管理？管理不仅仅是上面的这些东西，管理是运用计划、预算、组织、人事、控制以及问题来解决、维持既有的体系。"他认为，"管理者试图控制事物，甚至控制人，但领导人却努力解放人与能量"。这句话实际上道出了"领导者"与"管理者"之间的辩证关系："管理者"的工作是计划与预算、组织及配置人员、控制并解决问题，实现战略目标；"领导者"的工作是确定方向、制定战略、激励和鼓舞员工并带领全体组织成员创造更大的绩效。

Sampark 基金会创始人魏尼特·纳亚尔（Vineet Nayar）在《哈佛商业评论》也发表了一篇文章，探讨了领导者和管理者的三个关键区别。

- 管理者计算价值，而领导者创造价值。如果你在管理他人，这意味着你或许只是在计算员工创造的价值，但没有增加价值。相比之下，领导者更专注于创造价值。他们会说："我希望在我处理 A 事务的时候，你能去处理一下 B 事务。"领导者创造的价值超过了团队创造的价值，而且追随他的员工也都是价值创造者。以身作则和以人为本是行动式领导力的标志。
- 管理者和领导者创造的圈子不同。就像管理者有下属、领导者有追随者一样，管理者创造的是自己的权力圈子，而领导者拥有的是影响力圈子。如果我们想知道自己是二者中的哪一个，最便捷的方法是看一看向我们寻求建议的人中有多少是下属之外的人。这样的求助者越多，求助者就越有可能认为我们是一位领导者。
- 领导他人和管理工作的不同。"管理"指的是控制一个群体以达成一个目标，而"领导"指的是一个人影响、激励和帮助他人为组织做出贡献的能力。区分领导者不同于管理者的是影响力和激励能力，而不是权力和控制。

5.1.3　数字化转型需要"具有管理才能的领导者"

结合前面章节对数字化转型的本质、战略、战术设计的介绍，不难看出，数字化转型是一个系统、科学、长期迭代演进的实践工程，而不是简单的一批项目和一批工作任务的叠加。所以，要成为领导数字化转型的领袖，必须是兼具领导才能和管理才能的领导者（见图5-1）。

图5-1　数字化转型需要兼具管理和领导才能的领袖

在领导才能方面，领导者需要有极强的战略规划、方向和趋势把握、开放创新、生态建设乃至企业经营等方面的能力，这样才能为转型确立和把握正确的方向，不至于走错方向；同时，具备企业经营方面的基础能力，则能够保障转型在降本增效、安全合规等方面的目标达成；另外，具备开放创新和企业内外部生态建设能力（企业内部生态和行业外部生态），则能够保障在不确定环境下，使数字化转型这一有别于传统的改革和创新的工作任务不断地迭代和推动前进。

在管理才能方面，管理者则需要具备极强的战术设计、路径选择、组织建设和管理、治理和优化、项目管理等方面的核心能力。数字化转型的工作落地，最终还是要转化为具体的工程实践工作，这些工作会体现为企业常见的项目和常规工作。所以，为了实现数字化转型的战略目标，领导者需要通过把控全盘的管理才能，经营和管理好团队，带领他们不断推进一个个小的战术目标落地，从而实现最终的转型目标。

5.2 "T型能力领袖"的主要特质和能力

5.2.1 当前数字化转型失败的主因是领导者和组织的问题

麦肯锡的调查报告显示，企业数字化转型失败率高达80%。对于这个数字和结果，我们不禁要思考数字化转型的成败关键和因素又是什么呢？

这个数字看起来符合二八原则，其实具体数字比率不太重要，重要的是说明目前企业数字化转型失败率很高。不过我们还是要客观地来看待这个调查结果——这个失败是指全面的失败还是局部的失败。我们也知道业界不乏企业数字化转型的成果，如果说完全失败可能比较片面。但是造成失败的具体原因是什么，这值得我们深思。

第一，失败的原因在于很大一部分企业的经营者、领导者并没有搞清楚数字化转型的目标，违背了业务和价值导向这两个根本出发点，人云亦云，受到潮流、媒体等的鼓动跟风搞转型、搞"快餐式变革"，大搞技术平台建设。科技与业务两张皮，没有从企业实际的经营需求上考虑清楚就大干特干，这样浪费了人力、物力、财力，却没有取得效果。

第二，失败的原因在于企业没有弄清楚衡量企业数字化转型是否成功的标准，是完成几个大项目，还是革陈出新的营销模式和商业模式，等等。这些标准的轻与重、缓与急、长期与远期、投入与产出等都需要提前考虑好，否则工作做了，只有结果，没有成果，这样不失败也难。

第三，失败的原因在于没有把握好切入点和时机。很多产业、企业的领导者动辄希望通过数字化来颠覆、改革、创造、重构，大兴土木搞运动，把数字化转型作为一项世纪工程来做，雷声大但是雨下不来，忽略细枝末节和稳而缓的改变，只图轰轰烈烈变革，这些都不符合事物从量变到质变的辩证唯物主义客观规律，最终结果可想而知。根据前面详细分析的数字化转型的本质和各行各业的需求，我们不难理解数字化转型作为一项工程需要高屋建瓴的布局和脚踏实地的以点切入的落地。所以，对领导者来说，切入点和时机的选择尤为重要，顺势而为，因地制宜，会比毫无重点、毫无战术强推效果要好。

第四，失败的原因在于对数字化技术的盲目推崇、滥用和误用，认为先进的数字化技术是包治百病的"灵丹妙药"，而且不懂规律、应用场景，拿来就用、拿钱就投、看系统就建，动辄构建成百上千人员的团队，美其名曰数字化。譬如现在企业追捧和崇尚的数字中台，如果不了解该技术平台、开发模式与业务流程、组织人员的有机结合等，就不能科学地驾驭和应用，进而导致数字化投资的盲目甚至失败，而且代价非常大，这些都值得我们警醒。

其实，以上失败的因素无论是从格局、视野、思维，还是从实践等各方面来考虑，究其根本原因，是领导者和组织能力的问题。因此，从笔者在多个行业的信息化、数字化转型工作经验总结和复盘来看，战略、战术、数字化能力的布局和落地，其成败取决于转型阶段的核心领导者及其建立的组织能力。从现代企业经营的角度来看，数字化转型是企业经营的一个必经阶段，核心领导者需要从业务需求、业务架构和战略出发，制定出适合的科技战略和组织架构并打造相应的组织能力。

5.2.2 认识"T 型能力领袖"

这个核心领袖和掌舵人，可以称为"T 型能力领袖"。他不同于传统意义上过多侧重信息化、数字化和智能化技术的 CIO（Chief Information Officer，首席信息官）和 CDO（Chief Digital Officer，首席数字官），而是具备企业管理和经营能力（包括战略、人力、财务、产品、质量等）、技术落地能力（包括架构、软件研发、高可用、云原生等）、市场营销能力、流程优化/再造能力、风控能力、组织建设及管理、生态打造能力等于一身的现代 CIO/CDO（见图 5-2），这些能力在传统意义上存在于 CEO（Chief Executive Officer，首席执行官）、CTO（Chief Technology Officer，首席技术官）、CMO（Chief Marketing Officer，首席市场官）、CRO（Chief Risk Officer，首席风险官）、CSO（Chief Security Officer，首席安全官）、CPO（Chief Process Officer，首席流程官）、CHO（Chief Human Resource Officer，首席人力官）、CFO（Chief Financial Officer，首席财务官）、COO（Chief Operating Officer，首席运营官）等。

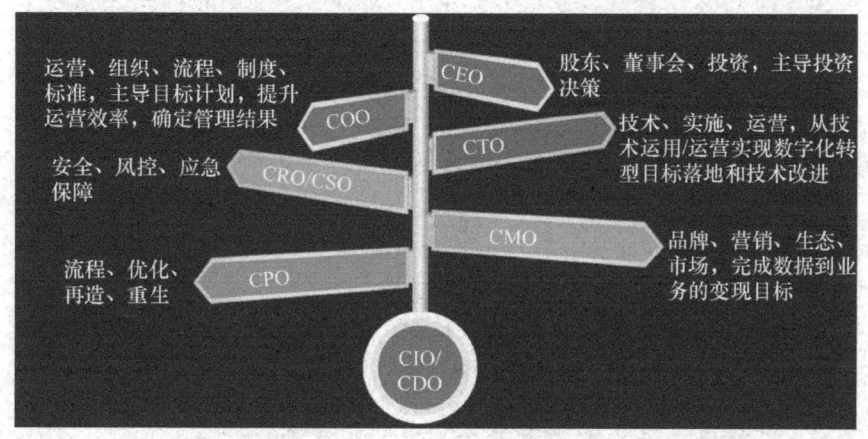

图 5-2　现代 CIO/CDO 能力示意

具体来说，"T 型能力领袖"名称中"T"的"—"部分（见图 5-3）在实际的工作过程中，很大程度上决定了数字化转型能否有战友和同盟、取得老板和其他职能部门（如 HR、FIN、Legal 等）和业务部门的信任和支持、比较顺利地开展相关科技工作，所以称之为"企业生命线"。现实的情况往往是，不少 CIO/CDO 具备较好的 IT 技术基础，但是缺乏诸如财务、人事、市场、业务、企业经营等方面的基础常识，因此在沟通的过程中，无论是语言表达还是意识方面过度执着于技术，经常出现"鸡同鸭讲"的情况，难以取得理解和支持，有时甚至遭到反对和误会，极大影响数字化转型工作的正常开展。因此，CIO/CDO 必须具备相当的能力。

对"T 型能力领袖"中"T"的"｜"部分来说，IT 战略规划、业务架构、应用架构、数据架构、技术架构、数字中台、数据治理、IT 治理与审计、合规、科技风险管理、人工智能、大数据、云计算、区块链、IoT、5G、边缘计算、数字孪生、容器、微服务、DevOps 等是当前 CIO/CDO 所关注的"技术生命线"的部分。这些能力与传统的也有所不同。技术生命线的范围扩大了，CIO/CDO 必须与时俱进，通过各种方式了解和实践获得这些能力，并不断随着技术的发展而发展，不断跟进与更新自我和组织的这些技术能力。

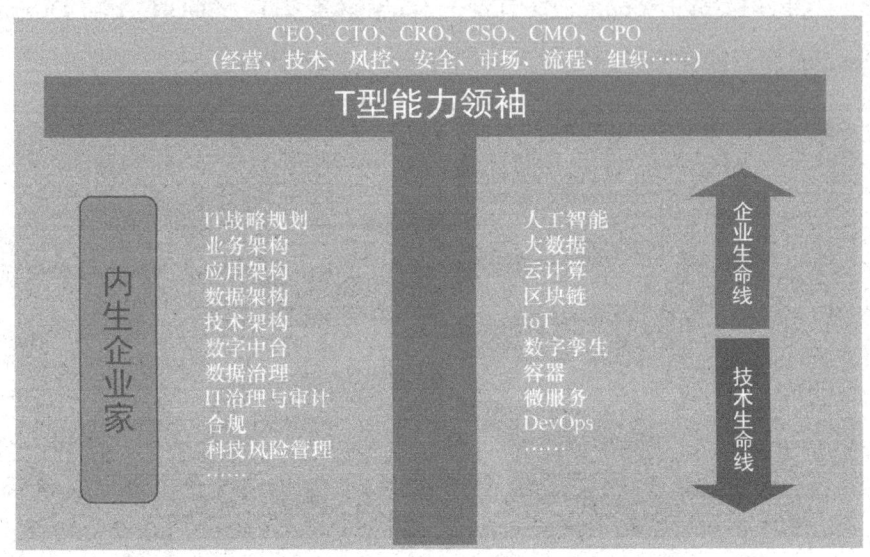

图 5-3 "T 型能力领袖"示意

当然，除了这些能力要求，在特质方面，谦虚、本色、坚韧、勇气、同理心、合作、求知欲等方面，也是数字化领袖不可或缺的。关于这些特质方面的描述和讲解，本书不做重点介绍，读者可参考相关书籍了解。

综合起来看，兼具由横"—"、纵"|"两方面能力的"T 型能力领袖"，从本质上说就是"内生企业家"。就这个企业家而言，更多地体现的是他/她的能力，而不是所谓的权力。"内生企业家"也有别于一般的创业者，他是在企业内部生长，能够具备较好的能力和责任感、情怀的领导者。引用世界 500 强雪松控股集团董事会主席张劲先生的话，那就是"内生企业家必定是以成果为导向，逢山开路，遇水搭桥。没有条件，也要创造条件。同时，也一定是选择挑战，而非寻求安逸；创造机会，而非万事俱备；坚持创新，而非因循守旧；回馈社会，而非只重财富"。从本质上说，主导企业数字化转型的领导者必须是这样的"内生企业家"！

值得注意的是，一方面，这些能力不是书面上的能力含义和纸上谈兵，而是数字经济时代产业数字化转型对 CIO/CDO 的具体能力要求；另一方面，之所以说 CIO/CDO 需要具备这些能力，是为了推进数字化转型成功，而不是说 CIO/CDO 可以完全兼任或者代替 CEO、CTO、CFO 等高管岗位，这需要根据企业的实际情况来设定，在实际当中，确实会有一些交叉和兼任，但是并不绝对。

5.3 数字化转型相关 CXO 职责简介

5.3.1 首席信息官

首席信息官（CIO）又称"信息主管"，是负责一个公司信息技术和系统所有领域的高级管理人员。首次提出 CIO 概念的不是信息界，而是工商企业界。1981 年，美国波士顿第一国民银行经理威廉·辛诺特（William Synnott）和坎布里奇研究与规划公司经理威廉·格鲁布（William Grube）在著作《信息资源管理：80 年代的机会和战略》中提出 CIO 的概念。

自从 CXO 的职务制度引入中国以来，大多数 CXO 都找到了对应职务，唯独 CIO 例外。一个很重要的原因是中国企业的管理层从来就没有类似的职能。随着企业信息化逐步推进，很多企业开始设置 CIO 或者类似的职务，而这类职务的职责，似乎就想当然地变成了信息化。也正是因为信息化与信息技术的天然联系，CIO 在很多人眼中变成负责信息技术和企业信息系统的人，简单地说，就是管技术的人。

无论是传统企业还是高科技企业，进行信息化改造都不是一件简单的事，它将涉及企业的方方面面，需要整合各方面的资源，从战略高度进行规划。这时需要企业的一位高层管理人员专门从事信息系统方面的领导工作，首席信息官这个职位应运而生。

企业的运营过程，其实就是信息的流转过程。企业设立 CIO，目的是对信息进行管理，而对信息进行管理，目的是建立竞争优势、帮助业务成功。在这个逻辑下，CIO 的成功标准其实非常明确：帮助企业建立竞争优势，帮助业务获得成功。而所谓 IT 与业务融合的问题根本就不应该存在，因为 CIO 本来就是为业务而设立的。

CIO 在企业中的作用是与企业信息化的程度紧密相关的。总体来说，企业信息化一般可分为三个阶段。第一阶段，信息技术的应用是局部的并且相对封闭，主要目的是提高企业内部的劳动生产率。在中国大部分企业中，信息化最早的部门是财务部门，财务账本、应收账款、应付账款的手工操作都用软件来替代。第二阶段，企业信息化主要是保证企业内部信息流的畅通，提高企业的管理效率，建立包含多个子系统的企业办公自动化系统。到此，企业信息化还远没有发挥它应有的作用。第三阶段，企业信息化成熟的标志，应当是整个业务流程的信息化，从采购、库存、销售到客户管理。随着中国企业信息化进程的加快，CIO 将掌握更多的资源，同时起到更大的作用。毫无疑问，CIO 将是一个可以用信息技术提升企业竞争力的重要角色。

在西方工商企业界眼中，CIO 是一种新型的信息管理者。他们不同于一般的信息技术部门或信息中心的负责人，而是已经进入公司最高决策层，相当于副总裁或副总经理地位的重要官员。

5.3.2 首席数字官与首席数据官

1. 首席数字官

首席数字官（Chief Digital Officer，CDO）源于企业数字化转型的需要。这是一个关乎企业未来的战略性职务，是通过加强对企业内部、外部供应商、客户之间的关系互动和数据流动，推动企业传统组织方式、运营模式与数字化技术的融合。

CDO 绝不是一个简单的新概念，它包含两层深刻的意义，一是将 CIO 从成本中心、内向型的职务，转向利润中心、外向型岗位；二是它预示组织变革发生在即。传统科层制的结构正在受到更大的挑战。

CDO 的职责与使命的重要性对其履职者提出了相当高的要求。CDO 不但要精通数字技术，时刻对数字化保持敏锐的洞察力，而且要兼具开阔的战略视野。总体而言，CDO 应更加注重对综合能力的考验，而非单一技能。世界知名管理咨询思略特公司的调研数据有效诠释与佐证了这一点。数据显示，现任 CDO 均有不同的从业经验和背景，涉及营销、销售、技术、咨询、战略、学术等诸多领域，但超过 70% 的 CDO 在企业中位居副总裁以上级别。这说明对 CDO 的考验更多的是综合管理技能，或者说成为 CDO 的关键不在于背景，而在于他们要具备相应的综合能力，能够以跨部门的工作方式来有效地推进数字化转型工作。

此处需要特别说明的是，尽管有营销和销售背景的 CDO 所占的比例超过 50%，但这并不是说营销能力与销售能力是成为 CDO 的决定性因素。由于以上这组数据的样本是"已经设置 CDO 的企业"，而这些企业大多数集中于娱乐传媒、消费品等行业。这些行业受数字化变革冲击最早，也最为明显。营销与销售的压力尤其巨大，因此数字化转型需求也相对较为迫切，相应地以此为起点的企业比例较大，相关职位率先向 CDO 转型的可能性也较大。营销与销售固然重要，但这仅仅是企业数字化转型中的两个环节，可以有效提高数字化水平，但是无法涵盖企业数字化转型的全部，对工业领域更是如此。CDO 仍然是一个可能来自各方面的全能选手，他们需要对企业的方方面面进行协调。

CDO 与 CIO 的区别主要体现在以下方面。

- CDO 职能涉及战略规划、运营管理、流程优化甚至业务拓展等诸多方面，涵盖范围较广，综合性较强，与企业实际业务关联更加紧密。
- CIO 拥有的实际职能是负责企业内部日常工作所使用的信息系统和工具的管理维护，更加关心技术，专业性较强，但往往并不太涉及企业实际业务。
- 最为重要，也最令人痴迷和震惊的差别是：CDO 是利润中心，而绝非传统的 CIO 那样成为成本洞穴——这是 CDO 最具有进攻性的地方。

然而《哈佛商业评论》已经等不及企业内部的论资排辈了，干脆直接将CDO置于仅次于CEO的重要位置，同时认为CDO应当具备以下能力。

- 能够促使企业所有利益相关者达成一致，具有数字化转型的领导力与人格魅力。
- 深谙企业政治之道并能运用自如，精通信息技术、市场营销、战略、财务等各方面的知识，与各种不同专业领域的人沟通无障碍。
- 全面精通数字领域的所有知识，包括而不限于电子商务、网络营销、社交媒体、移动互联网、物联网、大数据等。

2. 首席数据官

与首席数字官有些类似，目前国家和政府提倡了一种新的制度——首席数据官（Chief Data Officer，CDO）制度。这个制度最早由企业创设，其主要职责是根据企业的业务需求，通过数据挖掘、处理和分析，对企业未来的业务发展和运营提供战略性的建议和意见。经过30年的发展，CDO的功能已经从企业内部管理制度延伸到政府政务数据管理领域。如今，这一特殊的岗位在城市治理中成为构建数据资源管理体系不可或缺的一环。

2021年5月，广东省印发了《广东省首席数据官制度试点工作方案》，选取省公安厅、省人力资源社会保障厅、省自然资源厅等6个省直部门以及广州、深圳、珠海、佛山、韶关、河源、中山、江门、茂名、肇庆等10个地市开展试点工作，推动建立首席数据官制度，深化数据要素市场化配置改革。广东试点首席数据官制度在全国属于首创。推动建立首席数据官制度，是广东省深化数据要素市场化配置改革的一项制度性安排。

首席数据官在政府中扮演什么样的角色？首先，首席数据官必须是一种新型的复合型人才，要有强烈的大数据意识和广阔的大数据视野。其次，首席数据官要掌握最新的大数据理论、技术和方法，具有较强的大数据分析能力（包括数据挖掘、数据存储、数据分析、数据反思和数据监控等方面的能力）。再次，首席数据官要有全面的知识结构，既要精通数据技术，又要懂得与大数据相关的政策、法规和安全等方面的知识。最后，首席数据官还要有较强的创新、组织和协调能力。另外，在论述政府首席数据官制度建立的相关研究文章中，武汉大学人文社会科学研究院副院长、武汉大学信息资源研究中心副主任夏义堃提到，设立首席数据官，统筹数据战略推进、推动政府数据资源的开放共享与开发利用，已经成为许多国家政府数据治理组织体系创新的重要举措。政府首席数据官的角色旨在促进数据共享与透明度，提高数据驱动的决策，同时保护数据机密性和隐私。在他看来，政府首席数据官的职责目标是进一步提升行政领导与业务人员对政府数据的价值认知，同时将其运用到决策、流程与事务处理的优化转型上，以提高数据治理的有效性。

据介绍，越来越多的国家在中央政府层面任命各种数据主管，如首席数据官负责政府数据战略制定与数据资产管理，首席数字官负责推进政府数字化转型，首席数据分析官侧重政府数据挖掘与分析利用等。不过专家也建议，有了首席数据官，还需要具备数据治理及其战略，以推动未来政府数据分析。必要的制度设计、资源支持、条件保障以及社会合作网络等构成了政府首席数据官施展能力、发挥作用的基本生态环境。

根据 Gartner 2021 年对首席数据官的调查（见图 5-4），在开展数字化计划的企业机构中，首席数据官往往负责领导或大量参与此类计划，只有 3% 的首席数据官完全置身事外。这种情况在小型、中型、大型和跨国企业机构中十分普遍。在高级数据和分析领导者的领导或深入参与下，企业机构更有可能在创新方面表现出色并有效地创造业务价值。

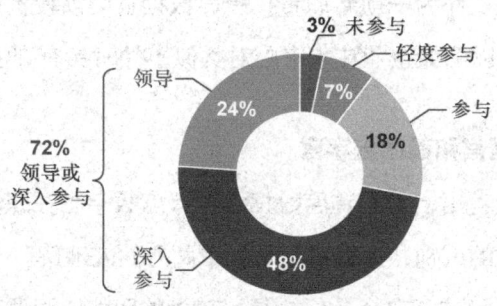

图 5-4　Gartner 关于参与数字化转型计划的数据和分析领导者比例的调查结果

随着企业适应不断变化的工作环境，首席数据官有了新的职责，以有效应对危机并使企业为未来可能的中断做好准备。以下是首席数据官在疫情之后的一些新优先事项。

- 确保业务连续性：为了让企业在疫情期间继续运作，首席数据官必须确保实时进行数据收集和分析，以便利益相关者能够做出明智的决策。此外，数据领导者必须重新审视业务连续性计划和核心数据平台，以确保所有数据源的可靠性和真实性。
- 确定数据保护和隐私：随着越来越多的员工继续居家办公，这种新的工作模式也使得企业的关键数据资产面临新的网络攻击。此外，远程工作有可能将个人身份信息（Personal Identifiable Information，PII）等敏感客户数据泄露给风险较高的员工。因此，首席数据官必须与 IT 安全团队合作以控制关键数据资产。他们还必须设置策略和权限，只允许远程员工有限地访问数据。
- 建立新的数字能力：对首席数据官来说，新常态是构建新数字能力的最佳时机。从开发全方位客户视图和现代化数据架构到向云平台迁移，首席数据官可以采取必要的数字化举措，在应对当前危机的同时为企业的未来发展做好准备。
- 降低运营成本：精益运营正在帮助大多数企业度过疫情时代。首席数据官可以帮助企业实施精益运营，利用数据并与首席财务官合作，重新确定资源分配的优先级，同时制订计划以投资新的、更安全的项目。
- 为未来的危机做准备：如今疫情敲响了警钟，要求大多数企业更加认真地对待其危机计划。作为一项新职责，首席数据官必须投资于新能力并制订可靠的危机计划，以确保企业在未来应对类似事件时具有弹性。

3. 如何理解首席数据官和首席数字官

从上述分析可以看出，其实首席数据官和首席数字官在职能、任职要求等方面非常相似，只有细微的区别，大家可以从如下两方面来理解。

- 首席数据官是目前国有企业任命得比较多的职位，强调对数据的管理、应用能力，目标是通过数据资产管理来创造业务价值。所以该职位的候选人要非常熟悉业务，而且大多数来自业务条线。
- 首席数字官是目前民营企业等任命得比较多的职位，除了强调对数据的管理、应用能力，还强调对整个科技、数字化的技术与平台等的应用。所以该职位的候选人要对技术比较熟悉，同时要求熟悉业务。相比于首席数据官，该职位的任用大多来自科技条线。

5.3.3 首席技术官

首席技术官（CTO）是技术资源的行政管理者。他的职责是制定有关技术的愿景和战略，把握总体技术方向，监督技术研究与发展（research and development，R&D）的活动，同时对技术选型和具体技术问题进行指导和把关，完成赋予的各项技术任务/项目。通常只有高科技企业、研发单位、生产单位等才设立CTO职位。这一职位有点类似于我们日常说的总工程师（简称总工），其工作需要对企业老总（CEO）负责。

CTO作为企业技术的创建者和推动者，首先他和CIO一样是进入企业决策圈的角色，有义务对企业的长期发展负责，制定企业或组织的技术愿景和战略，执行并监督实施技术的长短期战略，组织新技术研发应用，参与并保证对客户需求的技术满足，参与知识产权（Intellectual Property，IP）策略制定。CTO还是高级市场人员，他可以从技术角度非常有效地帮助公司推广理念，其中包括公司对技术趋势所持的看法。

国外CTO的职能，除了取决于公司规模，还与高科技企业的发展模式相关联。硅谷的很多公司创始人都是技术出身，但公司做大之后并不想转为技术团队管理者，所以除了从外面聘请专业经理人担任CEO，还有可能聘请专门负责研发管理的VP（Vice President，高层副级人物），这样创始人就可以把自己定为CTO角色，以便脱离管理中的琐事，专心研究技术走向。例如，谷歌公司的创始人之一谢尔盖·布林（Sergey Brin）就专门负责研究技术的走向。一方面，国内的CTO更偏重研发管理，CTO要负责管理所有与开发相关的资源，按时完成项目。另一方面，CTO充当类似总工的角色，作为技术方面的权威，要对公司下一步的技术发展方向进行一些研究、探讨，做出判断并帮助CEO做出决策。

CTO和CIO都是企业决策圈的角色，对CEO负责，有义务对企业的长期发展负责，通过组建一支专业队伍来完成其使命，整合外部资源，取得效益。

- 在战略层面，CTO的职责是制定企业技术愿景和发展战略，参与并监督技术的立项、研发、实施，参与IP策略的制定和IP保护。CIO的职责是挖掘企业的信息资源、制定企业信息化战略、为企业信息化合理布局、评估信息化对企业的价值等。信息资源规划是CIO的首要职责，信息化的第一步应该是信息资源规划而不是产品选型。
- 在执行层面，CTO负责技术研发、应用实施，组织内部技术细节。CIO负责信息流、物流、资金流的整合，完成信息系统的选型实施，收集研究企业内外部的信息，为决策提供依据。更为重要的是，CIO要承担起电子商务管理以及信息工程的监理工作。
- 在变革层面，CTO负责完成新技术立项、研发、更新。CIO协助企业完成业务流程重组，运用信息管理技术重建企业的决策体系和执行体系，同时对信息编码和商务流程统一标准，不仅要推动企业信息化的软硬环境优化，而且要为CEO当好参谋，与各高层管理者一起促进改善企业内外部商务环境。
- 在沟通层面，CTO负责内外部技术方面的培训、技术交流与支持。CIO安排企业信息化方面的培训，发现信息运用的瓶颈，观察研究企业运作中的信息流及其作用，协调沟通上下级关系，打造优秀的IT团队。

5.3.4 当前企业的任用情况

从上面的介绍可以看出，目前企业数字化转型科技条线最为关键的三个岗位是CIO、CDO和CTO。他们的职责和要求从历史发展来看各有不同，在不同的行业，他们的任命也有所不同。比如在制造业和银行业，CIO职位主要负责整体信息化工作；而对保险业来说，负责信息化工作的很多是CTO；很多证券公司以及互联网公司将CTO与CIO混搭使用，侧重于技术第一负责人的定位。

而CDO是近几年新兴的职位，定位是要用数字化来改善和提升企业经营，需要具有数字化思维，所以在世界500强集团，包括一些大中型企业，该职位与CIO职位兼任的居多，没有进行职责分离和人员分别任用。在本书中，我们也将CIO/CDO等同视之进行介绍，他们是承担和推动企业数字化转型的第一牵头人和负责人。

同时，在这些公司或者多元化集团当中，很多情况下，CIO/CDO也兼任了CTO的职位，不会再单独设置CTO，主要是因为数字化转型虽然一方面是企业战略设计和规划，但是另一方面需要通过数字化技术来实施，而这些就是传统CTO的负责范畴，这两方面不能脱节，由CIO/CDO统筹会比分离更加合适。这也是我们在前面关于"T型能力领袖"的分析过程中强调CIO/CDO需要具备CTO的技术能力的原因和出发点。

5.4 企业如何选择数字化转型的领导者

对企业的决策层和经营层来说，寻找"T型能力领袖"作为企业数字化转型的牵头人和推动者确实不是一件容易的事情。这里，我们给出两个寻找的路径和方法。

第一个方法是内部培养和提拔。如果企业决策层和经营层能够接受内部培养的过程，可以尝试在企业内部选才。毕竟，没有人是天生的"T型能力领袖"，都是锻炼出来的。例如华为公司CIO和很多高管都是内部提拔起来的，不接受"空降"，因为在文化、理念、做事方法等方面企业决策层可能还是对空降高管保留意见。这个方法适用于那些具有多年积累、人才梯队比较健全的集团性公司。

第二个方法是外部选拔引入。这个方法是目前业界的主流方法。企业的决策层普遍认为，数字化转型是目前的大势所趋，也是一个时代的行为，如果不能马上启动和介入，可能会丧失转型的良机，使得企业经营陷入被动，因为别人都在转。另外，大多数进行数字化转型企业是非数字原生企业，它们本身缺乏具备数字化理念、思想、技术实践等的CIO，更不用说CDO了。所以，为了尽快推进转型，这个领导者必须从外面引入。针对这种情况，建议企业老板从以下几个角度进行考察（见图5-5）。

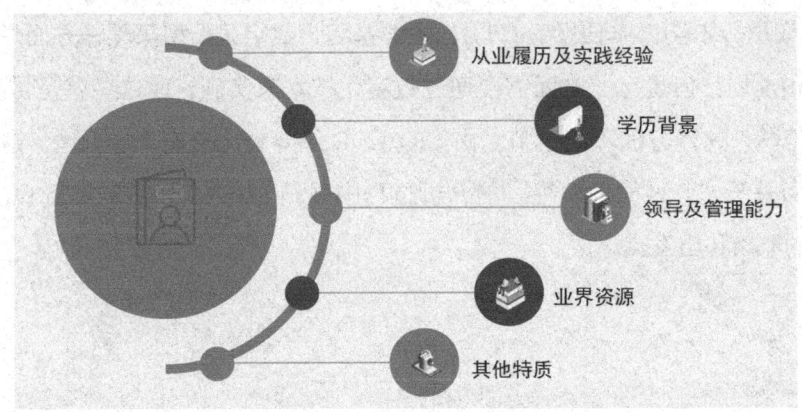

图5-5 企业选择数字化领导者的五个参考维度

- 从业履历及实践经验：需要具备多年大型集团（比如世界500强、中国500强或者龙头企业等）信息化建设、数字化转型等的实际落地经验，有自己的心得体会，有经验教训，也带领团队解决过实际问题，这样的人选比较优质，如果有跨多行业、实体行业的实践经验最佳（比如制造业、金融业、地产、医药等，因为这种跨行业的经验使得领导者具备相当开阔的视野和格局）。尤其需要甄别那种唯PPT论和纸上谈兵类型的人选，因为数字化转型需要落地，而不是务虚。

- 学历背景：一般需要硕士研究生以上背景，当然不是说本科生不行，老板需要根据具体情况来判断，学历主要强调人选的学习能力，因为数字化转型是一项不断发展、集自然科学乃至社会科学于一体的工程，所以需要人选有不断优化和提升的能力。

- 领导及管理能力：这个前面提到过，主要判断依据是不但能够根据公司业务的发展、运营情况制定数字化转型战略，而且能通过管理手段建立健全相应的组织和平台，能够实际落地转型。
- 业界资源：数字化转型在各行各业产、学、研、用等的生态构建和共荣共生的发展趋势越来越明显，所以人选要有各方面的资源、人脉并能够做好内外部串联，为公司转型提供助力的人选比较有竞争力。
- 其他特质：比如价值观、合作意识、沟通协调能力、情商等方面的软特质，也可以作为企业决策层和老板评判的依据。这些软性能力也是不可或缺的。

为了把上面提到的五点具象化地向大家展示，以下给出一个比较有竞争力的企业数字化转型领导人选的画像（profile）实例供大家参考。

"T型能力领袖"画像示例

1. 长期从事网信工作，有多年的世界500强集团和名企信息化建设、数字化转型、科技创新及信息安全风控管理经历。

2. 丰富的世界500强大型多元化集团数字化转型/信息化规划、科技战略规划及带头实施落地能力，拥有优秀的战略眼光，具备管理协调、科技创新、沟通和决策能力，有多年的0-1-N团队建设和千人规模以上管理经验，拥有丰富优质的国家、行业、产业、著名高校及研究院所等社会资源，牵头企业各部门、客户、供应商等进行生态构建，通过网络化、数字化、智能化科技手段不断驱动业务增值和转型升级。

3. 丰富的大型集团企业流程优化/再造、组织变革和数字化运营能力：为推动公司信息化建设和数字化转型，根据公司需求和现状，就信息化建设为公司提供专业的咨询、建议和规划方案，推动企业流程优化和再造以及组织变革，打造数字化组织和文化并指导和带领供应商实施和评估，同时通过数据分析和数字化运营，帮助企业业务探索和落地新的商业模式，创造新的收入和利润增长点。

4. 企业IT架构（技术架构、数据架构、应用架构等）设计及实施落地能力：

长期负责大型金融集团、制造业等行业的 EA（Enterprise Architecture，企业架构）架构设计及部署指导工作，具有很强的系统集成、选型、评估及实施能力。

5. 世界500强信息安全风控管理能力：具备敏锐的信息安全风控视角，精通信息安全的基本原理和技术、相关安全标准（ISO 27000、ISO 27001、国家信息系统安全等级标准等），知识面广，熟悉内网防护、防火墙技术、入侵检测技术、访问控制、PKI、IPSec、TLS 等，具有熟练的电信网络运营、制造业、金融公司的 IT 治理、科技风险管理、信息安全技术及管理技能，具有较丰富的企业信息安全规划、架构设计、制度和流程制定以及管理经验。

6. 通过科技创新促进业务创新及前沿技术应用能力：拥有多年世界500强科技创新及前沿技术应用实战经验，熟悉并擅长云计算、大数据、区块链、人工智能、移动互联技术在企业的落地和业务应用，可带领研发团队运用自主研发、信创等方式在云原生、微服务等领域结合业务进行应用和突破，应用科技手段不断帮助企业实现降本增效和商业模式创新。

第 6 章 三阶段构建"业务敏捷型"IT 组织

实践告诉我们,没有健全的、具备相当能力的组织是不可能转型成功的。企业数字化转型要求在确立好牵头的领导者之后,能够迅速建立一支与之相配备的团队并建设相应的能力。本章向大家详细介绍数字化转型所需要的"业务敏捷型组织"的要素和基本能力,同时介绍该组织建设涉及的数字化人才、组织构建过程以及应用 ITBP 机制高效运转等。

6.1 传统科技组织的特点和短板

数字经济时代，开展数字化转型工作，正如我们前面探讨的寻找核心领导者、战略规划、战术设计等主要工作一样，著名的"康威定律"[①]也告诉我们，组织设计了软件、产品和方案的形态，因此传统的 IT 组织（或者说科技组织）也需要重新建立，使之具备与数字化转型工作要求相匹配的组织能力。

传统 IT 组织在企业内部往往是成本中心，一般也没有太多的话语权。IT 部门更多的是提供 IT 服务能力，快速地响应业务部门的业务需求并通过 IT 应用或系统实现。他们的精力基本集中在研发、产品、运维、安全、项目管理等传统的 IT 类工作当中，对于业务的响应则主要通过业务接口人，响应的方式比较被动和迟缓，主观能动性更多地发挥在对 IT 技术的研究、使用和维护上，缺少对业务的洞察力和主动性等。

因此，在多年的工作过程中，笔者总结了传统 IT 组织存在的几个弊端。

- 运营成本过高。因为缺少敏捷性和对投入产出的有效控制，对于人员和信息资产投入的规模难以有效控制，效益难以提升，经常处于"投入过多怕说不清价值，投入过少怕完不成任务"的两难境地。例如我们经常看到很多行业的龙头企业经常是一阵子狂招人，而过一段时间狂减人，就是因为这个问题的存在。
- 与业务脱钩，业务-IT 两条线，效率较低。因为缺乏主动与业务沟通的意识、对业务的理解不够或者组织设置与业务关联度不高，导致业务和 IT 两条腿

[①] 康威定律是马尔文·康威（Melvin Conway）于 1967 年提出的：设计系统的架构受制于产生这些设计的组织的沟通结构。通俗地说，产品必然是其（人员）组织沟通结构的缩影。——编辑注

走路，影响业务的交付效率和服务质量，更谈不上通过科技去驱动业务。
- 数字化技术能力存在短板，难以驱动业务。数字化、网络化、智能化的技术发展日新月异，由于组织在技术和运营方面，对数字化技术（尤其是类似云原生、AI、大数据分析等新兴技术）的理解、实践和驾驭能力存在不足，难以快速、敏捷地实现业务功能，满足业务诉求。

6.2 什么是"业务敏捷型组织"

6.2.1 时代需要"业务敏捷型组织"

由此不难看到，我们迫切需要建立面向数字化转型的"业务敏捷型组织"，那么这个组织怎么定义呢？

> 业务敏捷型组织是指能够使用创新的业务解决方案快速响应市场变化和新兴机遇，在数字时代获取竞争优势并蓬勃发展的组织。它要求参与解决方案交付的每个人——业务和技术领导者以及研发、信息技术运营、法律、营销、财务、支持、合规、安全性等所有部门参与者以比竞争对手更快的速度持续交付有创新价值的、高质量的产品及服务。

用便于理解的语言来描述，业务敏捷型组织主要包括以下几个特点。
- 敏锐捕捉和持续响应：能够敏锐捕捉来自市场、客户、业务等各方面的需求、机遇和变化并持续响应，不断闭环和提升。
- 跨组织充分沟通和协同：不仅限于 IT 组织，企业范围内的所有部门和实体都能够充分沟通、互动和协同，为了统一的目标推进工作。

- 高效和高能：具备较高的交付质量、创新意识和能力、技术水平。

需要特别强调的一点是，这里的业务敏捷型的要求其实不仅仅针对 IT 组织，也包含法务、营销、市场、人力等组织。但是，所谓"正人先正己"，通常笔者在世界 500 强集团建立这样的组织的时候，还是会把这些要求首先贯彻落实在 IT 组织，后续有机会再慢慢推广到集团其他的部门和组织。

6.2.2 IT 类"业务敏捷型组织"的四个要素

基于 6.2.1 节介绍的"业务敏捷型组织"，IT 类"业务敏捷型组织"的组织能力又包括人员、技术、流程、数据四要素（见图 6-1）。

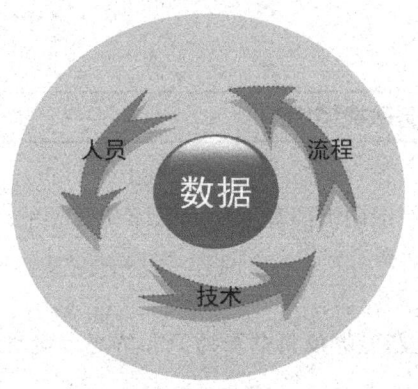

图 6-1　IT 类"业务敏捷型组织"四要素

1. 人员

我们在人员要求上强调志同道合、自驱力强、业务精湛、技术过硬，简单来说，就是既要在业务上有所追求和不断学习成长，又要在态度上比较开放，具备较强的沟通交流能力，与 IT 团队和业务打成一片（这个前面提到过），要融入业务，不能仅限于 IT 组织内部。

人员要素还涉及与新型能力建设运行相关的职能职责调整、人员角色变动以及岗位匹配等，包括但不限于如下内容。

- 根据业务流程优化要求确立业务流程职责,匹配调整有关的合作伙伴关系、部门职责、岗位职责等。
- 按照调整后的职能职责和岗位胜任要求,开展员工岗位胜任力分析、人员能力培养、按需调岗等,不断提升人员优化配置水平。

2. 技术

技术要素则包括搭建平台、应用技术、驾驭技术等。IT 类"业务敏捷型组织"要求组织人员通过高效流程,使用平台完成对业务的支持和服务甚至是驱动业务的发展。

技术要素主要涉及新型能力建设涵盖的信息技术、产业技术、管理技术等内容以及各项技术要素集成、融合和创新等。组织应从设备设施、信息技术软硬件、网络、平台等方面,充分发挥云计算、大数据、物联网、人工智能、区块链等新一代信息技术的先导作用,系统推进技术集成、融合和创新。

3. 流程

流程要素主要涉及新型能力建设相关业务流程的优化设计以及数字化管控等,包括但不限于如下内容。

- 敏捷性组织应该有规范、轻便、效率较高的流程保障,例如开发、运维、测试、需求分析、事件响应、配置变更等。
- 涉及业务与 IT 组织的交叉融合流程,如特殊权限申请流程、线上业务开通流程等,则需要在保障正常运转的前提下,从科技赋能业务、数据驱动业务的角度对这些涉及业务的流程进行优化、提效。
- 开展跨部门/层级流程、核心业务端到端流程以及产业生态合作伙伴间端到端业务流程等的优化设计。
- 应用数字化手段开展业务流程的运行状态跟踪、过程管控和动态优化等。
- IT 敏捷型组织还应当从驱动业务的角度,对某些业务领域流程的建立和运转提供有益的帮助和推动,例如,保险业 IT 组织可以通过科技手段帮助业务开辟的线上营销渠道。

4. 数据

数据要素主要涉及将数据作为核心资产进行管理、挖掘数据要素价值和创新驱动潜能等内容。为加强数据要素的开发利用，组织应开展包括但不限于如下活动。

- 完善数据采集范围和手段，利用传感技术等提升设备设施、业务活动、供应链/产业链、全生命周期乃至产业生态相关数据的自动采集水平。
- 推进数据集成与共享，通过数据接口、数据交换平台等开展多源异构数据的在线交换和集成共享。
- 强化数据建模与应用，提升单元级、流程级、网络级、生态级的数据建模以及基于模型的决策支持与优化挖掘水平。

这里有两点需要提醒大家。第一，敏捷型组织的能力还体现在组织需要"能破又能立"，敏捷可伸缩，不能只强调一味扩大而不能缩小，因为组织需要随着业务的支持和驱动动态调整。在实践过程中，组织能力的建设要求核心领袖具备强大的0-1-N的组织建设和运营能力，也要具备组织归零的能力。我们在制造、金融等行业就有过很多实践，要能从无到有建立运营上千人规模的团队，也需要经历阶段性地组织优化和变革，目标都是打造更好、更优的组织，为企业服务和提效。

第二，随着我国在基础教育、素质教育和职业教育的普及和深入，数字化相关的人才储备还是不错的，但是具备"T型能力领袖"能力的核心领导者相对稀缺，所以核心领导者务必在组织能力建设上多下功夫，挑选精兵强将，不断提高组织能力，为企业数字化转型做好坚实的组织保障。

6.2.3 "业务敏捷型组织"的基本能力

"业务敏捷型组织"应始终将新型能力建设作为贯穿数字化转型的核心路径，通过识别和策划新型能力（体系），持续建设、运行和改进新型能力，支持业务按需调用能力以快速响应市场需求变化，从而加速推进业务创新转型，获取可持续竞争合作优势。而这个能力，就如我们在数字化转型定义当中所描述的，是创造价值的能力，这是一个能力集（见图 6-2）。接下来详细介绍。

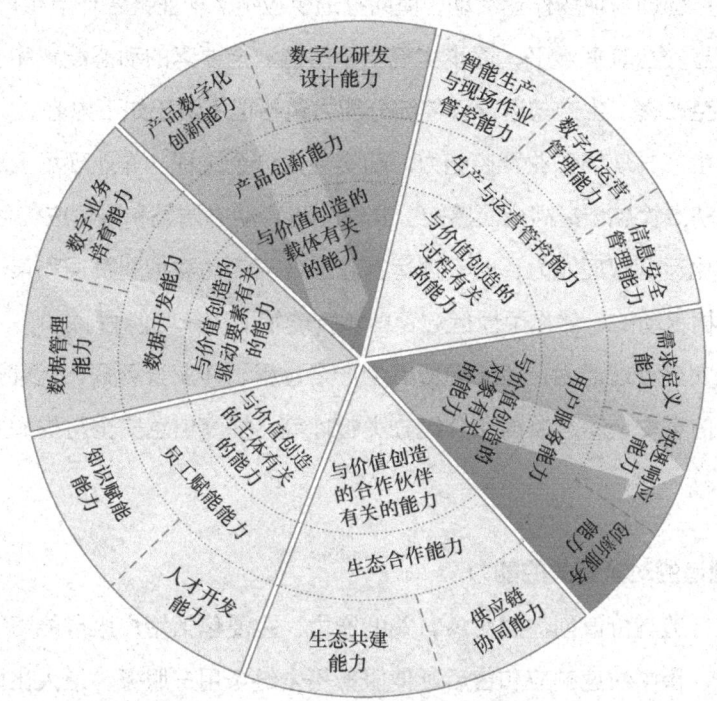

图 6-2 业务敏捷性组织的基本能力

1. 与价值创造的载体有关的能力

组织应打造与价值创造的载体有关的能力，主要包括产品创新能力等，加强产品创新、产品研发过程创新，不断提高产品附加价值、缩短价值变现周期。产品创新细分能力包括但不限于如下内容。

- 产品数字化创新能力，即利用新一代信息技术加强产品创新，开发支持与用户交互的智能产品，提升支持服务体验升级的产品创新等能力。
- 数字化研发设计能力，即利用新一代信息技术强化产品研发过程创新，开展面向产品全生命周期的数字化设计与仿真优化等，提升并行、协同、自优化研发设计等能力。

2. 与价值创造的过程有关的能力

组织应打造与价值创造的过程有关的能力，主要包括生产与运营管控能力等，纵向贯通生产管理与现场作业活动，横向打通供应链/产业链各环节生产经营活动，不断提升信息安全管理水平，逐步实现全价值链、全要素的动态配置和全局优化，提高全要素生产率。生产与运营管控细分能力包括但不限于如下内容。

- 智能生产与现场作业管控能力，即实现生产全过程、作业现场全场景集成互联和精准管控，提高全面感知、实时分析、动态调整和自适应优化等能力。
- 数字化运营管理能力，即实现运营管理各项活动数据的贯通和集成运作，提高数据驱动的一体化柔性运营管理和智能辅助决策等能力。
- 信息安全管理能力，即实现覆盖生产全过程、作业全场景、运营管理各项活动的信息安全动态监测和分级分类管理等，提高信息安全防护和主动防御等能力。

3. 与价值创造的对象有关的能力

组织应打造与价值创造的对象有关的能力，主要包括用户服务能力等，加强售前需求定义、售中快速响应和售后延伸服务等全链条用户服务，最大化地为用户创造价值，提高用户满意度和忠诚度。用户服务细分能力包括但不限于如下内容。

- 需求定义能力，即动态分析用户行为，基于用户画像开展个性化、场景化的用户需求分析、优化与定位等能力。
- 快速响应能力，即以用户为中心构建端到端的响应网络，提高快速、动态、精准响应和满足用户需求等能力。
- 创新服务能力，即基于售前、售中、售后等的数据共享和业务集成，创新服务场景，提升延伸服务、跨界服务、超预期增值服务等能力。

4. 与价值创造的合作伙伴有关的能力

组织应打造与价值创造的合作伙伴有关的能力，主要包括生态合作能力等，加强与供应链上下游、用户、技术和服务提供商等合作伙伴间的资源、能力和业务合作，构建优势互补、合作共赢的协作网络，形成良性迭代、可持续发展的合作生态。生态合作细分能力包括但不限于如下内容。

- 供应链协同能力，即与供应链上下游合作伙伴实现在线数据、能力和业务协同，提高整个供应链精准协作和动态调整优化等能力。
- 生态共建能力，即与生态合作伙伴实现在线数据、能力和业务认知协同，提高整个生态圈资源和能力的按需共享、在线智能交易和自学习优化等能力。

5. 与价值创造的主体有关的能力

组织应打造与价值创造的主体有关的能力，主要包括员工赋能能力等，充分意识到员工已从"经济人""社会人"向"知识人""合伙人"转变，不断加强价值导向的人才培养与开发，赋予员工价值创造的技能和知识，最大程度激发员工价值创造的主动性和潜能。员工赋能细分能力包括但不限于如下内容。

- 人才开发能力，即以价值创造结果为导向开展人才精准培养、使用和考核，提高人才价值全面可量化、可优化等能力。
- 知识赋能能力，即为员工提供平台化知识、个性化知识和技能共享、技能服务，帮助员工快速提升胜任力，培养员工差异化技能，提升员工创新创业等能力。

6. 与价值创造的驱动要素有关的能力

组织应打造与价值创造的驱动要素有关的能力，主要包括数据开发能力等，将数据作为关键资源、核心资产进行有效管理，充分发挥数据作为创新驱动核心要素的潜能，深入挖掘数据作用，开辟价值增长新空间。数据开发细分能力包括但不限于如下内容。

- 数据管理能力，即开展跨部门、跨组织（企业）、跨产业数据全生命周期管理，提高数据分析、集成管理、协同利用和价值挖掘等能力。
- 数字业务培育能力，即基于数据资产化运营，提供数字资源、数字知识和数字能力服务，提高培育发展数字新业务等能力。

6.2.4 "业务敏捷型组织"的数字化人才

显而易见，组织是由人才组成的。"业务敏捷型组织"通常包含以下几类不同分工的数字化人才（见图 6-3）。

图 6-3　企业数字化人才示意

- 数字化管理人才：通常包括 CEO、CIO、CDO、CTO 等。他们的主要职责是领导和推动企业的数字化转型和变革。
- 数字化专业人才：通常指聚焦数字化基础打造，建立并运营数字化基础设施的科技团队人员，主要职能包括研发、运维、数据分析、安全、架构设计、治理等。他们构建了数字化转型的基石。
- 数字化应用人才：通常指在具体的业务场景中应用数字化设备设施、数字化技术、具备一定数字化理念和技能的职能人员和业务人员。这些人员主要包括财务、人力、市场、产品、运营等，同时也包括进行科技运营和管理的 IT 人员。
- 业务数字化人才：通常指能够深入理解业务流程、业务场景等并能运用数字化技能实现或者辅助实现业务数字化的人员。这些人员主要是指设立于 IT 团队或者在业务团队中对接 IT 团队的接口人员，也称为业务分析人员。不同于前面介绍的三类数字化人才，这类人才是紧密衔接 IT 与业务的接口和分析人才。比如设立在研发设计部门，作为接口人员对建立智能研发流程和平台做出贡献的分析人员就属于这个范畴。

6.3 分三阶段建立"业务敏捷型组织"

所谓"罗马不是一天建成的",要想构建一个相对完善的"业务敏捷型组织",大家要做好分步实施、慢慢达成最终效果的思想准备。以笔者多年来为世界500强多元化集团建立组织能力为例,基本上可以通过以下三个阶段循序渐进地打造组织能力(见图6-4)。

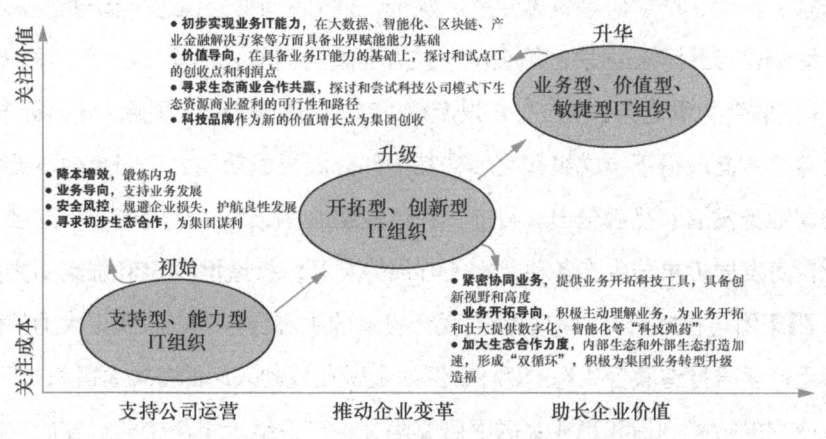

图6-4 分三阶段建立"业务敏捷型组织"

第一阶段是建立支持型、能力型IT组织。IT组织以专业化、流程化的方式提供优质服务和业务支持。

第二阶段是建立开拓型、创新型IT组织。IT组织关注并推动业务和企业变革,应用科技创新技术促进数字化转型。

第三阶段是建立业务型、价值型、敏捷型IT组织。IT组织作为业务单元进行对外赋能,体现业务价值和打造科技品牌,助长企业价值。

组织能力的建设是阶段性的,伴随业务战略和科技战略迭代和升华。这些组织能力在金融、制造、互联网、地产、智慧社区等多个行业都得到充分验证。

从图 6-4 中大家不难看出，每个阶段的组织能力都比上一个阶段有了提升和完善，而组织要在每个阶段上有所积累、实践，才可能达到下一个阶段的要求和目标。所以，我们提醒大家在实际建立过程中不要操之过急，因为组织能力中要求的支持、开拓、创新、敏捷这些特性需要 IT 组织与业务在实际工作过程中慢慢提升和磨合，进而不断打造和提高自身的能力。

此外，需要特别强调一下，这个组织能力其实不仅包括核心领导者建立的企业内部组织能力，而且包括其建立的产业内甚至是跨产业的、位于企业外部的组织能力。这也是笔者一直提倡的打造"新生态"问题，企业或者产业不可能自己解决所有的问题，需要联动和借力。例如，笔者在平安集团负责数字化转型和安全风控时，联合国家、行业、产学研等各界专家、院士，创办了平安金融安全研究院，在人工智能、大数据、云计算、区块链等金融科技方面着力创新，发挥"政、产、学、研、金、介、用"的联合力量优势，在自有知识产权、产品/服务孵化、国际/国内标准输出、人员培养等方面取得不少成果和奖项，其中部分成果成功助力集团金融科技和消费金融公司业务发展和品牌输出。目前，在供应链金融领域，笔者也在不遗余力地结合企业自身发展诉求与生态各利益相关方优势互补，打造世界 500 强集团之间、世界 500 强集团与权威研究机构的强强联合模式的生态合作，以收获更大的价值。业界也不乏产学研打造联合生态的例子，例如金融业蓬勃兴起的各类金融科技研究院，制造业成立的智能制造和工业互联网研究院，各产业链上下游企业自发成立的生态联盟或者技术联盟等。

6.4 应用 ITBP 机制做好业务依赖的伙伴

IT 类"业务敏捷型组织"要求 IT 组织与业务部门有机沟通、协同，尤其是IT组织需要具备主动性和创造性，那么，现实的情况下，可以通过ITBP（IT Business Partner，IT业务伙伴）的机制保证实现这个目标。如果IT人员不能和业务人员肩并肩地工作，随时了解和获取他们的需求并且在一定程度上建立感情联络，要想成为业务所依赖的伙伴几乎是不可能的。

顾名思义，ITBP是连接IT组织与业务部门的关键纽带（见图6-5），该岗位的人既要懂专业，又要懂业务，同时要了解IT的各个模块。做好桥梁，用IT专业帮助业务部门解决问题，是IT组织的根本价值。这个机制最早是从HRBP（Human Resource Business Partner，人力资源业务合作伙伴）借用的，人力资源为了更好地支持业务发展，最早使用该机制，设定相应的岗位来服务各业务板块，例如营销、财务、科技、法律等。业界做得比较好的公司如华为、阿里巴巴等都使用这种机制。

图6-5 ITBP机制示意

那么，大家如果使用ITBP机制支持业务，做好IT与业务的融合，需要把握以下几个关键点。

- ITBP的角色设置和编制归属，建议放在业务。如果把该角色和编制归属仍放在IT部门/组织，那么难免存在工作壁垒和信息不对称，这是由千百年来"屁股决定脑袋"决定的。因此，为了更好地加强ITBP在业务的归属感和实际工作效果，建议将ITBP放在业务部门，比如，在金融控股集团的保险产业集团设置一个ITBP，在证券产业集团相应地也设置一个ITBP。我们可以将这个ITBP角色设定为双线汇报机制，即在业务条线上，他可以向产业集团负责人汇报；而在科技条线上，他还需要向集团CIO/CDO汇报。这样，

ITBP 将成为集团支持和监管产业集团 IT 的一个抓手。
- ITBP 的规模和发展可能会根据集团业务发展不同而呈现不同的形态。这里大家需要注意，对集团 IT 统管力度比较大的企业来说，ITBP 实现双线汇报的作用主要是辅助集团 IT 支撑业务；而对于集团 IT 统管力度相对比较分散的企业来说，ITBP 则有可能慢慢进化为集团下属产业集团的专职 IT 团队，集团只从战略上进行组织规划和运营监管，在很多具体项目、工作上相对放权，让产业集团的专职 IT 团队独立开展工作。非常有趣的是，这种从 ITBP 发展到专职 IT 团队，以及由专职 IT 团队回到 ITBP 的模式，在世界 500 强集团的发展过程中经常来回切换，例如平安、海尔等都曾经历过。大家可以好好思考下为什么会产生这种情况。

第 7 章

其他非 IT 组织促进数字化转型

　　企业数字化转型不单是科技部门或者数字化部门的事情,还需要各个职能部门和业务部门参与,共同推动数字化转型方能取得成功。本章将介绍与数字化转型密切相关的组织和部门如何通过自身的提升和变革,与科技部门协同推进数字化转型工作。

7.1 与数字化转型密切相关的组织

7.1.1 人力资源管理部门

人力资源部门管理关心的是"人的问题",其核心是认识人性、尊重人性,强调现代人力资源管理"以人为本"。在一个组织中,人力资源管理部门围绕人,主要关心人本身、人与人的关系、人与工作的关系、人与环境的关系、人与组织的关系等。

目前公认的观点是,现代人力资源管理就是一个人力资源的获取、整合、保持激励、控制调整及开发的过程。对应地,现代人力资源管理部门的工作主要包括求才、用才、育才、激才、留才等内容(见图7-1)。

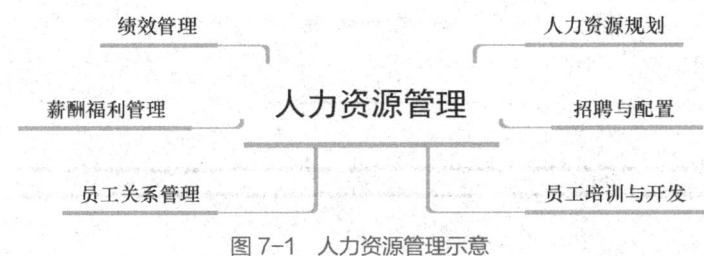

图7-1 人力资源管理示意

7.1.2 财务管理部门

财务管理部门是组织领导和具体从事财务管理工作的职能部门。企业财务管理部门是企业管理机构中的一个专业管理单位,其主要职能有以下几个方面。

- 会计核算:根据国家、集团的会计制度建立完善公司的财务核算体系,及时准确地对公司经济业务进行账务处理；准确及时地编制公司财务报告，参与公司的经营分析，为公司生产经营决策提供准确及时的财务信息。
- 资金管理：筹措公司生产经营资金，合理高效地调度公司资金，定期对公司的资金营运能力进行分析，对公司的债权债务控制进行分析，为公司的生产经营提供良好的资金支持。
- 成本控制：拟定公司的成本控制措施，下达公司各产品或项目目标成本，监督成本的开支范围，审核公司各项费用的真实性、合法性，对成本进行分析并提出初步处理意见，为公司的经营投标报价提供准确的成本数据。
- 内部控制：检查评价公司的内部会计控制并提出改进措施。

7.1.3 法律事务部门

法律事务部门是企业统一处理企业法律事务的专门法务机构，其具体职责有以下几个方面。

- 参与决策，为企业的经营、管理决策提供法律上的可行性、合法性分析和法律风险分析。
- 预防纠纷。
- 解决已发生的法律问题。
- 协助企业职能部门办理有关的法律事务并审查相关法律文件。
- 收集、整理、保管与企业经营管理有关的法律、法规、政策文件资料，负责企业的法律事务档案管理。
- 与司法机关及有关政府部门保持沟通，为企业创造良好的司法环境。

7.1.4 其他职能部门与业务部门

一般不同的企业按照规模和组织健全程度，还会包括一些重要的职能部门和业务部门。

职能部门一般还会包括负责企业后勤保障等工作的行政部门、负责对外宣传和公共关系的品牌或者公共关系部门、负责企业风险管理和控制的合规或者风控部门、负责企业战略发展方向的战略发展部门等，有些企业精细化管理程度相当高，还会派生出不少细分职能的部门。

业务部门则一般还会包括负责对外销售的销售部门、负责调研推广的市场部门、负责设计和生产产品的研发部门和生产部门、负责售前和售后服务的客服部门等。

7.2 协同推进数字化转型

7.2.1 人力资源管理部门的支持

人力资源管理部门对数字化转型的最大促进是关于数字化人才的引入、培养和发展，数字化人才包括数字化管理人才、数字化专业人才、数字化应用人才、业务数字化人才等，在很大可能上还包括数字化领袖，如 CIO、CDO 等，这在业界屡见不鲜。

与传统 IT 人才的招募不同，人力资源管理部门会感受到比较大的人员引入压力。区别于传统的需求，数字化转型需要引入专业过硬、综合素质和技能高的候选人，规模可能不是主要的，重要的是人才质量；引入后还需要关注人才的培养和发展。数字化转型是一个长期的过程，同时需要有阶段性的产出，因此如何保持团队尤其是核心骨干的稳定性也是给人力资源管理部门提出的一个较大难题。互联网时代，信息获取方便，摆在人才面前的各种诱惑（包括薪资、福利、职级、股票等）比较多，而且 90 后逐步成为社会的主力军，他们的思维意识、价值观与 70 后、80 后存在一定差异，因而如何使人才在企业长期稳定发展是一个非常重要的课题。

7.2.2 财务管理部门的支持

财务管理部门一直是企业中的"管家",它肩负着资金、预算、税控、成本等方面的管理工作,被企业各部门奉为上宾。财务管理部门和人力资源管理部门一样"有地位",一个管钱,一个管人。传统的 IT 组织每年临近年终都需要提前做好下一年的 IT 预算,财务要定期(一个月或者一个季度等频率)考核 IT 部门的预算执行情况,因此,在 KP(Key Person,关键人)中,预算执行率这个选项是必不可少的。

数字化转型是企业的一项变革活动,不同于日常的项目和工作任务,在预算制定、执行考核方面具有一定的特殊性。因此,我们建议企业的财务管理部门在以下几方面进行完善和微调,以保证数字化转型顺利推进。

- 数字化转型应该设立专项预算资源加以保障。为了保障数字化转型有足够的资源推进而不与其他企业配套资源发生冲突,业界普遍的做法是设立专项预算,专款专用,这样既方便进行统一管理,也能够保证资源独立。
- 数字化转型专项预算不应单独考核执行率。传统 IT 预算需要考核执行率,所以众多的大企业都存在年底突击花钱、唯恐预算执行率不高导致明年预算无法申请落实等问题。这样一方面催生了很多的预算浪费,另一方面导致产生一些不合规的问题。数字化转型的专项预算,是需要量体裁衣,根据推进的情况在某些方面有时需要增加资源,有时在某些投入方面调整缩减。这是一个资源池的概念,不是确定资源的概念,所以只用执行率来考核是不科学的关于数字化转型的绩效如何考核,请参见第 8 章。基于此,一般建议企业去除该指标。
- 数字化转型专项预算应该集团统筹,防止过度或者盲目投资。数字化转型既然作为一个战略举措和企业改革的活动,就需要大家是"一盘棋",牵一发而动全身。很多企业尤其是世界 500 强集团有很多产业,这就要求数字化转型必须集团统筹,防止局部行动和转型的不完整、不彻底或者走偏;在专项预算方面,财务管理部门和科技或者数字化部门在集团层面进行统筹,一方面保证投入的有效性和合理性，另一方面起到降本增效的作用。

7.2.3 法律事务部门的支持

企业在数字化转型过程中需要依赖大量的数据资产，包括存储、分析、加工、应用等过程。规模和体量越大的企业，数据资产的管理和使用越重要，而且这个过程颇具风险。随着《中华人民共和国网络安全法》《中华人民共和国数据安全法》等法案的颁布实施，企业对用户数据的管理和使用也提出了更高、更明显的合规要求。因此，法律事务部门需要提前应对和筹划，研究本土法律法规乃至企业所在经营归属地的外国相关法律法规，以避免在转型过程中由于数据、隐私等方面产生的风险，而使企业经营被动和不利。

另外还要特别注意的是，很多企业在数字化转型过程中需要创办科技公司，通过一级市场发行IPO（Initial Public Offering，首次公开募股）进行融资，有的在国内上市，有的需要在国外上市。在当前的情况下，国家互联网信息办公室、工业和信息化部、公安部等多个主管部门尤其关注数据和信息的境外流动问题，因此，法律事务部门需要特别关注并采取相关行动来满足合规要求。

7.2.4 其他部门的转变

除了上述三个职能部门在数字化转型过程中需要有一定的职能转变和支持，其他职能部门和业务部门的主要转变体现在以下两方面。

- 数字化工作技能方面。数字化转型过程中，科技团队会建立数字化基础设施，对办公、运营进行数字化改造，这些部门的员工在日常办公、运营方面都会使用新的基础设施，如智慧办公平台、大数据经营分析平台、机器人流程自动化（Robotic Process Automation，RPA）等（见图7-2），这种转变类似于企业在信息化时代使用计算机等替代以往的纸质办公。

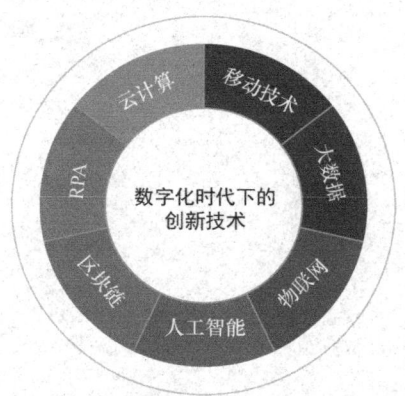

图 7-2　数字化工作技能示意

- 数字化意识方面。数字化转型一个比较大的成果就是对数字资产的有效管理和利用，无论是在创新商业模式还是降本增效方面都有很大的帮助。企业的相关部门需要树立相关的数字化意识，做到多利用和利用好企业的数字资产，在日常办公、业务开展和运营方面用数字说话、用数字分析、用数字辅助做出决策，这些都是润物细无声的工作，也是企业数字化转型非常关键的一环。

第 8 章

设定数字化转型的绩效

数字化转型作为企业经营行为，同其他工作一样，也需要进行评估和考核，涉及绩效评估工作。但是，作为一种新型的企业变革，该项工作要如何科学地开展绩效评估呢？本章将详细介绍如何应用数字化 KPI（Key Performance Indicator，关键绩效指标）对数字化转型进行评价并通过一个具体的实例进行讲解。

8.1 数字化转型绩效评估的必要性

绩效评估已经成为当代企业管理、评估工作价值和成果的一项重要手段，企业各部门以及员工对这种评估也已习以为常。但是，如果询问 CIO/CDO 是怎样量化数字化转型所带来影响的，他们可能会非常困惑。很多 CIO/CDO 其实都没有制定评估数字化项目成功与否的标准，比如新的移动应用程序或者聊天机器人等项目。

Gartner 的分析师指出，如果未能进行量化，CIO/CDO 会发现自己将会被更灵活的竞争对手超越。数字化绩效评估是跟踪转型进展的一种方法。但为了避免浪费时间和资源，CIO/CDO 一定要知道自己在跟踪什么、实现的目标是什么，而 CEO 也能够很好地把握数字化转型工作。Gartner 的分析师同时表示："定义数字化绩效评估的最大难点在于缺乏可明确量化的数字化目标或者战略。对自己的数字化目标有清晰的认识，会让你知道应采取什么样的指标来衡量自己的进步。你很难去衡量没有度量标准的东西。"

8.2 如何评价数字化转型绩效？是 KPI 还是 OKR

8.2.1 KPI 和 OKR 的区别

KPI 是通过对组织内部流程的输入端、输出端的关键参数进行设置、取样、计算、分析后衡量流程绩效的一种目标式量化管理指标。它是把企业的战略目标分解为可操作的工作目标的工具，也是企业绩效管理的基础。KPI 可以是部门主管明确部门的主要责任，同时以此为基础明确部门人员的业绩衡量指标。建立明确的、切实可行的 KPI 体系，是做好绩效管理的关键。KPI 是用于衡量工作人员工作绩效表现的量化指标，是绩效计划的重要组成部分。KPI 在企业中的应用如图 8-1 所示。

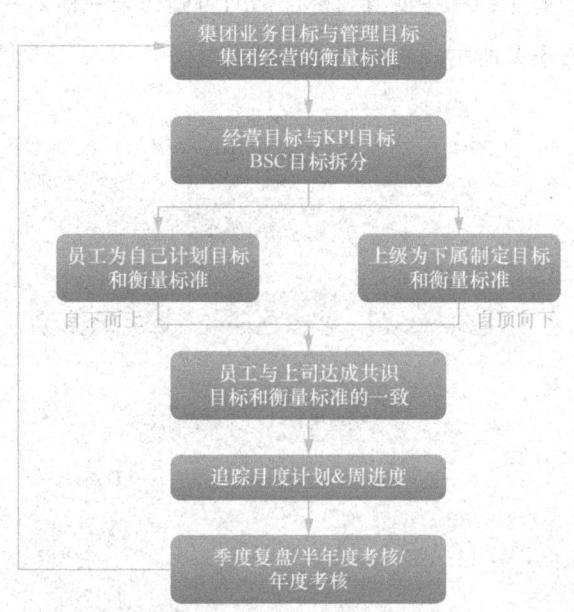

注：BSC 是 Balanced Score Card 的缩写，中文译作平衡记分卡。
图 8-1 企业应用 KPI 示意

企业应用 KPI 符合一个重要的管理原理——二八原理。一个企业在价值创造过程中存在着"80/20"规律，即 20% 的骨干人员创造企业 80% 的价值；而且在每一位员工身上"二八原理"同样适用，即 80% 的工作任务是由 20% 的关键行为完成的。因此，我们必须抓住 20% 的关键行为，对其进行分析和衡量，这样就能抓住业绩评价的重心。

目标与关键成果（Objectives and Key Result，OKR）是一套明确并跟踪目标及其完成情况的管理工具和方法，由英特尔公司创始人安迪·格罗夫（Andy Grove）发明，并由约翰·多尔（John Doerr）引入谷歌公司。1999 年 OKR 在谷歌公司发扬光大,并得到 Facebook、LinkedIn 等企业广泛使用。2014 年,OKR 传入中国。2015 年后,百度、华为、字节跳动等公司都逐渐使用和推广 OKR。OKR 的主要目标是明确公司和团队的"目标"同时明确每个目标达成的可衡量的"关键结果"。有学者将 OKR 定义为"一个重要的思考框架与不断发展的学科,旨在确保员工共同工作,并集中精力做出可衡量的贡献"。OKR 可以在整个组织中共享,这样团队就可以在整个组织中明确目标,帮助协调和集中精力。OKR 在企业绩效评估中的应用如图 8-2 所示。

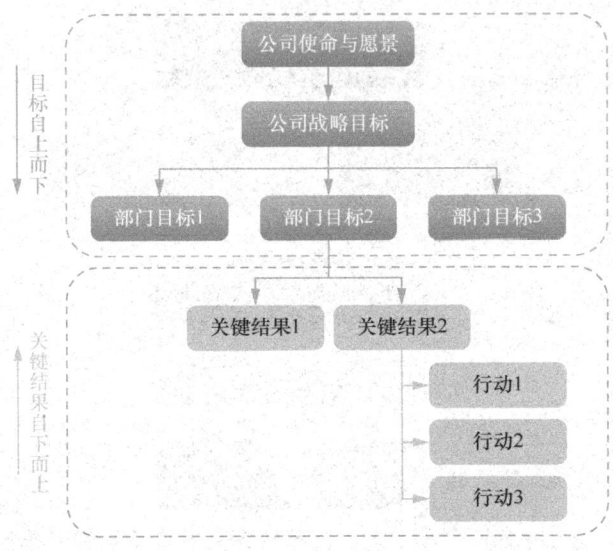

图 8-2　企业应用 OKR 示意

KPI 与 OKR 的主要区别有以下几点(见图 8-3)。

图 8-3　KPI 与 OKR 的区别

- OKR 考核"我要做的事",而 KPI 考核"要我做的事",理解不同,但二者都强调有目标,同时也需要有执行力。OKR 的思路是首先制定目标,其次明确目标的结果,然后对结果进行量化,最后考核完成情况。KPI 的思路也是首先确定组织目标,其次对组织目标进行分解直到个人目标,最后对个人目标进行量化。
- OKR 与绩效考核分离,不直接与薪酬、晋升关联,强调 KR(Key Result,关键结果)的量化而非 O(Objective,目标)的量化,而且 KR 必须服从 O,可以将 KR 看作达成 O 的一系列手段。员工、团队、公司可以在执行过程中更改 KR 甚至鼓励这样的思考,以确保 KR 始终服务于 O。这样可以有效避免执行过程背离目标愿景,同时解决无法制定和测量 KPI 目标的问题。
- OKR 致力于如何更有效率地完成一个有野心的项目,是监控"我要做的事";而 KPI 则强调如何保质保量完成预定目标,是"要我做的事"。KPI 类似流水线式的制造,需要制定者完全了解流程及产能;OKR 类似自由团体的群起响应,需要流程的参与者与组织同心同德。
- OKR 主要强调的是对于项目的推进,而 KPI 主要强调的是高效组织人事。相对于 KPI,OKR 不是一个考核工具,而是一个更具有指导性的工具,它存在的主要目的不是考核某个团队或者员工,而是时刻提醒每个人当前的任务是什么。

从上述比较不难看出,OKR 和 KPI 两者谁都无法真正替代对方,因此谁取代谁并不重要,找到适合的绩效评估方法才是重要的。

8.2.2 应用数字化 KPI 进行评价

我们建议,从企业整体层面应用 KPI 对数字化转型的成效进行评估,而企业某些分支机构或者子公司内部可以采用 OKR 来辅助 KPI 进行,主要原因如下。

- 企业整体层面需要利用 KPI 这种简单、高效的评估方式,以结果为导向,及时、准确反映企业整体的数字化转型进程和成果，从上至下地保证该项转型工作顺利开展。
- 企业内部组织或者针对某些数字化转型活动的层面可以采用 OKR 进行辅助，主要应用 OKR 工具对活动与参与人员职责的指导，这也符合 OKR 激励参与人员积极性、主动型和自下而上的诉求。

结合第 2 章介绍的数字化转型的价值创造目标，建议 CIO/CDO 应该针对以下三大类别的数字化工作制定数字化 KPI。

- 第一类 KPI 应通过衡量销售、营销、运维、供应链、产品/服务和客户服务等方面的生产运营优化目标，评估企业数字化在其当前业务模式方面的进展，包括覆盖率以及收效情况等。
- 第二类 KPI 应评估产品/服务创新方面的收效情况，包括产品/服务的创新成果，如新产品/新服务、主营业务增长等。
- 第三类 KPI 应评估商业模式创新方面的收效情况，主要包括数字化平台的增长、收入、市场份额和利润率指标以及用户/生态合作伙伴链接情况等。

通过设定数字化 KPI，主要实现以下目标。

- 与企业高管合作，衡量他们的领域在多大程度上能够受益于数字化，对此要进行量化。
- 设定 KPI 和目标，规划数字业务历程，提高预期业务成果。
- 衡量数字化历程的进展情况及其创造的业务价值。在这方面，一些 KPI 将是过渡性的，随着转型的实现和数字业务成为标准运维流程，其他指标将成为业务成效的永久性衡量指标。例如，构建数字生态系统的企业可能会永久性地将生态系统指标添加到其正在实施的业务成效 KPI 中。好的指标会影响高管的决策，例如预算分配、业务方向侧重点调整、业务流程改进和文化变革等。
- 使用 KPI 支持具体的预期业务结果，例如，通过实现 2021 年数字化目标，将用户量提升到 a，业务增长 b% 等。
- KPI 应影响业务决策。例如，通过数字化营销发现线上保险渠道获客量明显高于线下,则保险业务决策将更多的资源投放到线上以持续获客和提升转化率。

8.3 数字化 KPI 实例

本节将给出一个具体的数字化 KPI 实例。该实例主要将数字化 KPI 设定为三大类、四个细分指标,如图 8-4 所示。

序号	指标名称	单位	权重/%	指标说明	数据来源
1	数字化业务	%	35	主要定量、定性衡量集团在数字化营销、数字化设计、数字化生产三部分的覆盖率,设定目标为年底前达成10%	业务部门、数字化部门
2	数字化运营及管理	%	30	主要定量、定性衡量集团在数字化办公、数字化经营(含IT、财务、人力等职能部门和业务部门)的覆盖达成率,设定目标为年底前达成15%	各职能中心、数字化部门
3	数字化收益	万元	20	主要定量衡量数字化业务和数字化运营及管理维度通过降本增效或者收入等方面体现的数字化收益情况,设定目标为年底前达成1500万元	全集团各部门、财务管理部分
4	数字化科技运营稳定及信息安全	次	15	主要衡量数字化转型中的系统稳定性和信息安全保障工作的成效,年度目标设定为不超过(含)5次	全年P1重大事件次数统计

图 8-4 一个数字化 KPI 实例

第 9 章

企业确定投资数字化转型的策略

每个企业在通过既定的战略方针和战术规划开展数字化转型的过程中，必不可少地要对人员、技术、平台等进行投资。由于涉及企业的投资活动，因此，需要审慎地确定数字化转型投资。本章将详细介绍企业数字化转型的投资现状、三大主要投资方向并进一步给出说服企业决策层对数字化转型进行投资的方式与方法。

9.1 企业数字化转型的投资现状

9.1.1 加大数字化转型投入是大部分企业的共识

根据 IDC 调查，2018 年全球 1000 强企业之中有 67% 的企业、中国 1000 强企业中有 50% 的企业将数字化转型作为战略核心。2020 年 IDC 的一份报告称，2019 年企业在数字化转型项目上的支出增加到 1.18 万亿美元，比 2018 年的支出增加了 18%。IDC 预测，未来四年全球数字化转型技术的投资总额将超过 6 万亿美元。

IDC 在新冠肺炎疫情期间的调研结果显示：在行业和主营业务一致的情况下，数字化做得越好的企业，疫情期间受到的影响越小。此次疫情给不少企业带来了巨大的冲击，但对企业数字化转型也起到一定的催化作用，推动一些企业进行优化升级，如疫情期间在线教育、在线医疗、远程办公、网络直播等启用"云办公""云上课""非接触式服务"等模式，进一步加强了很多传统制造企业数字化转型的决心。将数字化转型作为重要战略，对内可以实现降本增效，提升企业的快速应变能力；对外可以充分利用居家隔离催生的"宅经济"来实现企业业务模式创新。

大家都认为数字化转型的投入是一个长期趋势，而且会给企业带来不菲的价值。研究数字化投入会给企业实际带来多少回报与收益是每一位 CEO 及 CFO 在意的话题，同样也是每一位 CIO 和 CDO 特别关注和说明的话题。

9.1.2 数字化转型投入现状不容乐观

自 2008 年世界金融危机之后，国内经济长期增长乏力，经济下行压力较大。2020 年随之而来的疫情也给不少企业带来了巨大的冲击，企业面临的增长压力较大。增长是企业经营的本质要求，在经营压力面前，事实上，很多企业数字化转型的投入不得不让位于企业经营投入。咨询公司对部分上市公司募集资金时的数字化实际投入与募集计划进行调查对比结果显示：一些传统企业的投资方向依旧把业务经营发展放在第一顺位，数字化转型的投入在企业的经营压力面前重视度下降，投资规模忽高忽低，数字化的实际投入与募投计划存在一定偏差。

众所周知，企业数字化转型是一项周期长、投资大的复杂工程，从硬件购买到系统运行实施，从基础设备更新换代到组织人力的优化及培训等都需要持续不断投入资金。通过国家信息中心信息化和产业发展部及京东数字科技研究院联合发布的报告《中国产业数字化报告 2020——携手跨越 重塑增长》中展现的数据或可见一斑，中国数字化转型投入超过年销售额 5% 的企业占比仅为 14%，近 70% 企业的数字化转型投入低于年销售额的 3%，其中 42% 的企业数字化转型投入低于年销售额的 1%。

根据 IDC 发布的《2019 小企业数字初始化调研》报告，IDC 围绕不同类型小企业对数字化办公、数字化管理、数字化运营、数据管理和新技术应用五个方面的相关信息展开调研。

中小企业的实际数字化投入不高且数字化的成熟度与企业的人数成正相关关系，小规模企业因生存压力可能更不愿投入到数字化转型当中。人员规模在 15 人左右的小企业数字化成熟度很低，而计算密集型小企业的人员平均规模达到 68 人，数字化成熟度则较高。在 5G、人脸识别、移动支付、人工智能等技术的快速发展下，为顺应数字化发展趋势，数字化转型投入已成为大部分企业的共识。而在经营压力面前，事实上很多企业数字化转型的投入要让位于企业经营投入，实际投入金额仍处低位，中小企业数字化成熟度不高等现状仍然存在，企业的数字化转型依旧有很长的路要走。

9.2 数字化转型的三大主要投资方向

9.2.1 数字化技术投资

数字化技术及其平台建设是当前数字化转型的主要投资部分，这个比例基本上在企业数字化转型投资总额的 60% 以上。通过前面关于数字化战术的框架分析我们可以清楚地看到，数字化基础设施以及业务数字化都在很大程度上依赖于数字化技术投资。

数字化技术及其平台建设主要包括云计算、云原生、大数据、人工智能、区块链、5G、边缘计算、新型数据中心、移动互联等，这些为数字化转型提供了必要的基础。而在这些类别中，固定资产和无形资产占据较大的比重。固定资产包括计算、存储、网络、安全、机架等硬件设备，而无形资产则包括软件、数据资产等。

另外，这部分还包括数字化管理人才、数字化专业人才的招募、培养费用，主要体现在人力成本上。值得一提的是，该项目费用在业界不同企业会有很大的使用差距。对很多多元化集团来说，如果一开始强调人员规模和大规模造势，那么在转型初期会招募数以百计甚至千计的数字化专业人员，以体现转型的开始和品牌效应，这部分投入的费用是不可低估的。企业比较务实的做法是做好初期规划和岗位设置，千万不要为了图声势浩大而造成人员闲置、浪费企业运营成本，为后面的转型失败埋下隐患。

9.2.2 业务数字化投资

在数字化技术投资的基础上，为了提高生产运营效率，孵化出新的产品/服务以及创新商业模式，还需要在业务数字化领域进行投资。该领域的投资在数字化转型的初期阶段可能会占到总投资额的 30% 左右，而且随着转型不断深入，该投资会更加聚焦和提升。

业务数字化领域的投资主要包括企业在数字化转型中关于市场、研发设计、生产制造、客服、供应链、风控、运营等方面所必需的数字化平台、应用、流程等的建设费用，主要体现在资产的购置和建设方面，以无形资产为主。另外，这部分的人员投入则包括数字化应用人才和业务数字化人才的招募和培养。

9.2.3 数字化组织和文化投资

数字化转型还需要对组织及文化的培育进行适当投资。如同企业价值观的树立一样，数字化转型也会成为日后企业价值观和愿景的一部分。为了使这种变革的理念和观点深入人心，使员工能够自觉、自主拥抱、适应这种变化，企业需要花费一部分预算对员工进行培训和提升。

组织和文化培训可以通过内外结合的方式进行。一方面，企业可以邀请科技部门(或者称为数字化部门，它脱胎于传统的 IT 部门)进行统筹和组织，将数字化技术、数字化理念、数字化成效等相关的知识、经验和方法分享给其他职能和业务部门。毕竟科技部门是数字化转型的牵头者和组织方，他们能够掌握企业自身和业界数字化相关的信息，并能够通过培训进行分享和传达。另一方面，企业可以通过项目方式邀请外部的专家、组织、联盟或者是具备数字化转型经验的企业进行经验和案例分享。"他山之石，可以攻玉"，这种借鉴还是非常有必要的，员工可以更好地理解和消化。

为了保证数字化组织和文化建设的投资效果，企业还可以综合运用海报、小测验、有奖问答、沙龙及小组讨论等方式充分沟通和互动，以加速员工对数字化转型的接受和理解。同时，不要忽视对数字化组织中的员工使用的数字化平台等进行必要投资，以帮助他们提升数字化办公能力，从而加速数字化组织和文化的推动和渗透。

9.3 说服决策层投资数字化转型

9.3.1 同业类比说明

企业都是在行业中生存，有的时候"榜样的力量是无穷的"，在数字化转型投资申请这块也是适用的。CIO/CDO 可以多通过同业类比的方式尝试说服决策层对数字化转型进行投资。例如，可以以业界知名的华为公司、美的集团、招商银行、平安集团等对信息化和数字化转型投资阔绰、预算丰富的公司的例子作为范本进行说明。

当然，除了列举业界都知晓的例子，还需要突出列举跟企业主营业务相关的行业的例子，最好能够了解到投资的具体方向和大致情况甚至是投资的基本比例等，这样在跟决策层沟通时会更加有效果和针对性。

9.3.2 事件驱动促进

说服的过程中，通过业界发生的一些事件进行驱动可以起到比较好的效果。例如，诺基亚手机业务被收购、福特数字化转型成功、日本社保数据泄露等，这些业界与 IT 相关的大事件，都会刺激企业决策层的神经。可以进一步通过这些实例引导决策层，如果不进行数字化转型、安全风控建设等，企业是否也会面临同样的困境，如果能够抢先一步进行适度投资，是不是可以掌握先机、能够生存甚至领先一步。

这里需要注意的是，关于事件驱动的说明方法也需要具有合理性和可比性，让决策层觉得比较容易接受和引起同理心且容易换位思考，这样才会达到较好的效果。如果决策层觉得事件过于牵强和生搬硬套，效果适得其反。

9.3.3 定性+定量分析

包括 CEO 在内的企业决策层通常都具有企业经营的经验，比较习惯于用数字说话，而且非常关心数字化转型的投入产出比。比如投入云计算、数据中台的建设和运营费用能否帮助企业营销部门获得更多的客户，提升的比率是多少；再比如设计和开发一款 C 端 App 需要投入的 IT 预算能够为线上渠道引流多少；转化率是多少，日活是多少，提升多少的销售额；等等。CIO、CDO 都可以通过定量的方式结合第 8 章中关于数字化 KPI 的设定向决策层展示投资的成效。

另外，CIO、CDO 也非常清楚，很多数字化投资项目的产出不一定能如同财务、市场一样通过定量的数字方式体现，而需要通过定性的方式进行分析。例如数字化组织和文化建设的成熟度是优秀还是良好，数字化生态的链接覆盖的产业和外部资源大概什么情况，等等。这些都可以结合定量方式来共同向决策层进行说明，而不用过度拘泥于单纯的定量方式。

第 **10** 章

金融行业
数字化转型

金融行业一直是为业界所关注和学习的行业,该行业无论在基础信息化、数字化转型或者是智能化方面都有大量的应用和积累,金融科技也一直为各行各业学习和效仿。因此,本章将对金融行业中典型且业务占比较大的银行业、保险业、证券业的数字化转型痛点、策略进行深入探讨。

10.1 银行业数字化转型

10.1.1 银行业的主要痛点与机遇

银行业步入数字化时代，国内众多银行已经在试水数字化创新转型，但缺乏完整的数字化战略布局、规模化实施落地方法和能力建设的经验。而数字化风暴席卷全球，更严监管、新客户行为、互联网模式攻击还在颠覆传统银行业的竞争格局，因此，银行业的主要痛点与机遇有以下几个方面。

1. 外部经济环境恶化，金融监管持续发力

近年来中国经济增长明显放缓，信贷需求日趋萎靡，利率市场化改革使得银行赖以生存的息差逐渐缩小，中美贸易争端的不确定性更是雪上加霜，进一步影响营商环境。同时，监管机构在去杠杆的宏观政策指导下开展了一系列以去通道、去嵌套、打破刚性兑付等为重心的金融改革，加大了银行资产质量压力。传统模式难以为继，探明新出路迫在眉睫。全球政府对金融科技企业也纷纷亮出绿灯，近期美国已经允许金融科技企业获批特殊银行牌照，这加深了银行业竞争的复杂程度。

2. 互联网金融冲击巨大，银行利润被蚕食

在国际上，新兴的金融科技公司在各个细分领域都对传统银行的核心业务发起了攻击。以 PayPal、Square 为代表的互联网企业颠覆了传统支付模式；以 Lending Club、Kabbage 为代表的线上借贷企业颠覆了传统的消费信贷和中小企业信贷模式。预计到 2025 年，全球金融科技企业带来的冲击可能导致银行的消费金融领域收入降低40%、支付领域收入降低30%、中小企业贷款领域收入降低25%，另外，财富管理、按揭等领域也将受到明显冲击。

在中国，微众银行、网商银行等纯线上银行的出现和崛起打破了传统银行的垄断；以蚂蚁科技、腾讯等为代表的互联网金融领军企业借助社交和线上支付领域的流量和生态圈优势，积极向消费金融、小微金融等领域扩张；以陆金所为首的领先互联网财富管理平台也在加强风险控制能力建设。截至2017年，中国的互联网金融渗透率已达42%，用户有近6亿人。可以说，互联网金融从存、贷、汇三方面撼动了传统银行业务的根基，银行不得不考虑通过新业务模式来应对全新的竞争对手。

3. 客户行为迅速改变，数字化诉求成为主流

数字化时代的消费者越来越成熟，诉求亦不断升级。麦肯锡的调研显示，亚洲消费者每月线上交易的次数是其在线下支行的3~4倍，而且65%左右的受访者表示愿意或者可能会将四成的存款转入纯数字化银行。相比过去，新生代消费者更加看重方便、快捷、多渠道的数字化体验，而体验也成为客户选择银行的重要考量之一。

10.1.2 银行业数字化转型策略

银行需要对上述三个痛点做出应对。我们建议从以下几个方面着手开展数字化转型工作，以应对挑战。

1. 多方尝试建设全新商业模式

可尝试通过直销银行开拓新客群与新市场。直销银行能够成为传统银行抢占新市场的利器，但国内众多银行推出的直销银行同质化高、客户黏性差，往往成为"鸡肋"产品。成功的直销银行需要具备以下几个要素。

- 差异化品牌经验与营销手段。

- 线上线下联动经营客群。
- 切入生态圈平台，场景化、规模化获客。
- 尽早切入资产类盈利产品。
- 应用数据分析能力实现精准营销和风控。
- 保持运营独立性。
- 敏捷、持续迭代运营。

例如，某国际领先银行利用先进的科技打造直销银行（见图10-1），布局新的客群市场，推出面向下一代消费者的全新零售银行品牌，利用人工智能技术为客户提供客制化智能投顾服务，将自身营收多样化，扩大传统投资银行业务以外的中产消费者客源。

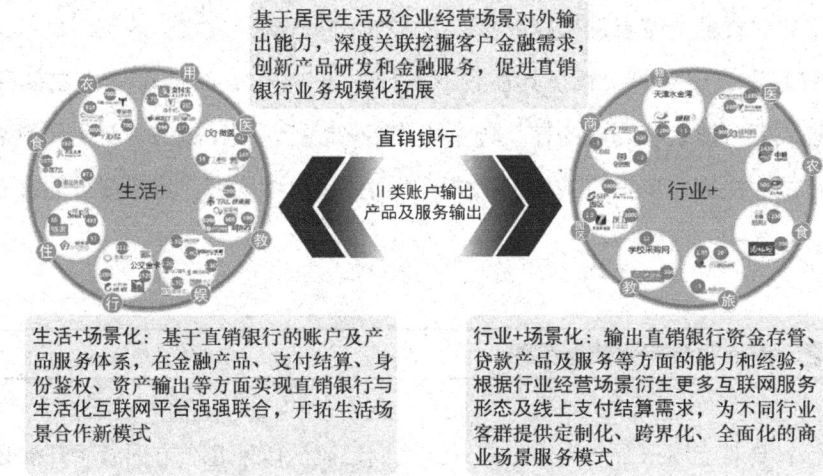

图10-1 直销银行的场景化输出模式

同时，银行可尝试建设生态圈银行，全方位打造场景金融。打造或嵌入生态圈对银行具有战略价值。银行的服务正在"隐形化"，通过提供"金融"+"非金融"服务提高客户黏性，提升客户体验，提高钱包份额。澳大利亚某银行在房地产领域成功地打造生态圈，整合了房产交易过程和金融服务，打通了产业链。它通过自建的网上银行和App，提供分步购房的专业服务，包括价格比较和交易的地区分布信息等，促使交易达成。这些创新的举措整合了大量房源客户信息，撼动了原有买房价值链。生态圈战略能为银行带来海量的用户数据，帮助银行触达更多客户并完成更精准的用户数据分析，从而更好地规避经营风险。我们预测该战略的成功制定以及全面实施有望帮助银行在未来的 5~10 年提升净资产收益率（Return on Equity，ROE）2~5 个点。此外，由于互联网企业在资本市场估值普遍较高、银行业估值普遍较低，银行向生态圈战略进军也有助于提振资本市场对它们的估值。

2. 以客户为中心的现有业务数字化转型

国际领先银行的 CEO、CIO 已经把关注的重点转向对客户旅程的评估，试图以客户的视角重新定义业务流程，率先将改善客户体验列为战略重点，通过数字化流程改造提升体验、降本增效，主要包括以下几个方面。

- 重塑端到端客户旅程：银行正在从"产品驱动"转向"客户驱动"，也就是从客户视角出发，重新梳理和定义核心客户旅程并持续推动敏捷、快速、端到端的数字化流程再造。数据研究表明，银行只要聚焦 20~30 个核心客户旅程改造，就可以大幅降低运营成本（覆盖 40%~50% 成本）并显著提升客户体验（覆盖 80%~90% 的客户活动）。2014 年开始，某全球领先银行启动了五年近 30 个客户旅程数字化改造项目，推动银行总体成本降低约 20%。

- 数字化、场景化产品创新：互联网公司的产品开发具有独特的"场景化创新""快速上线""小步迭代"等特点，从产品创意到上线的周期极短。领先银行正积极适应并追赶这种短平快的数字化产品开发模式，从客户需求角度出发，借鉴互联网产品开发思路，快速上线产品原型，同时基于客户反馈持续优化迭代。

- 全渠道体验：银行与客户的接触渠道日益多样化，客户线上线下海量信息零散割裂在各个渠道，信息和体验不一致成为一大痛点。打通数据和信息在各个渠道的无缝交互，不仅能为客户创造完美的服务体验，而且利用高级数据分析进行深度数据挖掘还能帮助银行显著增加交叉销售的机会，做大客户的钱包份额，提升跨渠道的协同效应。

3. 构建银行数字化的基础 IT 能力

银行在建立数字化业务时，必须建立一套更加面向客户、面向渠道、敏捷的 IT 配套支持。许多金融科技公司也在帮助银行做核心系统的升级改造，为数字化转型提供基础能力的支撑。

1）建立全新 IT 基础能力

国际领先银行纷纷打造"双速 IT"的开发模式，即以客户为核心的快速迭代的前台开发系统以及以交易为核心的后台系统同时运行。实践表明，双速 IT 模式可以带来显著的价值，软件上线时间可以缩短 40%～60%，开发错误率减少 60%。

IT 作业模式也要根据双速架构相应调整，从瀑布式（见图 10-2）转变为 DevOps（Development 和 Operations 的组合词）敏捷式（运营模式如图 10-3 所示），推动 IT 走向前台，打破业务、开发、运营、架构和测试团队之间的孤岛关系，构建小规模的跨职能团队，通过不同职能的人员的联合办公制定端到端交付解决方案。

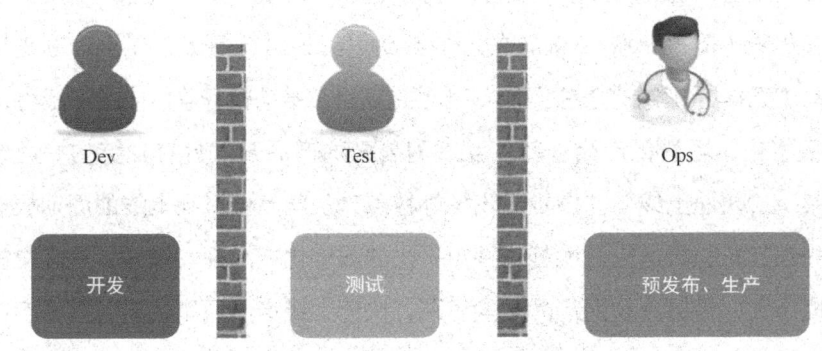

图 10-2　需要改善的传统瀑布式开发模式

传统的瀑布式软件开发弊病诸多：流程固化、欠灵活、资源分散、产品上线时间长、业务端参与度低，实际交付成果不符合业务需求、项目成本和交付时间的透明度不够。在新的敏捷开发模式下，业务和 IT 人员统一编入联合团队，随时互动理清开发需求和优先顺序，共同设计开发解决方案，通过周期性的项目"冲刺"实现快速迭代，持续交付，项目成本和交付时间逐渐透明。

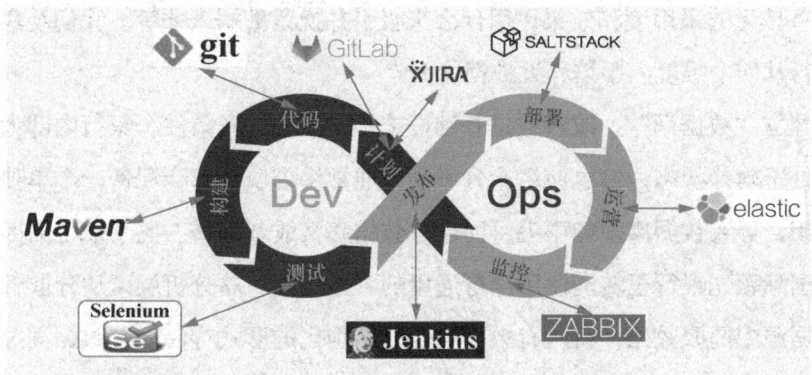

图 10-3　时下主流的 DevOps 敏捷开发模式

除此之外，银行业还在积极运用人工智能、大数据、云计算、区块链、物联网等前沿科技（见图 10-4）来提升银行数字化转型的效率和业务价值。

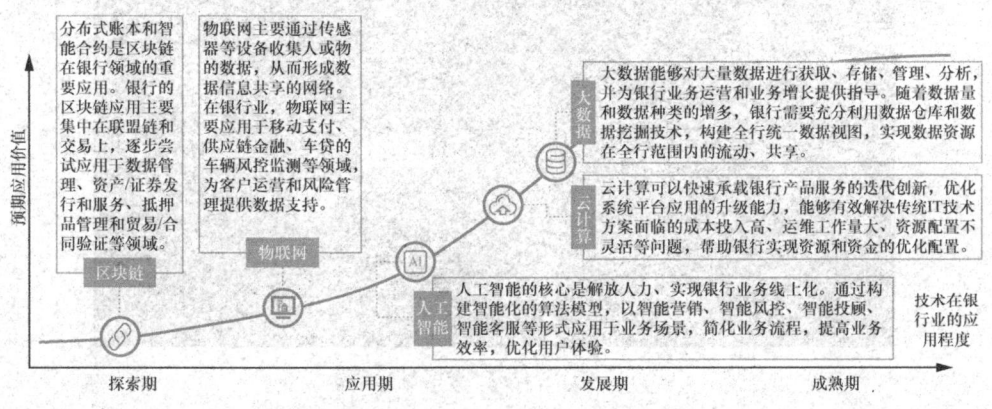

图 10-4　银行业积极探索前沿科技的应用

2）建设大数据和高级分析能力

大数据能力是未来 10 年银行的核心竞争力。国际领先银行均将打造大数据能力列为核心战略并在营销、风险、运营管理等领域积极投资大数据能力。相关研究表明，大数据可推动交叉销售业务增长 10%～30%，信贷成本下降 10%～15%，后台运营成本降低 20%～25%。

然而，银行在大数据的运用领域仍然挑战重重：如何整合治理传统系统中的纷杂数据，如何推动"从数据分析到价值创造"，如何确定优先开发哪些用例，如何确保业务单元的采用度和效果，用什么来吸引并挽留数据人才等。我们观察到国际领先银行从四个维度入手培养大数据能力。

- 建立"数据湖"，改善数据基础设施是转型的必备条件。银行内部大多数据处于碎片状态，信息使用十分不便。通常每个项目都会配备一个单独的数据集，导致数据集多如牛毛，而合并数据库又成本高昂。鉴于以上原因，一些国际领先银行已转向使用全行通用的"数据湖"总分析层，从分散各处的数据源中提取数据，将所有数据均以非结构化的形式存储在"数据湖"中。数据湖中的数据都处于初始状态，未经过结构化、整合或筛选等典型的数据仓库处理。这意味着数据湖覆盖广泛、细节丰富。该方法可以提高组织对数据的利用效率，保持灵活性和敏捷性（见图10-5）。

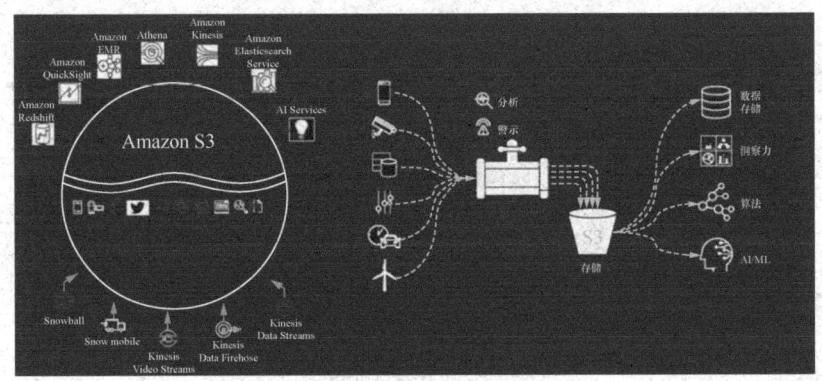

图10-5 亚马逊"数据湖"示意

- 从数据用例出发，紧密结合业务应用，推动数据分析和治理改造，提升使用价值。数据湖技术的早期案例表明，成功的企业在数据湖设计阶段主要从业务问题（而非技术要素）的角度进行思考。它们首先会找出业务单元在哪些情境下可从数据湖获得最大效益，在设计存储方案和推广决策时将这些情境纳入考量；随后根据实际需求，向数据湖中逐步填充具体集群或用例的数据。理想状况下，银行应当根据业务用例的优先级从高到低分批进行数据湖填充（见图10-6）。

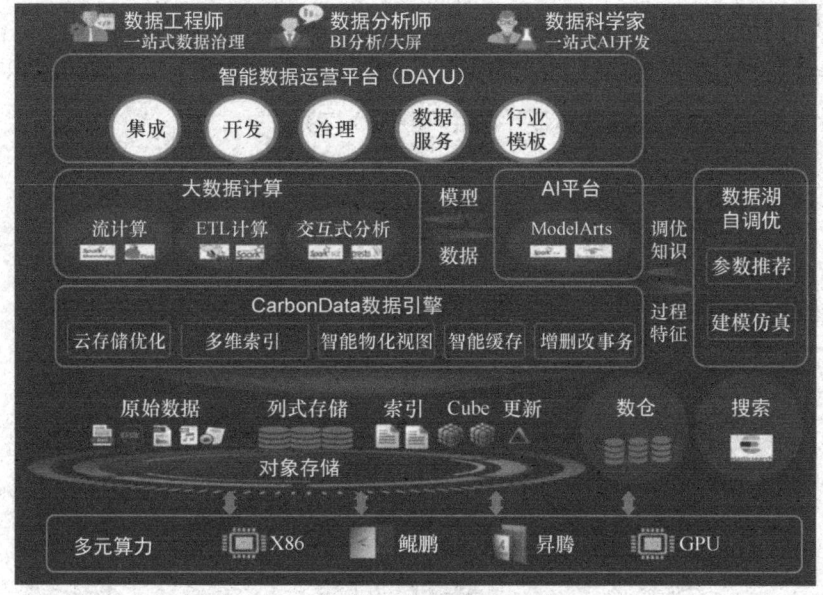

图10-6 智能数据运营及分析平台示意

- 创建高级分析卓越中心,理顺数据组织模式和治理架构。为了充分发掘大数据价值、实现规模化应用,一些银行建立了集中的高级分析卓越中心(Center of Excellence,CoE)。CoE 的组建方式多样,但其中最有效的方法还是由中央数据团队统筹指导、业务事业部内嵌数据团队实施执行的"枢纽中心辐射模式",借此可以集中稀缺的高级分析人才,同时打通与业务的合作。

- 构建大数据相关的人才梯队(包括内部培训及引进外部人才)。人才对于大数据能力的培养至关重要。许多银行的分析部门引入了数据科学家和数据工程师。业务部门与数据专家之间还需要一个联络人,但却不那么好找。这一岗位也可以理解为"翻译",要帮助数据专家理解待解决的业务问题并支持数据专家开发新变量和行动洞见,以简单易懂的方式把模型洞见反馈给业务部门。"翻译"在项目后期越发重要,他们既要确保业务部门研究相关模式、积极行动,还要跟踪业务部门行动的成效、进行意见反馈,持续改善模型和流程。

3）打造敏捷组织和创新文化

在传统的组织架构已经无法支撑产品迭代和创新的背景下，"敏捷组织"成为领先银行实现跨越式发展的重要手段（见图10-7）。

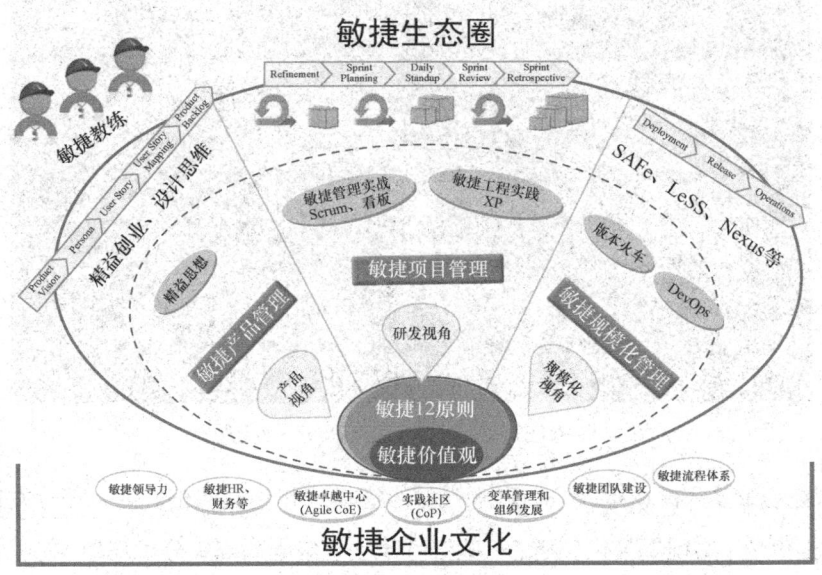

图 10-7　敏捷组织及文化示意

打破传统银行的"条条框框"，对标互联网公司的扁平架构，从各个业务部门抽调相关人员，形成项目制的灵活"部落"，实施扁平的决策机制，推动组织的全面改革。例如某国际领先银行通过敏捷变革实现了管理层级扁平化，原有6个层级、30多个独立部门、近3500名员工，缩减到3个层级、13个敏捷部落和2500名员工。在新的敏捷组织和工作机制下，产品上线周期从每年2～3次缩短到2～3周一次，员工效率提高30%，客户净推荐值（Net Promoter Score，NPS）大幅提升，客户参与程度提高20分。

敏捷组织也意味着建立市场化的考核机制，鼓励创新。例如某国际领先银行每年都会举办创新训练营大赛，CEO亲自从1000多支参赛团队中选拔出前三名，奖品为6个月银行创新孵化器"创新工场"的研发机会。业界知名公司谷歌允许员工把20%的工作时间用于与工作无关的创新活动并给予贡献杰出的员工丰厚奖金（与同级员工的工资差别可达 5 倍）。

利用"双轨"职业路径，培养数字化专家。传统机构往往只设有单一的晋升路径，主要考核员工管理能力，并设有最低工龄要求。为了更好吸引且挽留数字化人才，银行可效仿科技公司的做法，设立管理和专家的"双轨"职业路径，允许优秀人才快速晋升专家序列，提供轮岗机会，确保体制内职业发展的灵活性。例如德意志银行就为具有战略重要性的技术和架构师岗位设计了专家发展路径，技术职称均有相对应的管理职称，鼓励数字专家型人才。

10.2 保险业数字化转型

10.2.1 保险业的主要痛点与机遇

过去几十年，在我国庞大的人口红利与行业的主动进取之下，保险业稳步前行。但在规模快速扩张的同时，较为粗放的增长模式也在行业未来的长期发展过程中埋下诸多隐忧。当前，保险业实现发展的方式仍较大程度依赖于代理人队伍的扩张，随着客户需求日益多元化和同业竞争的加剧，粗放式发展可能导致的可持续增长问题日益明显。在保险业从高速增长向高质量发展转型的进程中，如何解决行业内长期存在的痛点成为一项重要议题。

1. 寿险业人均产能增长趋于平缓，人力成本高

从收入端来看，代理人模式营销效率较低，产能增长乏力。由于传统代理人从业门槛较低，代理人队伍质量参差不齐，加上保险企业对代理人的管理较为粗放，导致代理人的服务质量不高，效率低下。

传统代理人模式下，业务人员主要通过熟人推销、电话询问、陌生拜访等方式进行展业，能覆盖到的客户群体较为有限。同时由于传统保险公司信息获取和计算的能力有限，难以实现对客户保险需求的精准挖掘，导致业务人员推销的客户群体缺乏针对性，营销效率较低。尽管目前代理人渠道仍在我国寿险分销中扮演着重要角色，但国内保险代理人产能显著低于国外发达保险市场。2019年我国保费收入在全球保险总保费收入中排名第二，仅次于美国，但我国保险代理人产能与美国同行相差达14.6倍。

此外，传统保险领域中，由于数据获取和计算能力有限，保险公司难以实现对客户信息的全面挖掘、进行基于个人风险模型的测算与定价。以健康险为例，传统保险公司对于用户的某些关键数据不能全面掌握，从而无法实现对用户保费或保额的差异化调整，对运动习惯较好、出险概率较低的客户群体而言，如果要付出与运动习惯较差、出险概率更高的群体同样的保费而只得到同样的保额，则不利于调动其投保的积极性。

从成本端来看，保险核保与理赔环节审核成本较高。传统保险核保环节中，由于保险公司缺乏外部用户信息数据库，对于用户体检结果、门（急）诊病历记录、医保卡消费记录等数据需要逐一搜集和审核，导致核保时间普遍较长。在传统的保险理赔环节中，由于保险公司和客户之间的信息不对称，保险公司需要付出较多人工和时间成本确认理赔事项的合规性与真实性，理赔时流程烦琐复杂、涉及部门较多、调查取证时间长、赔付效率低。

2. 财险业收入单一，增速盈利承压

从收入端来看，财险领域车险（机动车辆保险）"一险独大"，收入来源较为单一。长期以来，财险公司产品创新不足，非车险产品保费收入占比远远低于车险。数据显示，2020年上半年财险业车险保费收入占比达57%，其次是健康险占比10%，农业保险、责任保险分别占比8%和7%，车险保费收入远远超过其他险种，导致财险公司收入来源较为单一，经营盈亏严重依赖车险业务（见图10-8）。

从成本端来看，传统财险公司综合成本率居高不下。我国财险行业经过近30

年的发展，财险公司众多，行业竞争激烈。传统公司缺乏线上数字化营销渠道，主要通过从全国到省、市、县层层设立分支机构进行展业、争夺市场，由此造成较高的固定费用、管理成本等支出，造成财险公司综合成本率长期居高不下。同时，以新兴的互联网渠道为主的互联网保险企业仍旧处于初建期盈利困难，叠加较高的渠道费用，短期内仍旧难以实现较低的综合成本率。

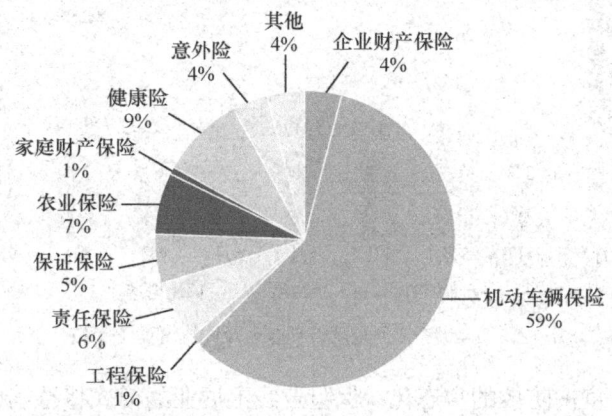

图10-8　2020年1—9月财险各险种累计保费收入比例

3. 疫情冲击并催化行业，加大转型升级压力

2020年，突如其来的新冠肺炎疫情为维持稳定的社会经济秩序带来了极大困难，保险业在疫情冲击下承压运行，保费收入增长承受较大压力。据中国银保监会统计，2020年2月份原保险保费收入为2687亿元，同比2019年降低14.37%（见图10-9）。疫情暴发后，各个行业多措并举积极应对新冠肺炎疫情带来的经济震荡，全力推进各地复工复产，截至目前，生活秩序已经逐步恢复。保险业积极应对疫情防控带来的线下展业经营限制，通过线上化营销渠道努力降低疫情带来的冲击。2月疫情高峰期过后，月度保费收入同比增速逐步回升并趋于平稳。截至2020年9月，保费收入同比增速达到7.21%，已恢复至疫情前正常增长水平。

从行业自身的应对来看，保险业的传统代理人渠道将以智能招聘、线上培训、数字营销、智能客服等方式对原有渠道进行优化管理；电销渠道、电网结合以及整体流程的智能化改造将是当前一段时期业内应对疫情的重要举措。就长期而言，此次疫情将加速保险企业线上渠道的完善，促进线上线下业务的结构性调整，保险企业构建线上线下融合生态的机遇也将开启，为行业的长期发展提供新的契机。

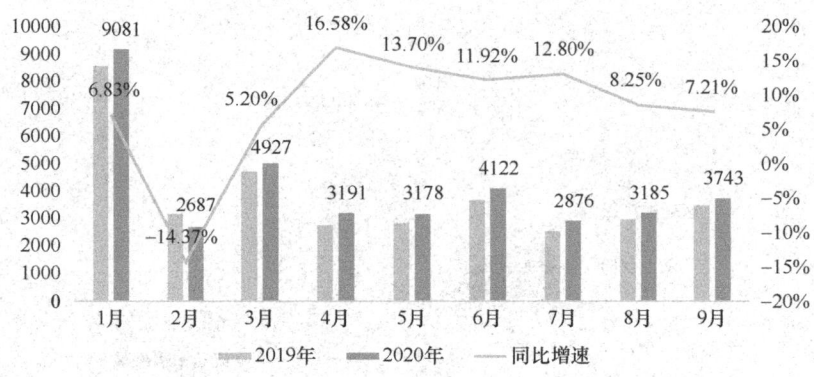

图10-9　2020年1—9月月度保费收入及同比增速（单位：亿元）

未来，随着疫情防控的常态化，保险业线上展业的模式将持续更久，这对各保险公司维持稳定、高效的数字化展业体系提出了更高要求。根据TDI的调查研究，疫情期间，受居家隔离、复工复产难等因素影响，消费者对于数字化保险的期望显著提升，与保险业实际数字化进程的差距扩大，倒逼保险公司优化线上服务以满足消费者需求，行业整体的数字化转型已成必然趋势。同时，从更为宏观的角度来看，随着近年来经济下行压力不断加大，未来保险业将在收入端与投资端不断承压，这也对行业的稳定发展提出了新的挑战。在当前国家政策引导金融高科技积极合规发展的大背景下，保险企业应该积极顺应趋势，以保险科技赋能行业的各个运营环节，提升线上业务能力，优化线上化、移动化服务水平，积极推动数字化转型。

4. 合规与创新并行的政策导向驱动转型

近年来，我国政策环境对创新的支持逐渐明晰，围绕金融科技发展的顶层设计逐步完善，为金融保险业创新发展起了坚实支撑和积极引导作用。同时保险业监管政策不断带来利好，为保险业创新转型提供了前所未有的发展机遇。

2019年8月23日，中国人民银行发布《金融科技（FinTech）发展规划（2019—2021年）》，这标志着我国金融科技顶层设计出台，指明未来的金融保险业将迈入与科技融合发展的新阶段。2020年1月，中国银保监会下发《中国银保监会关于推动银行业和保险业高质量发展的指导意见》，再次明确鼓励保险机构创新发展科技保险、注重科技赋能保险的整体态度。

2020年5月，前期行业线上化转型初见成效，疫情防控也进入常态化阶段，中国银保监会下发《关于推进财产保险业务线上化发展的指导意见》，从制度层面鼓励保险公司转型线上化，有利于行业更加坚定推进科技转型。8月5日中国银保监会进一步下发《推动财产保险业高质量发展三年行动方案（2020—2022年）》，再次提出支持财险公司制定数字化转型战略，加大科技投入和智力支持，打造具备科技赋能优势的现代保险企业。鼓励财险公司利用大数据、云计算、区块链、人工智能等科技手段，对传统保险操作流程进行更新再造，提高数字化、线上化、智能化建设水平。在政策环境的积极推动之下，行业科技化内生动力充足，"科技化、线上化、数字化"驱动财险业进入新一轮转型已成为行业共识。

10.2.2　保险业数字化转型策略探讨

由于发展阶段和发展战略不同，国内保险主体在推进数字化转型方面的策略有所不同，但数字化转型都要解决三个核心问题。

1. 数字化助力生产力提升与核心能力建设

近年来行业线上化经营的能力普遍提升，疫情的出现进一步加快了线上化的进程。推进线上化无疑是数字化转型正确的切入点，因为线上化是数字化的前提和基础，但线上化不等于数字化，数字技术只有和业务价值对接才有真正意义。保险公司进行数字化转型时最重要的是想清楚自己为什么转型，认清自身的现实需求和长期愿景。数字化转型本身不是目的，重要的是转型能否对公司发展产生真正的价值。

数字化转型必须坚持以客户为中心，构建数字化客户洞察、数字化营销、数字化产品创新、数字化风控、数字化运营和数字化生态六大核心能力。

1）数字化客户洞察

数字化客户洞察是数字化经营最基础的能力，也是数字化转型应当优先培育的能力。谁最懂得客户、能够提供符合客户需求的产品与服务，谁就能够获取更多的客户。而数字化客户洞察是重要前提和手段，为此需要加强客户信息系统和数据平台建设，加强外部数据资源获取与整合，建立统一的客户标签体系，提高客户分群和客户画像能力；要以实际业务需求为驱动，结合各类应用场景形成客户视图产品，不断扩大应用覆盖面，构建和提升数字化客户洞察能力。

2）数字化营销

数字化营销在实现"队伍（渠道）– 客户 – 产品"的良好匹配方面能够起到较为显著的作用，有效赋能队伍和渠道，提升人均产能，促进业务发展。数字化营销涉及客户洞察、产品服务匹配、内容运营、营销规则管控、营销活动管理、人员培训及业绩管理等，是一个多功能的数字化闭环体系。

3）数字化产品创新

大数据时代为个性化、差异化、定制化的产品服务创新打开了广阔空间。创造个性化、差异化、定制化的创新产品的前提是准确把握用户的潜在需求。通过大数据精准分析和定位用户，可以细分保险标的和风险因子，实现产品的定制化和定价的个性化。

4）数字化风控

数字化风控对经营风险的保险企业而言具有重要意义，通过大数据分析建模和机器学习技术，可以显著提高风险识别与定价、反欺诈、反洗钱等关键业务环节风控能力，在数字化合规、智能稽核、风险预警等方面也有重要作用。

5）数字化运营

通过数字化升级推进运营模式变革，以客户需求为导向优化业务流程，降低运营成本，实现业务、财务、人力资源管理的数字化、智能化升级，促进公司经营管理和决策向数据支撑的科学管理转型。

6）数字化生态

保险业数字化生态的构建可从数字化渠道构建、生态圈获客及保险能力开放三方面展开。数字化渠道构建方面，借助数字化手段，实现保险公司全渠道、全业务、全媒体的全场景服务，是当前行业的主流发展趋势。数字化渠道建设主要包含线上微信、App客户接触体系构建及线下网点智能化。生态圈获客方面，保险公司积极运用生态圈思维，充分发掘自身隐形资源，通过与邻业生态圈的互动与合作，实现多方共赢的格局。为了更好地提供多元化服务，保险公司或数字化或参与生态圈，两种方式各有优劣。保险能力开放方面，近年来伴随着"开放银行"概念的兴起，"开放保险"概念呼之欲出。依据目前的市场实践，"开放保险"战略定位可分为五类：业务环节开放型、领域开放型、技术开放型、数据开放型和全面开放型，不同模式所需能力不同，机构可根据不同发展阶段的业务重点，选择不同的"开放保险"战略。

2. 保险业大中台建设

大中台是数字化经营的基础设施，是企业未来信息化建设的重点。这一概念最早是由阿里巴巴提出来的（见图10-10）。目前企业各方面的经营活动都高度依赖应用系统和客户端，包括业务中台、数据中台和技术中台等在内大中台的先进性与实用性，在很大程度上决定了应用端的功能和体验。中台本质上是前台功能的内核，要解决前端快速灵活接入、功能复用、资源共享和数据配速问题。

业务中台包括各种业务、财务、客户管理及公共服务等系统，通过平台化管理实现面向应用前端的共享支持，减少重复开发，快速满足各业务条线需求。数据中台通过数据技术对海量数据进行采集、计算、存储、加工，统一数据标准和模型规范，打通各系统数据间的壁垒，整合建立业务关系的数据链集合，为各业务条线提供高效数据服务。技术中台作为整个中台架构的底层，集成各种软硬件的能力接口，为业务中台和数据中台提供技术基础设施。

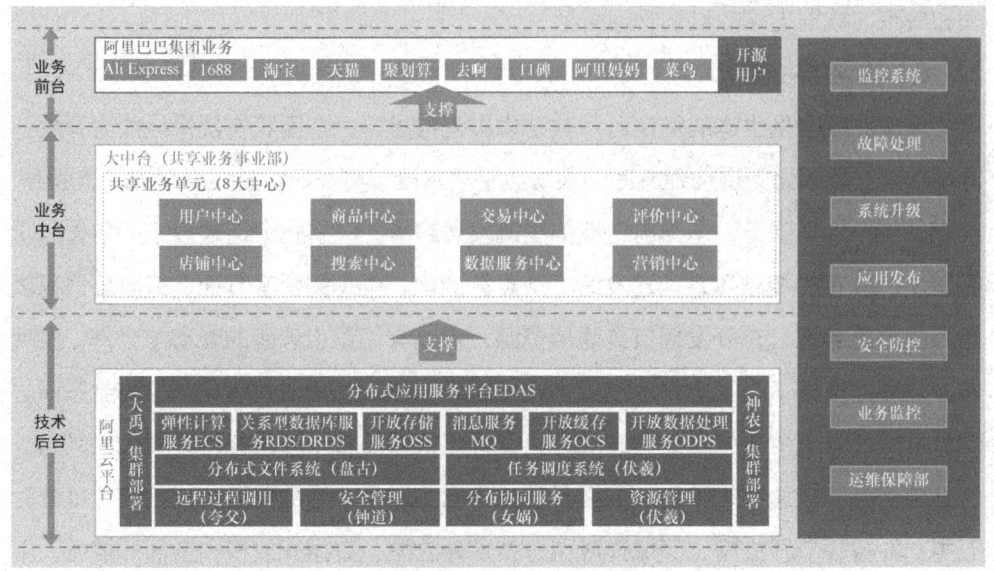

图 10-10　阿里巴巴提出的业务中台示意

3. 建立技术与业务高度融合的组织机制

数字化转型是不断运用数字技术解决业务问题的过程。但企业的数字化转型已远远超出技术和业务本身，涉及大量的流程再造、模式变革及架构人员调整，需要实现有效的组织协同。

数字化转型是组织的变革，是战略性工程。它需要克服数字化转型战略推进过程中的思想障碍、体制机制障碍，解决资源约束、协同配合和基础建设等问题，科学规划，高效推进，快速迭代，保障数字化转型项目落地实施；打破壁垒、通力协作，实现技术与业务的高度融合；建设复合型科技人才队伍，助推企业数字化转型。

数字化转型从机制上实现业务与技术有效融合。物理反应是做好业务与技术融合的基础建设。围绕大中台建设，实现数据的集中、共享、打通，系统、技术的共享、复用，以数据中台支持客户洞察，以智能中台支持自动化运营，以客户洞察为核心赋能营销、风控、运营等各个业务环节。化学反应是在物理反应的基础上，实现全面的业务与技术的融合。在大中台基础上，进一步发掘、利用数据价值，实现数据价值的倍增，数据价值渗入到业务各领域、各环节，实现基于内容的营销、数据驱动决策，实现全业务流程再造、业务模式颠覆式创新。

4. 根据不同发展阶段选择转型策略

保险业的数字化转型策略可基于两个维度，一是信息化建设的价值诉求，从信息化建设的成本、推动业务增长的情况进行分析判断；二是业务需求的复杂度，复杂度低意味着只须在局部对业务进行优化升级，而复杂度高表示可能会给业务带来重大重组变革。基于以上两个维度，我们将保险业的数字化转型策略归纳为局部优化、模块提升和全面改造三大方面。

- 局部优化：基于业务需求，对现有的功能、流程、用户体验和系统进行局部优化改造，以实现业务提升。此策略投入费用较少、建设周期相对较短、数字化转型风险较小，见效相对迅速。适用对象，一是信息化建设比较完整且现有保险系统可满足大部分业务需求的大型保险机构，有整体的数字化建设战略，明确知道后续建设和发展的方向；二是信息化建设投入有限、业务量不是很大的中小型保险机构，可通过对现有业务模式和系统建设的优化来实现数字化转型，提升业务能力。

- 模块提升：此策略是局部优化策略的加强版。整个优化提升不局限于具体的业务功能、流程和用户体验，而是从业务模块或者系统功能模块进行优化改造，有效赋能业务。此策略费用投入适中、建设周期可控，可在短期内见效且风险适中。适用对象是具备一定数字化基础、聚焦数字化转型的保险机构。

- 全面改造：选取此策略意味着保险机构现阶段面临较大的信息化问题，现有信息化体系在满足业务快速发展和应对市场变化方面能力不足，已影响企业的发展速度和市场竞争力。通过短期内的局部优化或者主要功能模块改造仍不能适应业务发展的情况下，可考虑此策略。适用对象是信息化系统建设达10年以上且没有进行深度优化，同时已不能很好支持现有业务和未来业务发展的保险企业。此策略信息化建设投入较大、建设周期较长，而且在短期内较难见效，转型风险较大。

10.3 证券业数字化转型

10.3.1 证券业的主要痛点与机遇

1. 证券公司零售业务面临挑战

证券公司零售业务由于其自身的业务特点，面临着以下几方面的严峻挑战。

- 客户黏度降低，行业竞争激烈，盈利空间压缩。随着2015年A股市场"一人一户"限制放开，证券公司的客户群体黏度显著降低。竞争激烈导致证券公司经纪业务佣金率近年来持续下行。
- 盈利模式比较单一。证券公司仍以证券投资和代理买卖证券业务两类传统业务为主，创新性业务收入占比则较低，收入受市场影响较大。中国证券业协会数据显示，133家证券公司2019年度实现净利润1230.95亿元，其中证券投资收益（含公允价值变动）1221.6亿元，代理买卖证券业务净收入（含席位租赁）787.63亿元，远高于其他业务收入。
- 互联网金融冲击证券公司发展格局，制度红利和行业红利正在消失。证券公司是全牌照公司，具有天然优势，但互联网金融已取得一些牌照并且突破地域限制。一些证券公司营销管理体系精细化程度低，在分级分类的管理体系和产品体系（含资讯产品、智能理财等）方面不具备优势。

2. 投顾业务长期依附于经纪业务

首先，投顾服务的核心价值难以体现，客户认可度不足。一方面，我国法规不允许投资顾问做全委托账户管理,投资顾问价值难以体现,投资者没有单独付费意愿;另一方面,投顾人才储备不足,服务质量参差不齐,严重制约证券公司投顾业务发展。中国证券登记结算公司数据显示,截至2019年12月,我国投资者达到1.61亿人。中国证券业协会数据显示,已注册的证券投资咨询业务从业人员仅4.73万人,无法满足客户需求。部分投顾人员知识结构老化,只提供同质化服务,服务质量有限。

其次,投顾业务长期依附于经纪业务,投顾服务的定价体系尚未建立。2011年1月开始执行的《证券投资顾问业务暂行规定》首次明确了投资顾问可采用单独收费或差别佣金等方式。不过目前我国投资顾问业务仍主要通过收取佣金实现盈利,即从金融产品供应方获得佣金,导致投顾业务长期依附于经纪业务,投顾业务具有"销售"属性,更容易与客户的利益产生冲突。独立收费模式无法形成的根本原因还是在于投顾服务的核心价值难以体现。

3. 个性化的资产管理面临技术瓶颈

当前,证券业关注的个性化的资产管理业务面临多方面的技术瓶颈,极大影响了它们的营收和利润。

- 资产种类数量剧增,寻求最优投资组合面临维度灾难。随着构建多层次金融市场和对外开放的深入推进,主板、中小板、创业板、科创板、港股通、沪伦通等市场范围不断延伸,资产证券化产品、衍生品等产品类型不断丰富,维度增加带来计算量呈指数级上升。
- 证券投资者数量倍增、投资需求多样化,对于差异化投资策略的需求亟待满足。随着经济发展、居民财富增加,我国居民持有的非金融资产占总资产比例逐步降至60%以下,金融资产占比相应上升,但同质化的产品和服务无法满足居民的差异化需求。海量居民的多样化理财需求未得到有效满足。
- 影响证券价格的因素增多,传统证券投资分析框架可能失灵。除了基本面信息,市场情绪、宏观经济形势和政策、一些非规范化的信息等都可能影响证券价格,甚至改变投资组合中不同证券价格变动的关系,影响投资策略有效性。

在此背景下，证券公司经纪业务须主动调整，应对变化。一是从价格竞争向以客户需求为导向的产品创新竞争转型；二是向个性化、专业化的服务和金融产品配置转型，营销渠道向线下＋线上的多层次、立体化营销转型；三是向多元化服务收费模式转型。

10.3.2 证券业数字化转型策略探讨

2018年以来，《证券基金经营机构信息技术管理办法》《金融科技（FinTech）发展规划（2019—2021年）》《关于推进证券行业数字化转型发展的研究报告》等一系列政策文件都强调推动证券业数字化转型，以科技赋能业务发展，实现金融科技与业务发展相互促进、良性循环。

1. 加快实现核心交易系统转型升级

不可否认，当前大数据、人工智能等技术对证券业的用户体验、效率提升、成本降低、风险控制等方面大有裨益。通过移动互联网、人脸识别、OCR、智能客服等手段实现客户、业务、产品、服务、运营线上化，降低运营成本；而大数据和人工智能等技术则有助于建立客户分层服务体系，实现营销效率提升和风险控制。

但证券业数字化转型的关键仍然是核心交易系统，用户量激增、接入手段日趋丰富、业务不确定性增强，对核心交易系统的可靠性、性能、弹性考验巨大。华为数据存储与机器视觉中国区总裁康晓宇认为，金融行业的数字化转型需要新核心、新数据、新渠道和新服务，其中新核心系统需要承载更高的业务并发，它将是证券业用户未来的强大科技引擎。

投资者数量激增以及业务走向数字化和线上化，这些对核心交易系统的底层基础设施提出了极高要求。具体体现在以下四个方面。

- 核心交易系统对高可用性的苛刻要求，券商业务波峰、波谷变化巨大，交易高峰时段每秒可能达到上亿成交量，对于存储等数据基础设施的可用性、数据一致性要求极高。
- 股市中不确定性因素太多，很容易造成市场波动，每天的不同交易时段可能出现核心交易量相差数十倍的情况。数据基础设施需要在突发压力变化的情况下能高效、灵活地满足核心交易系统的性能需求。
- 证券业用户没有庞大的数据中心资源和运维人才，数据中心成本要做到尽可能节省，数据基础设施需要在尽可能小的空间中节省用电、空间等成本。
- 交易时延需要尽可能低。交易是券商最为核心的业务，交易时延直接关系到用户体验和用户留存。如今证券业交易应用程序都在追求毫秒以下的时延，以期带给用户极致、优秀的交易体验。

事实上，当前的券商核心业务系统不仅要求"更稳、更快"，而且需要更加灵活可用和低成本，这也是以全闪存为代表的新一代金融数据基础设施近年来日渐受到证券业用户青睐的核心原因。

2. 建立数据基础设施促进转型

如今，面对激增的海量投资者和交易频次，业务稳定和永续已成为证券业最根本的要求。更稳定、性能更高、时延更低、更节省空间的全闪存已经成为证券业数字化转型的数据基础设施基石，为业务稳定、良好服务体验起到关键支撑作用。

IDC发布的《全闪存数据中心白皮书》表明，未来数据基础设施建设五大核心点为安全可靠、降本增效、数据创新、实时敏捷和智能管理。全闪存具有高密度、高可靠和低延迟的特点，单位能耗可以带来更高的性能和容量，帮助企业实现最大化的数据创新。全闪存将会是未来数据中心发展的重要趋势。

就目前来看，证券业正在加速投入全闪存等数据基础设施的建设，而且中国存储厂商在产品、技术、解决方案取得了长足进步，并在证券业逐渐崭露头角。在新数据中心采用全闪存等数据基础设施建设是趋势，但也存在着不小挑战，主要原因如下。

- 证券业交易对于可用性要求极高并且对技术采用较为保守，因此对全闪存硬件架构与设计极为看重，主要看重其带来极高的可靠性、可用性、高性能和低时延。

- 券商 IT 建设历史时间较长，普遍存在大量的各种品牌设备，如何将数据平滑迁移到新环境中成为一大挑战。证券业的应用对于停机时间要求苛刻，对于数据一致性要求非常高。
- 未来数据中心设备数量逐渐增多，存储作为数据基础设施的核心，其管理和运维的重要性不言而喻，未来存储的智能运维能力也是关键。

3. 发展人工智能有效缓解证券业痛点

目前，人工智能技术与我国证券业的融合还处于早期探索阶段。传统金融机构主要是从服务智能的角度提升服务效率、体验或用户黏性，服务的深度有待提高。

1）客户分类

在客户分类方面，运用数据挖掘、知识图谱、机器学习等人工智能技术进行用户画像和客户分类，可有效降低信息获取成本和服务成本，更加精准地捕捉客户需求，提升营销和服务效率。人工智能的优势在于，一是基于不同类别的用户数据，建立全面、精准、动态的用户画像；二是挖掘中小投资者需求。《关于规范证券公司借助第三方平台开展网上开户交易及相关活动的指导意见（征求意见稿）》规定，证券公司必须通过自有渠道开展网上证券业务，因此在证券公司第三方获客渠道受限的情况下，做好存量和新增客户分类、挖掘客户潜在需求的重要性进一步提升。

2）智能客服

在智能客服方面，基于语音识别、自然语言处理和知识检索等人工智能技术，智能客服可以模拟特定场景下的人类对话，拓展客户服务的广度与深度；部分运用机器学习的智能客服还可以识别客户情绪，提供个性化回答，提升服务体验。深度学习算法的应用使得语音识别、自然语言处理等技术的准确率和速度大幅提升。以人工智能算法替代客服工作人员，大幅降低了客服运营成本，使客服人员有更多时间处理复杂问题和高净值业务（见图 10-11）。

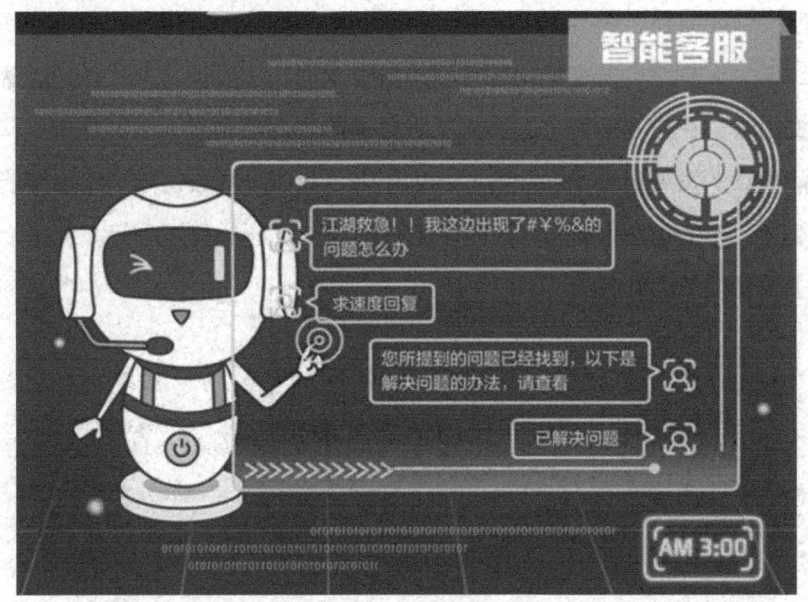

图 10-11 智能客服示意

3）智能投顾

在智能投顾方面，主要是结合客户目标及市场变化进行客户资产组合的动态优化、个性化定制。它涉及云计算、大数据以及机器学习等科技前沿技术。智能投顾的投资组合模型开发能力强，投资策略由人工智能算法自动生成，而且可以不断学习和改进模型。

智能投顾的优势有五点。一是门槛低，增加了投资顾问服务的覆盖面。智能投顾对客户投资金额的最低要求普遍在 1 万～10 万元，部分智能投顾平台甚至实现了零门槛。二是费用低，智能投顾的投资策略制定自动化，营销手段网络化，规模效应明显，管理费普遍在 0.25%～0.5%，远低于传统投顾。三是投资标的范围广，有利于进行最佳资产配置，智能投顾平台盈利以投顾费用为主，不依赖产品销售的佣金，往往通过机构合作网络为用户提供更广范围的最优资产配置组合。四是服务流程标准化、简洁、透明，不受时间、场地限制，可以高效、精准匹配客户资产管理目标。五是严格执行程序或模型给出的资产配置方案并根据市场行情和预设条件进行调整，稳定性更高，弱化投资者心理因素的影响。

智能投顾在国外已获得广泛认可，如 Wealthfront 公司的智能投顾较为知名（见图 10-12）。人机结合的智能投顾受到投资者欢迎，主要操作方式是通过智能算法形成投资组合，在交互环节可选择人工服务进行咨询和调整。与国外相比，我国证券业智能投顾的发展还处于初级阶段。近年来，我国证券公司陆续推出智能投顾产品，如 2016 年推出的平安证券智能投顾系统、广发证券贝塔牛等。但是，智能投顾发展主要受以下因素制约。

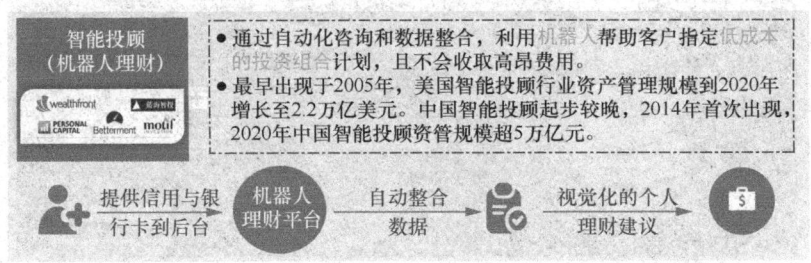

图 10-12　Wealthfront 智能投顾示意

- 证券公司投资顾问与产品销售之间的界限不够清晰，投资顾问的独立性和客观性仍有待提高。
- 投资者成熟度不高，对投资产品的流动性要求高，对资产配置理念接受程度远低于海外投资者。
- 难以实现全球范围的最优资产配置。我国金融业对外开放在有序推进，但短期内外汇管制仍在一定程度上制约海外资产配置。
- 监管约束。《中华人民共和国证券法》（2019 年修订）第 161 条明确禁止证券投资咨询机构及其从业人员代理委托人从事证券投资。在此背景下，目前国内智能投顾平台无法为客户提供全流程和全业务链的资产管理服务，核心价值难以体现。

4）智能交易

在智能交易方面，是对智能投顾的有益补充，是程序化交易发展的进阶版。2015 年 10 月，中国证监会发布《证券期货市场程序化交易管理办法（征求意见稿）》，将程序化交易定义为"通过既定程序或特定软件，自动生成或执行交易指令的交易行为"。

随着技术进步，程序化交易的自动化和交易延迟敏感度上升，发展到算法交易和高频交易领域，主要包括以下因素。

- 量化交易。它侧重于采用量化分析技术实现投资决策的制定过程。
- 算法交易。根据美国商品期货交易委员会 2015 年的界定，算法交易强调的是交易指令通过计算机自动生成，而指令的实施可以是人工操作或计算机自动完成。2019 年算法交易调查显示，提升交易员效率、易用性、执行一致性是采用算法交易的主要原因。
- 高频交易。它的突出特点是信息处理时间极短，可以高速、低延迟地产生和执行交易指令。基于深度学习的人工智能算法可以充分挖掘海量弱特征数据，显著提升数据分析与数据预测的准确度，提升投资表现。人工智能交易系统的广泛应用可以显著提升证券市场的价格发现功能，提升市场效率。

目前，我国相关法律法规将投顾与资管分开监管，不允许代客理财，所以还没有真正意义上的智能交易。相比之下，智能交易在美国发展迅速，这主要得益于其综合监管框架。智能交易应用面临的挑战主要体现在两个方面。一方面，同质化策略大量涌现。同质化策略可能源于相同的基础信息、相近的算法等，它可能导致单一事件触发多项交易阈值或形成多米诺骨牌式的阈值触发，加大市场风险。此外，同质化策略会使获利的窗口期缩短，导致策略失效和收益水平下降。另一方面，对系统稳定性的要求更高。在生产策略和执行策略全过程中，智能交易对于计算机系统、技术稳定性的依赖程度更高。国内外历史上都出现了因为 IT 系统问题导致重大投资失误的案例，如 2012 年 5 月 18 日纳斯达克交易系统问题。

5）智能投研

在智能投研方面，利用人工智能技术进行金融数据研究，可以简化数据搜集和数字化的过程，节省研究时间，提高研究的智能化程度。涉及技术包括大数据、机器学习、自然语言处理和知识图谱技术等。例如自然语言处理技术可以将新闻、政策、社交媒体中的非结构化数据进行加工提取，从而拓宽数据广度，节省研究人员时间。通过挖掘数据背后的关系来建立知识图谱，可以提高研究效率。

6）风险管理

在风险管理方面，人工智能技术有助于优化风险管理手段、提升风险管理前瞻性。机器学习、特征识别、风险知识图谱等技术可以显著提高信用评估、适当性管理、异常行为识别等方面的效率，赋予风险管理以全面、高效、自适应的特性。它主要在增加监管信息的维度、增强识别风险的能力、提升一线监管的时效性等几个方面有明显的提升作用，因此监管机构高度重视人工智能技术在金融风险管理领域的应用。上海证券交易所、深圳证券交易所等机构也在积极部署金融科技，探索构建上市公司画像图谱、公司与股东行为特征分析体系，利用深度学习结合知识图谱对上市公司风险进行监测预警，提升监管穿透性、时效性，提高风险防范能力。

第 11 章

制造业数字化转型

推动实体经济发展,实现中国制造强国的宏伟目标已经成为我国工业的发展大势。在此过程中,制造业的数字化转型进程也为业界所普遍关注。本章将以制造业数字化转型为蓝本,详细介绍制造业数字化转型的主要内容、转型路径分析以及通过工业互联网促进制造业数字化转型等核心话题。

11.1 制造业数字化转型的必要性

11.1.1 制造业发展的大势所趋

伴随着以机械化为特征的第一次工业革命、电气化为特征的第二次工业革命和自动化为特征的第三次工业革命演进,全球制造业先后进行了四次大规模迁移,形成以西欧、东欧、北美、日本及亚洲东部沿海为核心的五大工业区。当前,新一代信息技术加速创新、快速迭代、群体突破,第四次工业革命席卷而来。主要工业区日益受到能源、劳动力、产业结构等因素限制,纷纷遇到发展困境,全球各主要经济体都在寻找摆脱这些发展困境的方法。美国、英国、德国、日本和中国等主要工业国家都陆续推出一系列国家战略,虽然时间不同、侧重不同,但都不约而同地把目光聚焦到数字化转型领域,有意支持和引导各类市场主体探索数字化转型的新模式、新业态,鼓励开展技术创新和产业应用,为经济发展注入"强心剂",加快形成经济发展新的增长点。

国际上,各主要经济体纷纷出台数字化战略(见图 11-1),期望利用数字化转型增强传统产业竞争力。德国积极践行"工业 4.0"战略(见图 11-2),投资科学、研究和未来技术,同时借助德国人工智能战略提升德国和欧洲人工智能技术的竞争力;美国发布《关键与新兴技术国家战略》,在通信及网络技术、数据科学及存储、区块链技术、人机交互等领域构建技术同盟,保持世界领导者地位;欧盟委员会提出了"2030 数字罗盘"计划,为未来十年欧洲成功实现数字化转型指明了方向;英国发布《国家数字战略》旨在进一步推动数据在政府、企业、社会中的使用并通过数据的使用推动创新,提高生产力,创造新的创业和就业机会;法国发布《使法

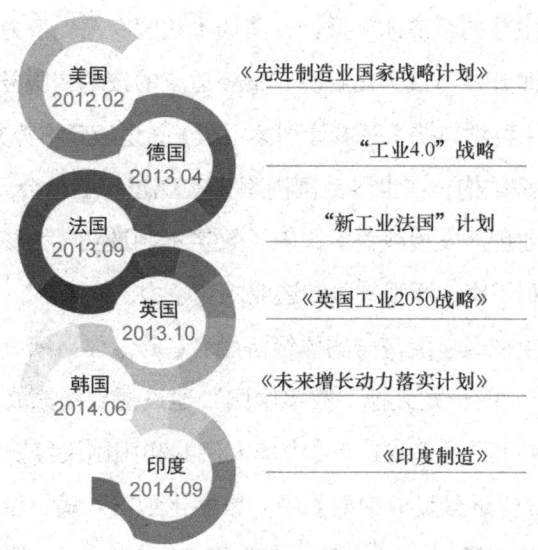

图 11-1 世界各国纷纷出台工业发展计划

图 11-2 德国"工业 4.0"战略示意

国成为突破性技术主导的经济体》报告，遴选出法国有领先潜力且需要国家集中战略支持的市场，同时开发与数字化解决方案相适应的技术和服务；日本制造业数字化转型路线图发布《科学与技术基本计划第六版》，适应新形势并推进数字化转型，构建富有韧性的经济结构，在世界范围内率先实现超智能社会5.0；韩国政府提出了《基于数字的产业创新发展战略》，以"数字＋制造业"为核心，提高韩国优势制造业中产业数据利用率，增强韩国制造业的竞争力。

我国政府高度重视数字经济与实体经济融合，产、学、研、用基本形成数字化转型共识。2017年党的十九大把"数字中国"建设提到国家战略高度并明确提出要加快建设"数字中国"。2021年《中华人民共和国国民经济和社会发展第十四个五年规划和2035年远景目标纲要》中，数字化独占一篇，位列第五篇"加快数字化发展 建设数字中国"，成为未来5年乃至15年数字化转型发展的行动纲领。国家发展改革委等17个部门联合发起"数字化转型伙伴行动"，推行普惠性"上云用数赋智"服务，培育数字经济新业态。工业和信息化部出台"两化融合'十四五'规划""制造业数字化转型行动计划"，制定行业数字化转型路线图，面向原材料、消费品、安全生产等重点行业领域，培育一批平台并推出解决方案。国务院国有资产监督委员会组织实施国有企业数字化转型专项行动计划，突破关键核心技术，培育数字应用场景，打造行业转型样板。

11.1.2　制造业面临的三大挑战

自1978年至2018年，中国制造业增加值迅速增长，占世界份额的28%以上，接近美、日、德三国的总和，成为驱动全球工业增长的重要引擎（见图11-3），其中，汽车、电子、钢铁、化纤等制造业的多项指标均位居全球首位。尽管中国制造业多个领域产值位居全球第一，但是就整体而言，制造业大而不强，企业在推动自身业务系统和流程的全面升级时仍面临一系列挑战。

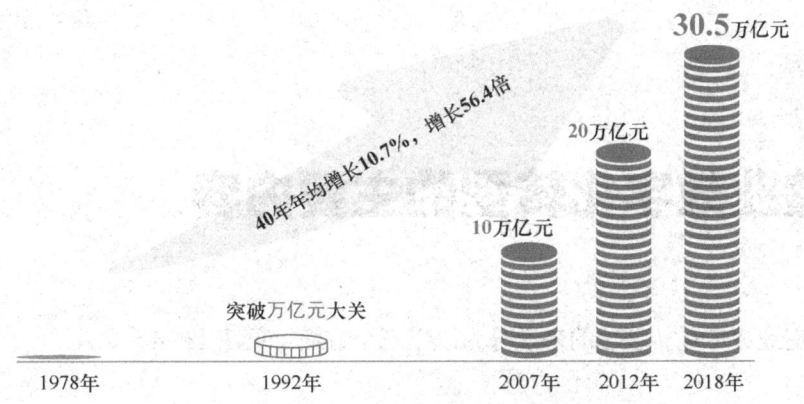

图 11-3　1978 年以来中国工业增加值迅速增长

- 成本不断提高。IDC 2019 年工业企业调研数据显示，成本上升是受访工业企业面临的第一大挑战。这主要由中国的人口红利期逐渐消失、老龄化时代来临以及环保力度加大、环保成本上升等因素导致。

- 工业自主创新能力不强。主要表现在自主品牌缺乏，一些关键装备、核心技术依赖进口。以机器人为例，IFR（International Federation of Robotics，国际机器人联合会）数据显示，2018 年国产工业机器人在市场总销量中的比重为 27.88%，市场绝大部分被外资企业占据。在关键的零部件上，国产伺服电机和减速器市场占有率仅为 10%～15%，而这些核心零部件占整个工业机器人成本的 78% 以上，即利润率高的部分主要由国外品牌把控。这表明中国工业自主创新能力不足，也是中国工业在由大向强转变过程中面临的最大障碍。

- 产品附加值不高。中国制造业大多处在微笑曲线的中间，即处于世界制造业价值链的中低端，在国际经济贸易利益分配中处于劣势。工业和信息化部数据显示，2018 年中国制造业增加值占全球制造业比重的 30% 左右，位列全球第一，美国以 17% 比重位列全球第二。但是，中国制造业利润率仅为 2.59%，远低于美国的 12.2%。

11.2 制造业数字化转型的主要内容

制造业数字化转型总的来说分为以下三个方面（见图11-4）。

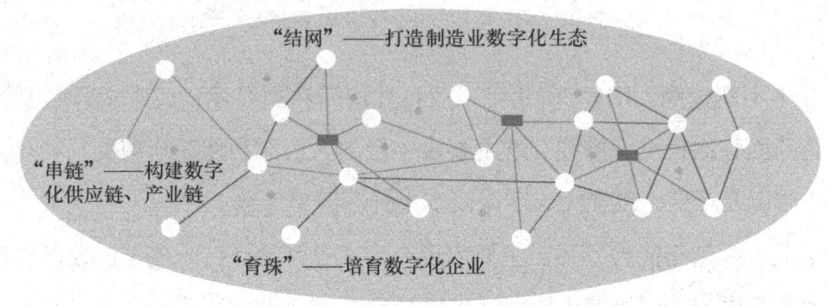

图11-4 制造业数字化转型三方面

- 培育数字化企业。利用数字化手段重塑企业的业务模式、技术范式、组织方式和文化意识，降低企业研发设计、生产制造、经营管理、运维服务等过程中的不确定性，提升企业竞争力。
- 构建数字化供应链、产业链。增强供应链、产业链的弹性和韧性，抵御供应链断链、移链等风险，保障企业可持续发展。
- 打造制造业数字化生态。通过建设数字化基础设施，提供全面的数字化配套服务，打造数字化集群，构建数字化网络生态，承接高频并发创新落地，发展新模式、新业态。

11.2.1 培育数字化企业

企业数字化转型是制造业数字化转型的基础。企业生产和发展的根本目标是实现可持续盈利。一方面，要开拓新的价值增长点，创新是重要渠道。政治经济学家约瑟夫·熊彼特（Joseph Schumpeter）认为，所谓创新就是要"建立一种新的生产函数"，把一种从来没有的关于生产要素和生产条件的"新组合"引进生产体系中，包括引进新技术、新产品，开辟新市场，控制原材料或半成品的新的供应来源。在数字化时代，数据将成为新的生产要素和进入到生产体系中的新变量，为企业带来新的业务经营模式和业务增长点。另一方面，要不断降低企业生产成本、管理成本、交易成本。数字化转型的过程就是加快数字化技术与企业研发设计、生产制造、经营管理、运维服务等环节深度融合的过程，通过构建数字化样机实施智能制造，建设工业互联网平台，实现降低企业各类经营成本的目的。

11.2.2 构建数字化供应链、产业链

在企业数字化转型的基础上，构建自主、完整并富有韧性和弹性的产业链、供应链，是制造业数字化转型的关键。德勤报告显示，80%的企业认为数字供应链在未来5年将占据主导地位，16%的企业认为数字供应链已经占据统治地位。构建数字化供应链、产业链，将有助于信息透明、服务精准、效率提升。通过在产业链结构布局、供应链风险预警和弹性评价、供应商分级分类、信息可追溯等方面的建设，企业具有更快速的协同能力和更强大的抗风险能力，更准确地把握产业链上下游整体运行情况，提前预判突发情况，全面应对。

11.2.3 打造数字化生态

我们要在数字化供应链、产业链基础上构建数字化生态。数字化生态建设是制造业数字化转型的要素保障。数字化生态需要各级政府、企业、科研院所、消费者等利益相关方共同打造。以数字化企业为主体，发挥数字化基础设施的枢纽作用，汇聚数字化生态建设参与者各方物质、资金、信息、人才等要素流通的核心数据，

通过数字化、网络化、智能化的技术和服务手段,驱动数据资源在利益相关方之间闭环流动,加强数据、流程、组织和技术等要素的协同创新,全面推进数字化转型升级。

11.3 制造业数字化转型路径分析

11.3.1 从"产品中心"到"客户中心"

在传统封闭的工业技术体系下,制造业商业价值的创造以产品为中心,关注的是产品质量和制造效率的提升。传统业务模式往往只有最终的销售环节面向客户。随着商业模式向平台化、共享型转变,产品和服务的内在逻辑也发生变化,"产品即服务、服务即产品"的模式更加凸显。市场对于产品多样化、个性化需求的提升,要求企业实时洞察、满足客户需求,为客户提供积极的体验,同时以客户的视角来看待并优化整个业务,加速从"以产品为中心"转向"以客户为中心",从规模化转向个性化。这将倒逼企业从产品"运营商"转变为客户"运营商",从交付产品模式向运营产品模式转变,为客户参与产品的设计、生产、制造、服务等整个生命周期打造良好的体验环境,提高客户忠诚度,进而提高企业利润。业务模式的变革是企业开展数字化转型的出发点和落脚点,是转型价值的直接体现(见图11-5)。

企业数字化转型主要表现为以下几个方向。

- 数字化管理。如何通过数字化手段创新业务管理模式提升产品和服务的质量、打造极致的客户体验,是数字化时代每个企业都需要解决的问题。企业基于生产运营中产生的数据进行挖掘和利用,将自身业务通过数字化手段呈现、优化和管理，为企业的战略决策、运营管理、市场服务等业务活动提供指导，提升企业精准服务的能力和行业竞争力，成为企业培育新模式、新业态的强大引擎。

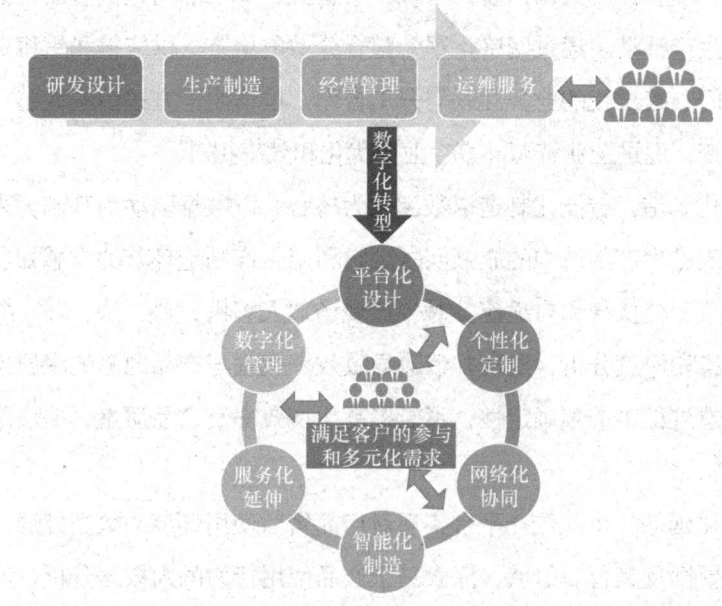

图11-5 以客户为中心的交付模式

- 平台化设计。平台化是一种实现连接和共享的架构方式，是提升研发设计效率和质量的有效手段。平台化通过运用云计算、数字孪生等技术，将产品在物理空间内的信息进行数字化、可视化表达，模拟分析产品在不同工况下的状态，得到对应的参数数据并通过平台企业整合供需双方和设计资源，开展集成化、轻量化、协同、敏捷设计，实现无实物样机生产，大幅降低企业试错成本，推进新技术产业化和新产品落地。
- 个性化定制。面对更加多样化、个性化及快速变化的客户需求，个性化定制通过客户交互定制平台和资源平台为客户提供个性化定制体验，推进敏捷开发、柔性制造、精准交付等模式，增强客户全流程参与度，提升客户体验满意度。利用互联网精准对接客户个性化需求这一特点，实现企业研发、生产、服务和商业模式之间的数据贯通，促进供给与需求的精准匹配，实现制造企业和客户价值的共同创造。
- 网络化协同。伴随着产品分工的日益细化，产品复杂程度日趋提升，业务集成的广度和深度大幅拓展，依靠单个企业、单个部门无法覆盖企业的业务创新和生产活动。通过网络化平台整合分散的生产、供应链和销售资源，实现跨部门、跨层级的业务互联与分工合作，推动生产方式由线性链式向网络协同转变，促进企业资源共享、业务优化和效率提升。
- 智能化制造。智能化制造以数字化为核心，以数据驱动为基础，采用智能化手段改进生产制造中的瓶颈问题。它利用生产制造环节的自感知、自学习、自决策、自执行和自适应，对生产现场"人、机、料、法、环"各类数据全面采集和深度分析，发现并消除导致效率瓶颈与产品缺陷的深层次原因，减少制造过程中的不确定性，不断提高生产效率及产品质量，提质降本、降耗增效。
- 服务化延伸。企业依托平台实现对产品售后使用环节的数据打通，深度挖掘工业数据及其背后价值，探索基于产品使用行为的大数据分析、产品增值服务、产品远程运维等新型业务模式，实现从"产品"到"产品+服务"的转变，同时依靠用户数据驱动产品的持续优化变革，实现企业沿价值链向高附加值环节的延伸。

11.3.2 从"人智驱动"向"数智驱动"转变

数字化技术加速了人与物、物与物、人与人之间的连接，突破了传统物理层面连接方式和数量的限制，泛在连接和跨域协作形成了海量的数据资产。数据作为新的生产要素将为企业的生产、组织和运营带来了新的价值创造。基于对海量工业数据的采集、分析、治理及共享，同时综合大数据、云计算、数字孪生等技术积累的专家经验、建立的知识库、沉淀的工艺机理模型，推动生产决策从"人智"不断发展为机器"辅智、混智"并向"数智"演进，提升资源优化配置效率。

技术范式的转型变革主要表现为以下几个方向。

- 泛在互联。依靠低成本的传感器网络，企业建立全面、实时、高效的数据采集体系，提升异构工业数据的网络互通能力，支撑多元工业数据的采集，实现企业对工业现场"哑设备、哑岗位"的数字化改造，推动工业设备跨协议互通、跨设备互联以及跨域互理解进程，实现数字化转型背景下的全要素全面连接。
- 数据驱动。企业通过生产经营等各流程数据的自由流动，实现科学决策和对资源配置的优化，从而达到全要素生产率提高的目的。在数据接入层、传输层、存储处理层和业务分析层，需要具备较为全面的数据运算、分析、统计、展现功能的集成化软硬件工具，以数据驱动企业的创新、生产和决策。
- 软件定义。软件是构建数据自由流动的规则体系。软件定义的核心是实现"硬件资源的虚拟化"，提升资源的弹性和灵活性。同时软件定义打破了传统的生产流程，通过重构一个虚拟制造空间，实现研发、设计、仿真、实验、制造、服务全流程在虚拟空间的运行，推动制造过程快速迭代、持续优化和效率提升。
- 平台支撑。平台是连接多方参与的信息服务共享载体，是全要素连接的枢纽，也是资源配置的核心。通过平台承载数字化模型和工业 App，企业可以更高效地实现工业知识的沉淀、传播、复用和价值创造，拓展竞争新赛道，布局产业新方向，整合平台生态资源，实现更广泛、更深层次的价值网络拓展。

11.3.3 从"传统组织"向"数字化组织"转变

新业务和新技术的创新实现需要组织结构、人员结构和行为方式等相应做出调整，支撑新业务、新技术的应用落地。传统的"层级式"组织架构，信息从上至下传递，效率低，很难适应快节奏的市场变化以及客户对于生产全流程参与的需求。数字化时代，信息的传递更需要"广播式"，每个人都可以成为信息发布的节点。这需要管理者构建新型组织方式，为员工提供开放共享、沟通协作的平台，减少信息壁垒，实现降本增效。图 11-6 展示了组织方式的变革。

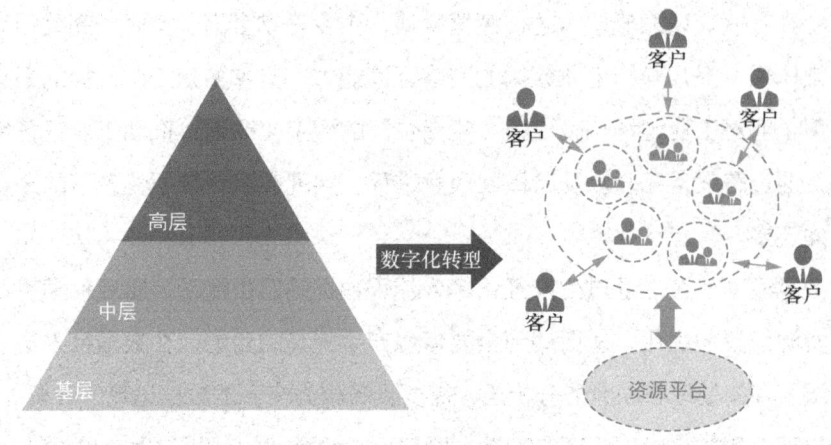

图11-6　组织方式变革

组织方式的转型变革主要表现为以下几个方向。

- 液态组织。液态组织是一种能够自我组织、自我适应的组织形态。在液态组织中,每个员工都成为组织网络上的一个节点,带动企业资源围绕市场变化和客户需求而不断改变自己的组织和驱动方式,提高企业快速响应外部环境变化的敏捷度。业态组织的持续动力不是利益而是思想,企业将从管理走向治理,从以流程为核心、追求有序和高效,走向以人为本,关注成长的动力和可持续性。

- 灵活机制。高效灵活是企业内部组织结构变革的关键目标。管理者需要提供更加灵活的管理制度,按照业务板块来划分组织,形成小巧灵动的"特种部队",绑定职能部门与业务团队的业绩关系,激发组织协同,激励每一位员工主动参与经营,以更快地响应市场及客户,更充分地利用有限的资源,从而最大限度地创造价值,降低运行成本,提高运行效率和效益。

- 资源共享。企业将工艺、知识、创意等技术能力资源以数字化形态置于企业的资源平台中,形成可以共享的资源库,汇聚知识基础,沉淀核心能力,发挥知识洞察价值,服务于每一个"节点员工"、每一支"特种部队",加速技术成果的产业化。同时企业聚集技术团队和需求方于同一平台,把共享资源可视化、可量化、可交易化,使共享平台有效运转,助力企业永续经营并提升孵化培育能力。
- 战略重塑。在要素资源配置更加灵活的趋势下,"闭门造车"将会错失用户,无法生存。企业管理者需要树立与客户共同定义新产品、共同创造新业务、共享新价值的企业经营战略,利用灵活的组织和平台资源围绕企业战略自组织、自涌现,让客户需求直达产品研发、设计、生产和服务的创造过程,用企业能力满足用户需求,为用户创造新价值。

11.4 应用工业互联网促进制造业数字化转型

11.4.1 什么是工业互联网

按照工业互联网产业联盟(Alliance of Industrial Internet,AII)的定义,工业互联网是新一代信息通信技术与工业系统全方位深度融合所形成的产业和应用生态,是工业智能化发展的关键综合信息基础实施。它本质上是以机器、原材料、控制系统、信息系统、产品以及人之间的网络互联为基础,通过对工业数据的全面深度感知、实时传输交换、快速计算处理和高级建模分析,实现智能控制、运营优化和生产组织方式变革。工业互联网通过人、机、物的全面互联,实现全要素、全产业链、全价值链连接,在全球范围内加速颠覆传统制造模式、生产组织方式和产业形态,推动传统产业加快转型升级、新兴产业加速发展壮大。

工业互联网是工业智能化发展的关键综合信息基础设施,智能制造活动在其上方得以进行,一系列数字化转型的业务借助它才有可能开展。制造企业通过近几年的实践和思考,已逐渐看到数字化转型的方向和着力点。随着技术、产业、应用的创新突破和协同推进,工业互联网将与制造业数字化转型、智能化制造更加紧密结合，加速制造业数字化转型。

工业互联网平台（见图11-7）是以智能技术为主要支撑，通过打通设计、生产、流通、消费与服务各环节，构建基于云平台的海量数据采集、汇聚、分析服务体系，支撑制造资源泛在连接、弹性供给和高效配置，为制造业转型升级提供新的使能工具。它正成为全球新一轮产业变革的重要方向。2020年突如其来的新冠肺炎疫情是对工业互联网建设成果的一次考验，也让很多大型企业或集团企业感受到企业内外互联互通、供应链联动的重要性，加快部署工业互联网平台被提上日程。当前要做的是加快推动工业互联网平台走向成熟和完善，把工业互联网平台打造成我国制造业转型升级的重要引擎。

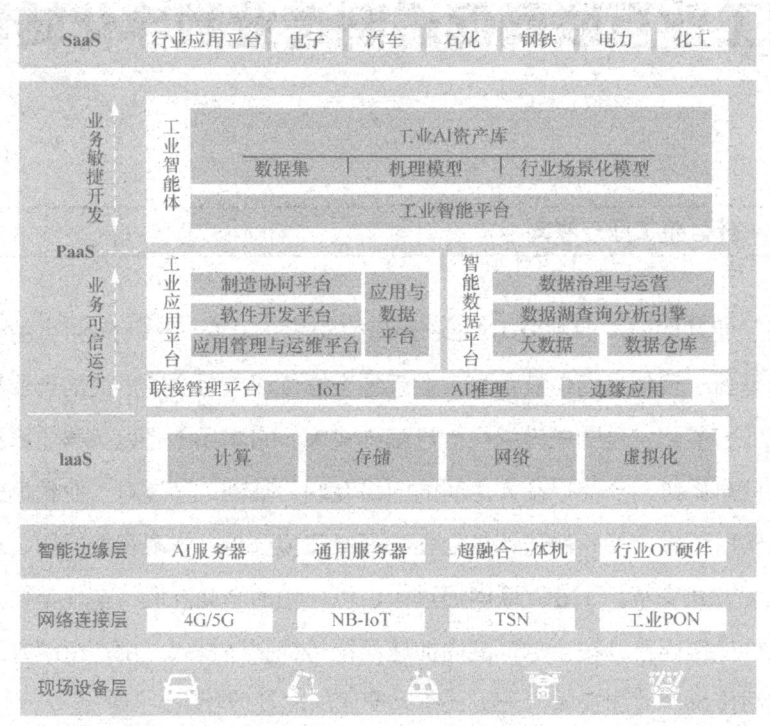

图11-7　工业互联网平台架构

工业互联网平台建设有三种情况，一是在基础云建设方向上延伸到应用行业；二是互联网公司向自身熟悉的行业靠拢；三是制造企业智能化改造中取得经验和技术后建设面向行业的平台。

11.4.2 推进工业互联网建设的主要举措

首先,加大对工业互联网平台发展的政策支撑力度。制造业数字化转型已是大势所趋,培育具有国际竞争力的工业互联网平台,事关一个国家制造业竞争优势的确立、巩固和强化。加快推进工业互联网平台标准体系建设,建立健全规范化工业互联网平台标准体系,提高平台兼容能力,以标准接口延长技术生命周期,有效带动整个行业的健康发展。一是充分发挥多元参与方作用,制定和推广国家、行业和团体等标准,同时建设标准管理服务平台,开发标准符合性验证工具及解决方案;二是同步推进基础共性和关键技术两大领域的标准制定,面向特定行业制定形成一批平台应用标准;三是建立对标机制,加快国际标准的国内转化。

其次,加快推广新兴技术在工业互联网平台中的应用。加快大数据、人工智能、区块链等新兴技术在工业互联网平台中的推广应用,不断提升平台的连接能力和数据分析能力。一是深化大数据技术应用,围绕工业大数据建模分析,突破多元异构数据处理、海量数据挖掘等基础技术和流程建模、业务建模、可视化建模等核心应用;二是推进人工智能应用,推进人工智能算法在工业微服模块和工业 App 的融合应用,增强模型的可靠性、解释性和自我成长性;三是加快区块链应用探索,引导平台企业布局区块链技术,促进分布式合约在平台中的应用,支持数字化模型和工业 App 的流转,基于区块链技术建设跨行业、跨领域平台联盟链,推动平台间互联互通。

再次,充分发挥龙头企业的引领带动作用。聚焦龙头制造企业和产业集聚区,培育一批能够引领工业互联网平台技术、功能、商业模式快速迭代的应用。一是鼓励行业龙头企业自行或联合工业互联网平台开发定制化、易部署的工业 App,推动中小企业业务流程的规范化、标准化,与主机厂实现计划、技术、采购和质量的协同,促进大中小企业融合融通发展;二是制定平台评价方法和能力规范,培育一批面向特定行业、特定区域的企业级平台,推动平台在"块状经济"产业集聚区落地;三是强化应用的技术开发能力,面向工业场景培育工业 App,初步形成海量工业 App 和海量用户双向迭代的良性生态。

另外,加快工业互联网平台生态体系建设。注重开放合作和协同创新。建设包括测试体系、开发者社区等工业互联网平台生态体系，确保其持续健康发展。一是加强测试体系建设，聚焦技术成熟度、协议兼容性、数据安全性等，推动一批试验测试环境和测试床建设；二是培育开源社区，引导有关企业建设设备、协议兼容的开源社区，实现工业数据在多源设备、异构系统之间的有序流动，确保设备"联得上"，培育行业共性知识开放的开源社区，确保行业机理模型"跟得上"；三是围绕平台的知识产权激励与保护、线上制造新型认证服务、资源库建设与技术交易等，建设工业互联网平台新型服务体系。

最后，加强工业互联网平台管理，建设平台数据服务互联互通、产业动态分析监管、安全保障等领域的管理和服务机制，促进产业有序发展。一是制定工业互联网平台互联互通、平台数据迁移、软件跨平台调用等标准规范，推动平台数据自由流动和服务灵活调用部署；二是加强平台运营数据的实时监测与分析，掌握细分行业产能分布和工业App发展情况，强化工业大数据的流动、交易、共享等管理和新技术应用服务增值；三是健全安全管理政策，建设安全综合保障平台，强化主体安全防护意识和提高处理能力。

11.4.3 工业互联网推动数字化转型的主要应用场景

1. 工业企业三大核心业务流

工业互联网对工业企业的价值创造主要体现在生产制造流、产品生命周期流和价值创造流三大业务流的有机共生、相互促进（见图11-8），其中，生产制造流是汇聚枢纽，价值创造流打通上下游数据，产品生命周期流构建设计与制造协同平台。工业互联网通过三个"流"的集成和优化，打造人、机、物全面互联的网络基础设施，聚合工业机理模型和工艺经验的沉淀，保护对传统设备和系统的投资，实现从数据到知识再到工业智能的蜕变和价值挖掘，从而打造工业企业智能化发展的新兴业态和应用模式，促进工业的高质量发展。

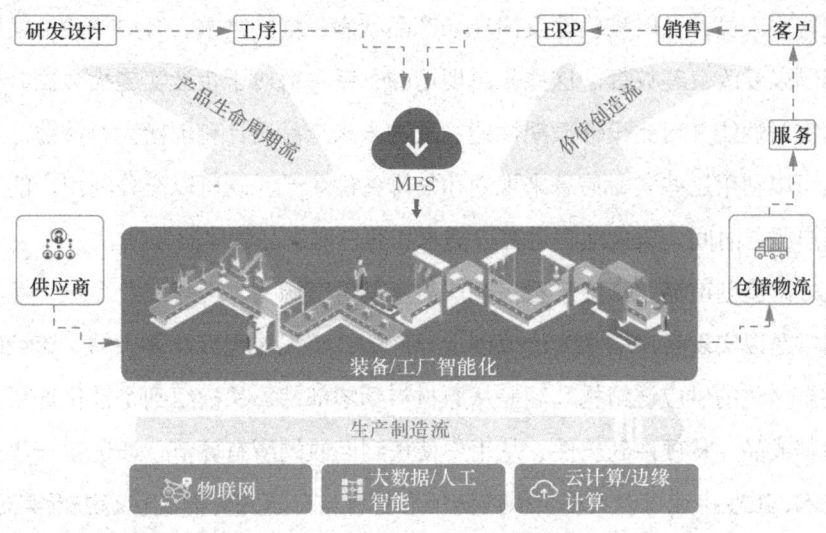

图 11-8　工业企业三大核心业务流

从"生产制造流"维度来看，工业企业三大业务流最终汇聚到生产制造环节，在该阶段，通过 OT 和 ICT 的深度融合、工业互联网平台整合及综合利用工业软件（如 ERP、PLM、SCM、CAX、3D 仿真、MES 等）和多源信息（如生产节拍、产品良率、车间设备健康状态、供货状态、实时 SPC 数据、用户定制需求变动等），对生产计划、产线排序、资源调度、JIT 原料和零部件送达计划、仓储物流等做出及时调整和优化，对设备进行预测性维护，实现计划外零宕机，从而提高生产运营整体效率和产能、降本提质。

从"产品生命周期流"维度来看，工业企业的首要目标是为用户持续提供具有价值的创新产品和服务。这一价值创造和实现过程可以分成三个主要阶段：研发设计、生产制造和交付服务。工业互联网的架构和部署必须要支持、促进和优化企业产品生命周期流的畅通运行、各阶段的无缝对接和综合价值的高效实现。在研发设计阶段，研发和设计人员可以通过工业互联网平台综合利用多源信息（如用户体验实时反馈、用户期望和用户痛点问题洞察，供应商新材料、新组件、新功能，车间新装备、新工艺等）、及时更新的机理模型、基于云化的协同开发软件等，进而加速差异化产品创新过程，缩短产品研发迭代周期和产品上市时间，夺得市场先机。在交付服务阶段，工业互联网和相关工业 App 的部署将进一步赋能现场维护人员和一线客服人员，及时准确地反馈现场产品状态、维护需求、客户体验、使用中出现的问题以及改良建议等。这些来自现场的一手资料对于企业实施大数据分析、洞悉产品实时性能并对比设计预期性能、改进未来产品设计和创新大有裨益。生产运营部门可以利用这些实时信息来规划和安排备件生产，既可以充分利用产能又可以缩短用户服务时间，极大地满足客户需求和客户对产品的体验预期。

从"价值创造流"维度来看，客户需求是价值源头，现代工业企业（尤其制造业）通常是以实现客户需求为价值创造导向的，实现过程涉及复杂的、跨域的、动态的和全球化的供应链结构，涵盖从原材料到零部件、从模组到个性化选项、从在制品到制成品、从硬件到软件、从用户使用到回收的所有环节。通过新一代工业互联网技术，工业企业可以实现全供应链信息整合与分享并对物流状态进行实时收集，对流通环节（如运输、仓储等）进行在线监控和预警，进而实现全供应链甚至供应网的可视化管理，提高工业企业内部与可信合作伙伴间高效生产调度与资源配置，大力提升定制化产品和服务的机动性和灵活度。

2. 通过工业互联网落地典型场景

工业互联网有着广泛的应用，几乎可以涵盖所有的工业领域。根据 IDC 的研究，工业互联网围绕工业企业的生产制造流、产品生命周期流和价值创造流三大业务流，主要应用场景主要包括资产智能化、生产智能化、产品全生命周期管理及网络化协同四大类（见图 11-9）。这四大类应用场景涵盖了工业领域的原材料、产品、设备、运营、售后等制造相关的全要素、全价值链和全系统。

资产智能化是工业互联网典型应用场景之一。工业互联网通过对资产智能化管理，帮助企业提高设备服务的可视化和可靠性，减少维修成本和非计划性宕机。资产智能化管理主要包括四类场景。一是设备健康管理场景，通过设备健康度模型对设备健康度进行判断和预测，从而合理备件、计划生产、减少计划外设备停机时间，即"可靠性分析"；二是预测性维护场景，通过在关键领域嵌入传感器和网络设备来获取关于资产位置、质量和状态的关键实时数据，结合设备历史数据构建数字孪生系统，及时监控设备运行状态，提前预知设备的异常状态，从而最小化设备停机的可能；三是能耗管理场景，主要通过提供综合能源（电、水、油、气）的用能监控，基于现场能耗数据和分析，对设备、产线能效进行优化配置，提高能源使用效率，实现节能减排；四是远程运维场景，有企业的设备地理位置比较分散，人工巡检、运维的成本高，一旦出现设备故障很难在第一时间发现。远程运维通过物联网技术对偏远地区的设备进行实时数据监测，发现问题并及时处理，尤其是在航空航天、船舶、轨道交通、工程机械、能源等行业，能大幅降低设备宕机带来的损失。

应用场景	子场景	典型的垂直场景
资产智能化	设备健康管理 预测性维护	工程机械
	能耗管理	
	远程运维	航空航天、船舶、轨道交通、工程机械、能源
生产智能化	生产管控	石化
	工艺优化	钢铁、轨道交通
	质量管理	煤炭
	自主操作	
产品全生命周期管理	产品溯源	
	产品设计反馈	航空航天、船舶、汽车
	用户体验反馈	家电
	供应链管理	
网络化协同	产业链协同 企业资源动态配置和优化	航空航天、船舶、汽车、家电

图 11-9　工业互联网落地应用典型场景

生产智能化是工业互联网最为常见的应用场景之一，也是目前落地较多的场景，其实施的难度和价值偏中等水平。它主要包括生产管控、工艺优化、质量管理和自主操作。在生产管控场景中，通过在工业生产现场部署传感器、控制器等智能设备，全面掌握机器、设备的运行情况，同时利用大数据模型分析生产现场，提供工厂的完整运用情况，实现对生产现场实时管控；在工艺优化场景中，利用传感器、仿真建模等，实现真实工业生产状态的可视化，有效帮助操作人员更合理的操作，降低运营成本，它在钢铁和轨道交通行业有较多应用案例；在质量管理场景中，利用传感器监控最终产品的质量，同时自动化反馈最终产品的合规相关活动，通过实时数据采集和仿真，根据历史数据的比对分析，对潜在的质量问题进行分析；在自主操作场景中，通过物联网技术、网络化设备直接处理收集来的数据并自主采取诊断措施，无须人工手动操作，例如智能设备可以识别其电池过热的情况，自动改为低强度运行，以便在等待更换部件的同时控制温度。

产品全生命周期管理是指从产品的需求开始到产品淘汰报废的全生命历程管理，包括产品设计、制造、操作和服务等环节。应用场景包括四种。第一，产品溯源场景，以条码技术为手段，对产品的物料、半成品、成品实行自动识别、生产过程监控，实施全透明的管理，事后可对产品进行溯源，实现供应链相关环节的实时可见性和可追溯性；第二，产品设计反馈场景，利用工业互联网平台的产品传回数据帮助企业了解消费者需求，快速响应市场，同时将相关信息反馈到设计部门进行设计改进，提升设计研发速度以实现柔性生产和个性化定制；第三，用户体验反馈场景，借助工业互联网平台，将用户使用的体验反馈到平台，从而改进产品方案，加速创新迭代；第四，供应链管理场景，工业互联网平台可以实时跟踪现场物料消耗，结合库存情况安排供应商进行精准配货，优化库存管理，有效降低库存成本和物流成本，提高物流系统整体效率。

网络化协同是指制造商、零部件供应商、销售商乃至消费者可相互交换商品和业务信息，共同执行业务流程。协同既包括组织内部的协作，也包括设计产业链上下游组织间的协作，具体应用场景包括产业链协同和企业资源动态配置和优化。在产业链协同场景中，工业互联网平台通过有效集成企业内部，企业与供应链上下游，跨供应链的设计、生产、物流和服务等不同环节，由串行制造转变为并行制造，降低产品研发设计和生产周期，大大降低成本。产业链协同又包括协同设计、协同生产、协同物流及共享服务等，目前协同设计在轨道交通、航空航天、船舶、汽车等垂直行业已经有较多成熟案例。在企业资源动态配置和优化场景中，工业企业通过工业互联网平台对外开放空闲制造能力，动态配置原材料、资本、设备等生产资源，实现制造能力的在线租用和利益分配。

3. 十大转型切入点

如何实现融合发展，工业互联网和制造业两方都在摸索和实践，制造企业更期望工业互联网能够带给它们转型红利。从一些企业实践和制造业数字化转型的要求看，以下10个领域（方面）是当前重要的切入点、结合部和着力点。

1）远程运维

对制造工厂来说，制造中的大型关键设备相当于大脑和心脏，一旦发生故障，整个工厂将停产甚至发生重大事故。对这些设备进行智能监控、故障诊断、预测性维护，可以极大地保障工厂安全运行。一些实力较强的先进企业通过在装备和产品中集成传感、控制、通信等功能，对设备进行全面联网，打造大数据监测分析的服务平台，实现装备在线状态监控、远程运维和全生命周期管理，加快装备制造企业向服务型制造企业转变。

2）质量管控

自动化生产线上各个工序间的质量检测和最终的成品检验，是生产作业的重要环节，也是制造智能化的必要组成。通过现场实时采集和大数据分析，再反馈到生产线调节工艺参数，从而提高成品率、减少质量损耗。工业互联网对此得心应手。结合人工智能的应用对产品质量检验，则可大大提高检测效率和降低人工检测的强度。为保障用户对产品使用的安全信任，也为了不断改进提升产品质量，特别是药品和食品的生产过程的可控制、可追溯，工业互联网结合传感、识别技术，将帮助企业实现制造和用户的互信。

3）协同设计

随着制造企业规模的扩大、业务的国际化和市场响应速度加快，不同地域、不同部门的协同设计成为企业赢得竞争的重要手段。工业互联网为协同设计提供了便捷的环境和工具，尤其是在5G环境下，设计人员间的对话、交流、讨论变得十分方便有效。但是，协同设计的开展需要快速传递图像、三维图形，目前5G技术的下载速度可以满足要求，而上行速度较慢，还无法满足协同设计的要求。随着5G技术不断发展和完善，协同设计将变得如同在会议室里现场交流讨论一样。目前，5G技术在制造业的应用非常广泛（见图11-10），可以在多个方面进行协同设计。

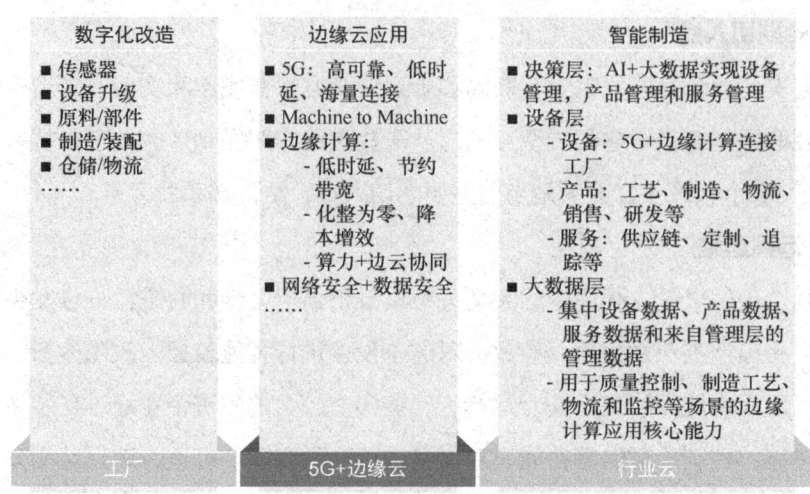

图 11-10 5G 在制造业的广泛应用

4）共享制造

制造资源越来越不需要也不可能完全集中在一个企业内部。整合制造资源、开展企业的制造活动、完成从订单到交货以及后服务的一系列制造环节，已经有可能通过工业互联网实现。目前这已经在一些企业的某些制造环节实行并取得成效。早些年研究人员提出网络协同制造并做了初步尝试，希望充分利用和整合分散在各地各处的制造资源来高效开展制造活动。只是由于当时技术和环境尚未成熟而未能实现。

5）定制生产

随着自动化技术的提高和个性化需求的普及，大批量定制的制造模式日益受到制造业推崇和客户的欢迎。自动化技术和智能化制造的发展，有可能实现在同一生产线上以大批量生产的单件成本生产出个性化的产品，这是大批量定制这一制造模式的要义。

6）物流仓储

制造活动离不开物料的移动、配送和仓储，智能物流是智能化制造的重要环节（见图 11-11）。物流已超越制造企业的范围，逐渐成为一项专业的业务活动。大多数制造企业的进货物流、出货物流已普遍交由专门的物流企业承担，而物料适时适量配送到企业生产线各个工序的上线物流，也开始委托专业公司来承担。第三方、第四方物流应运而生，智能物流装备（AGV、叉车、立体库）制造业也得到快速发展。通过工业互联网，企业可有效掌握物料的移动、调度及仓储，对物料跟踪追溯，减少差错、降低库存、提高效益；可开展立体库装备的远程运维；也可根据用户的需要和许可对物流数据进行分析，以帮助用户企业实现精益生产和智能化制造。

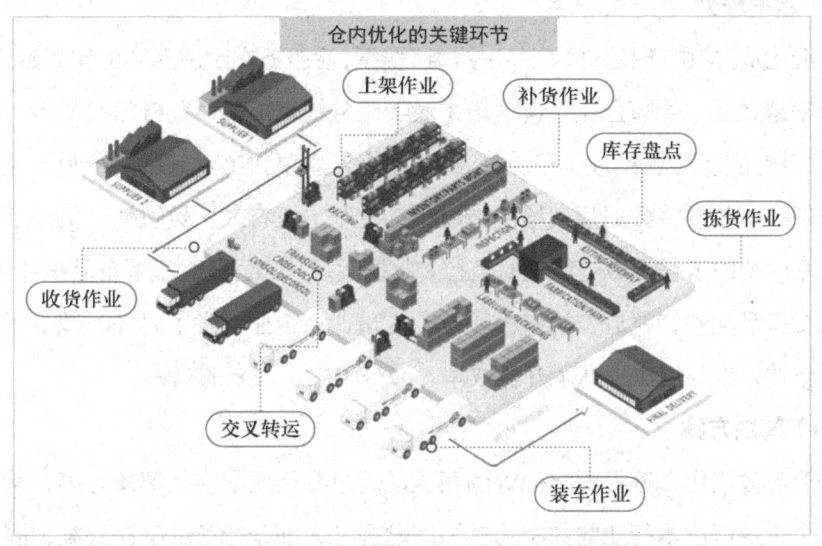

图 11-11　仓储优化的关键环节

7）工艺革新

制造活动是按照一定工序、工艺、组织而进行的。制造工艺是将物件如何做出来并做得更好的技术。它是制造业的核心技术和实现高质量发展的重要抓手，也是制造企业的看家本领和商业秘密。工业互联网代替不了制造工艺，但可以赋能工艺革新，促进研究出更好的工艺。在当前智能化制造的推进中，企业对工艺革新重要性的认识和艰巨性的预估都远远不够。工业互联网与工艺革新的研究、优化过程结合，在参数优化、反馈补偿、智能迭代、工艺仿真、数值模拟和方案比较等方面发挥作用，从而缩短工艺研究和优化周期，触发新工艺产生和应用。工业互联网还可在工艺过程中实时监控，改善工艺质量，保证成品率的提高。

8）精益管理

精益是制造业的哲学和重要理念。从精益生产、准时化生产到精益管理、精益思维，制造企业进入新的发展阶段。但大多数制造企业并未重视这一点，这不免有些遗憾。精益生产、精益管理是智能制造的基础和前提。工业互联网为制造企业实现精益生产和精益管理提供了新的机会和手段，也为精益生产与智能制造的结合提供了环境和可能。

9）营销服务

制造业从"提供产品"向"产品+服务"转型，后服务在制造业中的比重越来越大，地位越来越重要。伴随企业经营规模扩大、服务地域扩展、服务门类增多，信息通畅实时、物品调度供应、人员及时达到显得格外重要。工业互联网给制造业营销服务带来便捷时效并将数据反馈给制造过程，使制造更有效、更敏捷、更贴近用户。工业互联网帮助工程机械进行实时监控，掌握运行状态，及时了解备品配件的情况，合理调度备品配件，就近安排维修和技术人员，为企业节省了时间、减少了开支、提高了效益，也为用户提高了开机效率，减少了停工带来的损失。

10）解决方案

将业务数字化、流程数字化等的经验、规范凝结成数字化解决方案，从为本企业或几个企业解决本行业的数字化转型问题提升为细分行业的解决方案，同时将其转换成适合上云的产品。行业内一批企业尤其是中小企业可从平台企业获取 SaaS（Software as a Service，软件即服务）、PaaS（Platform as a Service，平台即服务）等服务，从而在面上促进整个行业的数字化转型。享控云网及其生态合作伙伴一起为客户定制各行业智能化应用解决方案，以切实解决制造企业运营需求。

制造业和工业互联网的融合发展远不止以上 10 个领域（方面），创新和创造永无止境，制造业发展永不停息，制造系统演进持续进行。演进的方向是"6 个自"：自度量、自决策、自诊断、自维护、自适应和自学习。在努力逐渐降低人力在制造系统中比重、逐步提高人的知识和经验固化于制造系统中比重的过程中，同时在数字化转型和智能制造的进程中，企业应根据自身实际，探求各种不同的模式，实行多种多样的方式。

第12章

地产业数字化转型

地产业是时下对数字化、智能化、信息化应用和拥抱最为积极的几个行业之一，各大龙头厂商都在积极布局数字化转型工作。本章将详细介绍地产业面临的挑战和机遇并且给出针对性的数字化转型策略。

12.1 地产业面临的挑战和机遇

中国地产业自 1998 年房改后经历了 20 余年的高速发展,当前已进入成熟期。根据国家统计局数据,2019 年全国商品房销售额达 16 万亿元,创历史新高(见图 12-1)。随着我国城镇化进程不断深化,行业销售"天花板"逐渐显现,我国地产业进入下半场,从"增量时代"进入"存量时代"。

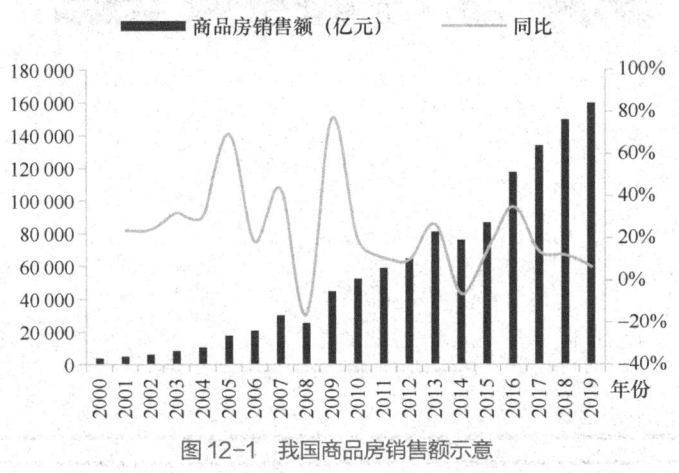

图 12-1 我国商品房销售额示意

在全新的市场环境下,房地产企业(简称房企)面临着新的竞争格局与发展阶段,这对企业的经营发展战略和业务管理模式均提出了新的挑战。面对这一系列挑战,为了能在确定性相对较差的市场环境下降低经营风险,房企调整与变革势在必行,将所有地产业务场景实现数字化处理,提升运营效率。

总体来说,市场目前面临着规模增速放缓、数字技术革新、政策引导加强三大重要趋势,未来地产业将加速进入以数字化为驱动力、以客户需求为中心的高质量发展的新时代。

12.1.1 规模增速放缓，步入存量时代

伴随人口与城镇化红利式微，增量需求下降。由面积增长驱动的地产市场发展逻辑难以为继，地产业的核心竞争力也从扩大增量转变为优化存量和提升质量。

同时，当下及未来更长一段时期内，交易难度变大，交易周期变长。消费者的核心诉求从过去增量市场的"买到"转向存量市场的"买对"，与之对应的是买方购买决策时所需的信息量更大，决策更加谨慎，导致交易周期延长。土地要素方面，虽然在新冠疫情后各城市，尤其是一二线热点城市，加快了土地供给的节奏，市场放量迹象明显，但整体来看，一二线热点城市的住宅用地供应量仍呈放缓态势，其中核心地段土地供应更为稀缺。

同时，住房和城乡建设部与中国人民银行推出房企融资的"三条红线"政策，对房企控制杠杆和负债做出明确的监管要求，制度化约束地产企业盲目扩张的行为，进一步加大了房企资金压力，高负债、规模化扩张的传统商业模式将越来越难以为继。龙头房企在资金、土地等资源获取上优势凸显，市场集中度不断提升。中小规模房企面临的竞争压力进一步加剧，主要体现在资金、土地储备、销售向领先企业集中。在此背景下，中小规模房企将面临更高的生存门槛。

12.1.2 政策引导加强，去杠杆趋势明显

一方面，国家层面，延续自2016年提出的"房住不炒"主基调，保持房地产调控战略定力。近年来，中央层面将租售并举、房企融资供需两端收紧作为调控的核心手段，将增加保障性住房供给、房地产税、棚户区改造、新型城镇化建设作为发展重点方向，致力于促进房地产市场平稳健康发展。地方层面，以因城施策为主旋律，调控风向延续趋紧。2020年年底至2021年年初，上海、深圳、广州、杭州等热点城市针对房价高位上涨纷纷升级调控政策，包括收紧购房资格、提高二套房首付款比例、提高贷款成本、严控贷款额等。地产业金融去杠杆趋势明显。房企融资渠道缩紧，需要提升现金流管理能力，寻求创新型融资方式。

另一方面，数字经济成为经济增长的新引擎。数字经济政策具有出台密度提升、范围广度扩大、支持强度增强的特征。相关机构测算，2020 年全国新基建投资额约 3.3 万亿元，全国建成 5G 基站超过 48 万个，5G 上网终端连接数超过 1 亿台。在实现双循环新发展格局的过程中，数字经济和实体经济深度融合是"十四五"规划的重点，也将推动地产业进入数字化的新阶段。

12.1.3 需求端升级，需要精细化经营

地产业的需求端升级，地产企业需要建立完善用户连接，实现用户需求洞察，从而提升产品和服务能力。

在需求端，城镇化进程的放缓带来的是总体增量需求的下滑。与此同时，房地产作为满足居住、办公、商业、产业等空间服务需求的载体，面临着需求端的全面升级。供需关系和人口结构的变化是推动需求端升级的两大要素。

从供需关系来看，住宅和商业地产开发带来了供给端的积累，整体上解决了供给短缺的问题。此外，居民收入水平提升，需求端逐渐从解决量层面的短缺问题转向追求服务品质的升级。例如在居住服务领域，一二线城市住房租赁市场迎来升级。以自如为代表的长租公寓企业作为机构化的住房租赁服务提供商出现。相比传统 C2C（Customer to Customer，个人与个人之间的电子商务）模式下的个人供给，长租公寓企业对租赁住房进行装修改造，提升房源质量并提供更完善的租后服务和权益保障。在此基础上，租金水平产生了显著溢价，房源规模持续扩张至近百万间。

从人口结构来看，作为"千禧一代"的 80 后、90 后日益成为购房置业、办公等需求的主力人群。他们是数字化原住民，行为习惯是互联网化的；这些人整体成长于物质更加充裕的时代，在衣、食等消费领域经历着消费升级的体验，对房地产服务的需求也必然升级，对包括健康舒适、安全、智能化等方面的需求增强；同时，消费呈现出需求快速迭代、个性化的特征，例如在办公地产领域，新一代人群中自由职业者、创新型组织的比例提升，产生了灵活办公的需求，共享办公业态应运而生，而在商业地产领域，顺应消费者日益升级的需求，盒马鲜生等新零售业态层出不穷、

快速迭代。

需求端的升级，对于房企是更加深层次的挑战。未来房企的商业模式向运营和服务延伸的过程中，竞争必然回归到对单客经济的争夺，即如何提供更加贴近消费者需求的产品和服务。这要求房企能够更好地触达消费者，洞察和理解消费者需求并提升产品和服务能力。然而，不管是开发商还是运营商，在现阶段的业务流程中，整体缺乏对终端消费者的触点和连接，数字化能力不足，难以快速洞察和应对消费者需求的变化。例如，开发商在完成住宅开发后，一般通过代理机构销售给业主，在整个业务流程中缺乏与业主的连接。

在行业趋势、新技术变化和政策调控的影响下，地产从业者须重视未来行业将发生的两大转变。

- 供需关系转变。未来居住地产市场将从卖方市场逐渐转变为买方市场，消费者选择多样，议价能力显著增强；房企需要建立完善广泛的客户连接，更深入地关注和理解消费者需求。从商品房的销售面积来看（见图12-2），近几年来一直持平，供需关系转变非常明显。

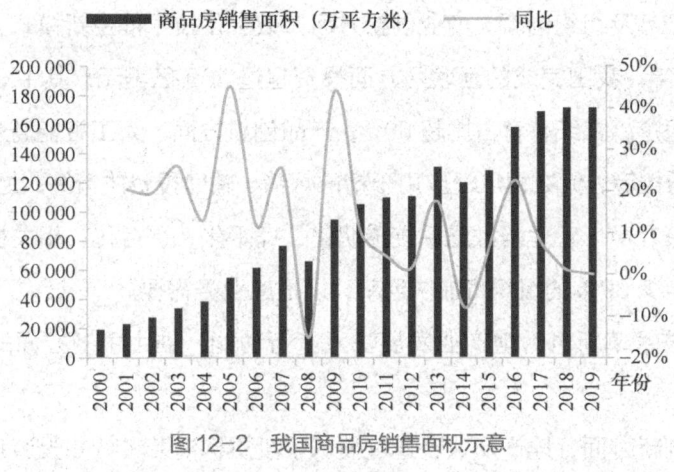

图12-2 我国商品房销售面积示意

- 竞争要素转变。竞争要素从规模、效率的竞争转变为运营能力、客户体验的竞争。从业者须着力优化产品和服务并以消费者为中心，从消费者需求中提升核心竞争力。

未来地产从业者应正视行业面临的变化和不确定性，理解市场供需关系以及竞争要素的转变。从业者要以消费者需求为中心，加强对客户需求的深入理解，以数字化的产品和服务与消费者建立起长期触点和连接，以此为基础不断优化产品和服务，从而确立起面向未来的长期制胜之道。

12.2 地产业数字化转型策略

12.2.1 应用数字技术革新驱动地产业数字化转型

数字化技术的成熟应用与性能提升将带来更多颠覆性影响。云计算、人工智能、互联网、大数据和区块链等技术实现规模化应用进而成为各行各业的新型基础设施，加速商业、产品及组织创新。商业创新方面，数字化技术催生新模式、新业态、新创业。2020年，我国完成的互联网方面投资超过360亿美元，其中60.3%为早期投资，在线医疗、在线教育占比超50%；产品创新方面，人工智能高效应用于智能客服、风险防控等，大数据广泛应用于精准营销、辅助投资决策等；组织创新方面，企业战略决策、员工管理与激励系统透明化、扁平化、平台化，相关机构预测，未来两年全球至少30%的组织将加快创新，以适应业务需要。

数字化技术革新也为地产业发展注入了新动能，催生了多方面的创新，具体如下。

- 模式创新方面，地产从业者通过技术手段重构消费者认知渠道和交易模式，如VR技术为消费者提供随时随地、沉浸式、交互式的看房体验，高效协助消费者对住宅做进一步了解和研究。
- 产品创新方面，地产从业者通过数字化技术更好地理解和预测客户个性化需求，提供如智慧家居、绿色住宅、共享住宅等新型产品。

■ 服务创新方面，地产从业者利用数字化技术实现了更优质的客户体验、更完善的业务赋能和更敏捷主动的风险管理。以搭建数字孪生社区为例，地产从业者运用物联网、人工智能、传感器等技术手段将社区的物理空间及业态数字化，以居民的动态需求为导向，提供更安全高效的服务，持续提升居民的服务体验及从业者社区治理能力。

在地产业数字化进程中，房企在不同阶段利用数字化手段，如项目投资、规划、设计、建造、运营、更新等全生命周期，实现过程和决策的高效、准确和可控，并在新的环境下构建自身的新核心竞争力。目前数字化在各个梯度中呈交叉式发展（见图12-3）。

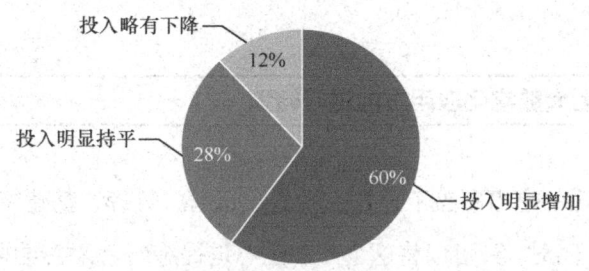

图12-3 2020年TOP50房企数字化投入规模

房企的智能化试图引领业务发展，当前已在房企的运营中获得普遍认可。人工智能技术不断完善，智能化的应用场景不断增多，例如AI呼叫、车牌门禁识别技术等。未来随着技术手段不断进步，机器自我学习的能力会进一步增强，机器替代人工的现象也将不断增加。

以房企的信息化作为管理手段，进程目前已进入成熟期，在员工操作、经营管理、经营决策、商业模式层面实现工作效率、业务管控、决策质量、业务创新的提升，从整体层面上实现管理效率和经营效益提升。

通过数据拉通和构建主数据平台，房企的数据化成为房企主动优化业务的手段。通过建立"数据思维"，将数据分析的结果作为决策判断的参考，同时借助计算机的分析逻辑突破原来的思维模型，更加注重数据之间的逻辑关联性。

而在当前数字化转型的磨合中，现阶段各个房企探索重点各不相同，根据克而瑞数据，在TOP50房企中，78%的房企数字化转型为自研框架；26%的房企数字化应用为自研产品；目前仅有24%的房企打通了数字化的全业务流通，例如万科、龙湖、越秀等，其他房企如新城、融创、卓越等均在单领域发力（见图12-4）。

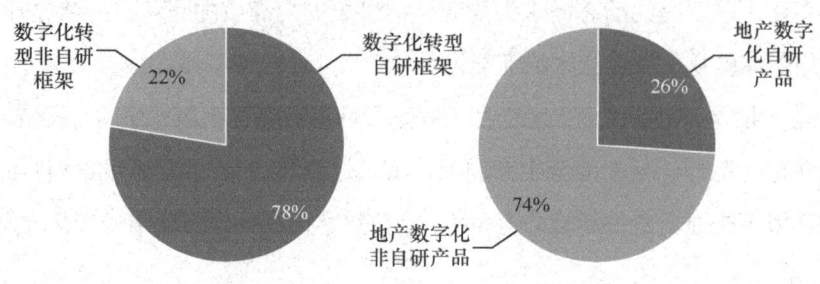

图12-4　地产业数字化框架及产品示意

12.2.2　抓住七大数字化应用方向进行转型

地产业数字化的应用覆盖了开发、销售、运营、管理、基建等全产业生态链，如图12-5所示（同时，又可以将这个产业生态链提炼出七大主要的数字化方向），覆盖企业经营以及地产项目全生命周期的管理，利用科技的变革让地产业上下游全链条的场景变得更高效、简单、舒适和便捷，带来更好的体验感。在当前地产业数字化进程中，与销售业绩强相关的智慧营销、物业上市潮，以及提升服务为目的的智慧社区、会员体系相对成熟的智慧商业和地产业"制造化"必经之路的智慧建造等成为热点。

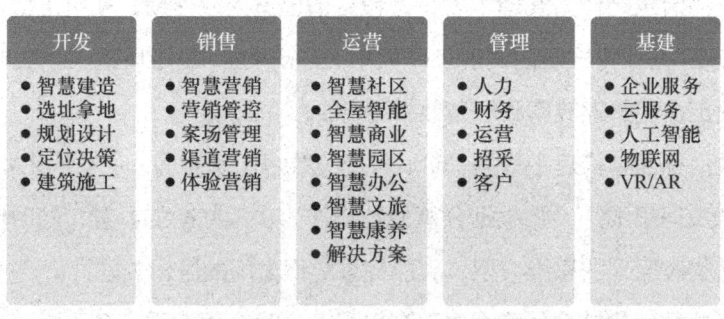

图12-5　地产业数字化的全产业生态链

1. 智慧开发

1）智慧开发环节的信息化、在线化和智能化

在地产业开发环节，一方面，由于开发业务已经进入存量竞争阶段，行业利润水平下滑，企业需要转变原有粗放的增长方式，通过数字化手段实现精细化运营，提升经营效率。另一方面，长期来看，房企需要从开发业务向存量资产运营和服务转型，数字化是实现这种业务转型的重要能力支撑。面对开发业务利润率下滑的挑战，房企依靠传统的资源获取和快速周转的模式，无法保证稳定的利润表现。通过数字化手段实现精细化经营从而降本增效，成为新的关键竞争力。

具体而言，与各个行业的数字化路径一致，地产业开发环节的数字化转型路径分为信息化、在线化和智能化三个阶段（见图12-6）。

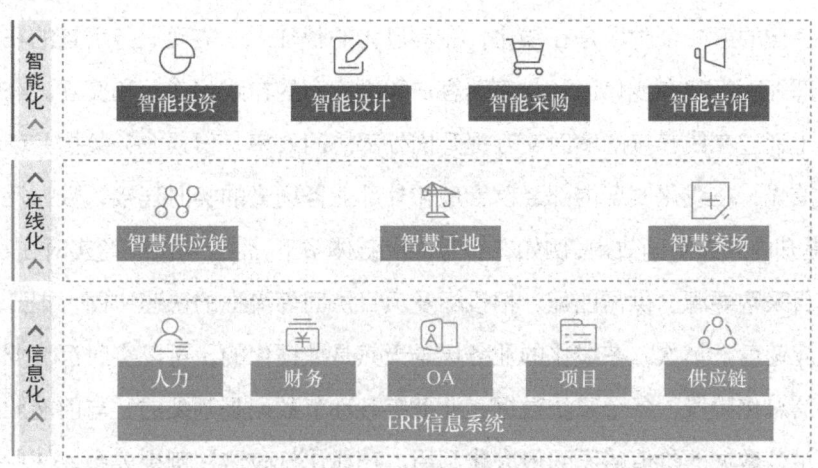

图12-6　开发环节的数字化转型路径

数字化的第一个阶段是内部管理的信息化。在红利衰竭的市场环境下，企业的经营管理水平日益成为影响业绩表现的关键要素。随着业务规模的增长以及市场风险因素的增加，传统的管理手段无法实现有效管控和快速反应。完善以 ERP 为基础的 IT 基础设施，实现内部管理的信息化，可以保证管理制度在企业内部各业务线和各层级的贯彻执行并能及时掌握市场和业务动态，规避市场风险。尤其是对大型房企而言，在庞大的组织规模和复杂的业务体系下，采用信息化手段来支撑企业

的组织管控、内部协同、业务决策等环节是必不可少的。例如，总部需要通过信息化系统快速了解某个分公司项目的成本投入和销售进展等数据，及时做出相关决策。内部管理的信息化，包括人力、财务、OA（Office Automation，办公自动化）等后台管理模块以及以项目管理为核心的业务管理模块，两者相互协同。在项目管理方面，企业通过对项目计划、成本、销售等流程的标准化和数据化管理，可以实现对项目进展和关键指标的精细化和实时监控，提升项目收益的可控性，管控好现金流。最终，通过信息化可以实现内部管理的标准化、业务的规范化以及财务业务的一体化，提升企业经营管理水平。以万科、保利、龙湖等头部房企为代表，地产业的数字化转型从信息化开始不断推进。目前，大部分头部房企已经完成以 ERP 为核心的 IT 基础设施建设，信息化基础已相对成熟，下一步的重点在于功能和应用价值的升级。

数字化的第二个阶段是在线化，在信息化的基础上，实现业务场景的在线化，包括内部经营管理在线化以及与终端客户和供应商的在线化连接和交互。在线化的价值在于通过在线连接的实时交互提升内外部协同效率，积累业务数据并创新服务模式。首先，在线化实现内部经营管理和外部业务场景的实时连接，数据反馈实时同步，提升内外部协同效率，例如在智慧供应链体系下，企业与供应商实时在线连接，实现项目采购寻源、供需匹配、招投标及项目协同等流程的快速协同，提升采购效率和反应速度。其次，在线化的业务场景天然是数据化的，可以实时沉淀业务交互数据。信息化阶段，各个系统数据和业务链各环节数据是割裂的，与前端业务的关联性不足，数据的价值得不到最大化利用。在线化打破这种割裂关系，使业务数据得以实时积累。此外，在线化也是一种服务模式创新。随着购物、餐饮、出行等领域在线化平台服务商崛起和成熟，C 端客户行为习惯早已完成在线化转变，这种趋势统一渗透到地产业。为了顺应终端客户需求和行为模式的变化，实现与终端客户的在线化触达和服务，企业必须要进行服务的在线化。地产业销售环节是与 C 端客户产生直接交互的节点。在智慧案场的场景中，售楼处的在线化可以实现与客户的线上触达，通过 App、小程序等移动端支撑线上开盘等场景，满足客户的在线化需求；通过对接银行等购房相关配套外部服务商系统，可以在案场更好地服务客户，缩减从客户看房到交易的转化流程，提升销售转化率；通过对接二手房经纪人，实现销售渠道的拓展，提升去化速度。

基于信息化和在线化的数据沉淀，数字化将进入第三个阶段——智能化。智能化的核心是数据驱动业务决策。信息化和在线化是实现数据驱动的业务监测和洞察，但主要还是由人根据经验做决策，数据是辅助的参考。在数字化较为成熟的阶段，随着内部业务数据的积累、外部数据的接入以及数据量的增长，将进入数据驱动决策的智能化阶段。例如在拿地和项目定位阶段，传统方式依赖人的经验，需要在搜集项目相关外部数据的基础上做决策。而基于数字化系统积累的历史项目投资、产品定位设计、成本和销售数据，辅以地理信息数据、人口数据、市场行情等外部数据，可以建立一套智能的项目投资和产品定位决策模型。在项目投资等决策时，输入项目相关数据，机器会根据数据模型直接给出最终的投资决策，避免依靠经验决策的不确定性风险。在营销环节，以客户数据为核心的数据积累将改变营销业务流程，实现智能营销。在传统业务流程下，营销、销售、物业服务等客户触达环节是割裂的，案场、广告、中介机构等各销售渠道也缺乏数据整合，无法建立统一的客户画像；而在数字化转型下，基于各业务系统和渠道场景的信息化和在线化，可以建立统一的客户数据运营平台，通过挖掘客户数据价值建立客户画像和触达渠道以支撑精准营销，提升客户体验。

整体而言，目前地产业开发环节的数字化应用还处于在线化的起步阶段，距离智能化的应用还有相当长的一段距离。

2）数字化助力开发向运营和服务转型

由于增量开发业务的长期增长空间有限，房企需要寻找新的业务增长点，而存量资产运营代表了未来趋势。基于开发业务在资产等方面的积累，房企进行业务转型的核心方向，是从开发销售向存量资产的持有、运营转型，实现基业长青。

从服务客户的角度出发，房企的业务转型需要从单一的开发和销售向客户全生命周期服务升级，提升单客价值。在地产业开发和销售的业务模式下，房产交易完成之后，客户生命周期即基本结束，后续的家装家居、物业服务、社区服务、资产管理等需求，则由下游分散的服务商提供。随着开发销售业务增长空间的缩减和盈利能力的下滑，延长客户生命周期、提供更多服务成为重要的业务增长点。

房企要实现从开发销售向存量资产持有运营和客户全生命周期服务转型，推进数字化转型是必要支撑。

一方面，从业务角度，存量资产运营与开发销售业务的能力模型不同。存量资产运营需要补充精细化运营能力，而业务的数字化是实现精细化运营的关键。

另一方面，从产品和服务角度，要实现对客户全生命周期的服务，就必须与客户建立更紧密的连接，从而实现有效的客户洞察，这是一个客户数字化的过程。具体而言，客户数字化是指通过建立与客户的数字化触点沉淀客户数据，同时提供数字化的产品和服务体验。

2. 智慧运营

在存量化趋势下，资产运营的价值日益凸显。伴随着消费升级和产业升级，公寓、酒店、写字楼、购物中心、产业园等空间资产作为消费以及产业的载体和线下流量入口，将承载日益丰富的内涵。如何让资产以更高效的方式运营、空间更加满足各类用户主体的需求，实现资产价值的最大化，是资产运营环节的核心命题。

随着存量资产运营环节竞争的加剧，各类专业化的资产运营机构将应运而生，资产运营能力将不断走向精细化。数字化是构建未来资产运营体系的核心。

1）构建数字化资产运营体系

数字化的资产运营体系，是以数据为核心的运营，通过对实体空间物理数据、周边数据、用户数据等相关数据的全方位采集，构建实体空间的虚拟化数字孪生体，最终通过数据赋能于资产运营的全流程，实现资产运营的降本增效和服务创新（见图12-7）。

图 12-7　数字化资产运营体系

资产数据的采集，是构建数字化运营体系的基础。资产数据的采集方式主要分为两种。第一种，企业通过资产管理 SaaS 实现资产管理的数字化。资产管理 SaaS 对接资产基础物理数据、物业设施数据、招商数据、租约数据和用户数据等数据，进行统一的信息化、在线化管理。此外，资产管理 SaaS 也可以整合楼宇原有的设备设施管理系统的数据，包括能源管理、访客管理、停车系统等楼宇子系统。资产管理 SaaS 作为统一的管理入口，实现基础数据的整合。第二种，资产运营的对象是实体空间，伴随着物联网、人工智能等技术的发展和融合，AIoT（Artificial Intelligence & Internet of Things，人工智能物联网）智能终端对实体空间数据的采集能力大幅增强，成为资产数据采集的重要补充手段。摄像头、智能门禁、温湿度传感器、楼宇设备传感器等智能终端，一方面作为智能设备向用户提供智慧办公、智能家居等智能化服务，另一方面也是数据采集的触点。

在上述两类数据的基础上，结合与资产相关联的周边城市配套、人口分布、业态分布、市场行情数据等外部数据，企业可以构建资产运营的数据平台，将资产静态物理数据和动态运行数据以及用户数据统一汇集到一个平台，再结合数字建筑技术，将这些数据与资产的数字化模型相结合，可以为资产构建一个虚拟化的数字孪生体，在数字世界模拟资产运营的状况。

最终，数字化的资产运营体系通过数据赋能资产运营的开发、招商、运营、服务等全流程，实现资产运营的降本增效和服务增值，提升资产回报水平，同时助力资产运营的金融化。

2）数字化重塑资产开发流程

在资产运营的项目开发环节，资产运营方都需要对资产价值进行合理评估，同时结合资产物理状况等属性、周边配套和潜在客户需求等数据，确定合理的资产用途、产品定位、设计风格等。这是保证项目开发完成后的资产运营水平和价值提升的前置条件。

传统解决方案一般依靠五大银行等专业机构的专家顾问经验，通过定制化的项目咨询模式，辅以数月的项目信息采集、抽样客户调研等方式补充相关支撑数据，最终给出决策方案。如今，专业的数据服务商正在日益发挥重要的价值，重塑资产开发的决策等流程。

在中国市场，商办地产等领域的数据服务还在起步阶段。一方面，资产运营领域还处于信息化、在线化的起步阶段，相关数据基础不成熟；另一方面，存量资产运营本身也在专业化的起步阶段，存量资产的市场化、金融化的机制尚在培育中，从业者的决策流程对数据的需求还不强烈。

此外，在存量资产改造环节，新兴专业服务商利用数字化管理系统、AI辅助设计、BIM（Building Information Modeling，建筑信息模型）等技术提升办公空间、商业连锁等存量资产改造的标准化和工程化水平。

3）数字化赋能招租、运营和服务

在数字化的资产运营体系下，基于资产数据和用户数据的分析和挖掘，资产运营商可以提高用户洞察和精细化运营能力，从而提升招租和运营管理效率，拓展以空间为入口的增值服务。

在招租环节，以资产管理 SaaS 为主体的数字化系统可以在用户洞察、渠道对接等方面赋能。资产管理 SaaS 实现了租约的数字化管理，可以实时反映物业出租状态，指导招商出租部门提前制订招租计划，例如与租户提前沟通续租等。基于对租户数据的动态分析，招商管理可以更加精细化。例如通过智能门禁数据可以洞察租户的团队规模变化情况，访问量持续提升可能存在扩租需求，而访问量持续下滑的租户可能面临风险，从而提前沟通续租、扩租或对退租提前预警。此外，通过将出租状态与房地产中介、房地产信息平台进行在线化对接，招商信息分发效率和实时性大幅度提升。例如长租公寓领域，大型品牌公寓具备品牌和规模优势，可以通过品牌和获客投放获取流量，而中小公寓缺少线上流量。通过部署公寓管理SaaS进行租约管理和房源的上下架，中小公寓运营商可以通过公寓管理SaaS平台把真实房源信息实时对接到58同城、贝壳找房、闲鱼等流量平台上，拓展获客渠道。

在运营方面，数字化手段不断推动物业管理等环节的降本增效。例如越来越多的建筑楼宇通过部署智能化系统来监测和提升空调系统、灯光系统等设备和系统的运行效率，节约能耗，打造绿色建筑。长租公寓领域，通过智能门锁、智能门禁、智能电表等智能硬件，可以实现线下带看环节的无人化，大幅减少日常运营人员的数量。服务增值是数字化资产运营体系为资产带来增量价值的体现。空间作为服务入口的价值，需要通过数字化手段放大。一方面，数字化加持的智慧办公、智慧酒店、智慧公寓等智能业态，为用户带来服务和体验的升级，进而带来租金的溢价，提升资产本身的价值；另一方面，数字化资产运营体系可以基于数据做到更好的用户连接和洞察，从而有能力为用户提供更多增值服务，实现收入增值。例如，长租公寓运营商提供住房租赁服务以建立与租客的联系，再通过在线签约、在线缴费、智能设备管理等方式引导租客在App上建立连接，进而在线上场景拓展社交、保洁搬家等生活服务和家居生活电商等服务。另外，新一代办公空间运营商同样以"空间即服务"的逻辑，在构建与用户的数字化连接的基础上不断延伸其他企业和个人服务。

4）数字化助力资产运营金融化

资产运营的规模化离不开资金的支持，在金融去杠杆的大背景下，对接资产证券化等创新融资通道是未来趋势，其前提条件主要有两个方面。一是资产运营商需要具备专业的运营能力，实现资产价值；二是资产运营状况需要实现可量化和风险可监管，以便对接资金方。针对这两个方面，数字化的资产运营体系都可以提供助力。

首先，如上所述，数字化可以为资产运营方提供多方面的赋能；其次，在数字化的资产运营体系下，与资产运营表现密切相关的租约数据、用户数据等数据是实时在线、可量化的，全面反映资产运营状况，可以满足穿透性的监管需求。例如商业地产的资产价值与客流量状况密切相关，基于AIoT的客流统计系统可以精准统计量化这一指标。长租公寓管理 SaaS 实现了租约的数字化，同时可以通过对接智能电表、智能门锁等硬件数据实时掌握公寓运营状况和租客情况，为对接金融机构发行租金分期产品提供风控支持。

3. 智慧营销

房企智慧营销主要应用于在线看房、置业顾问、全民经纪人、智慧案场、在线全流程交易功能等。其中，以线上引流为核心价值的功能模块，如在线看房、置业顾问、全民经纪人的保留率/使用率明显更高（见图12-8），这体现了市场对智慧营销渠道价值的认可。根据克而瑞数据，截至 2021 年年底，TOP50 房企已经全部投入使用自有营销平台，而这一数据在 2018 年及之前仅为 24%。此外，约 54% 的 TOP50 房企对自有营销平台进行重新上线或重大改版。

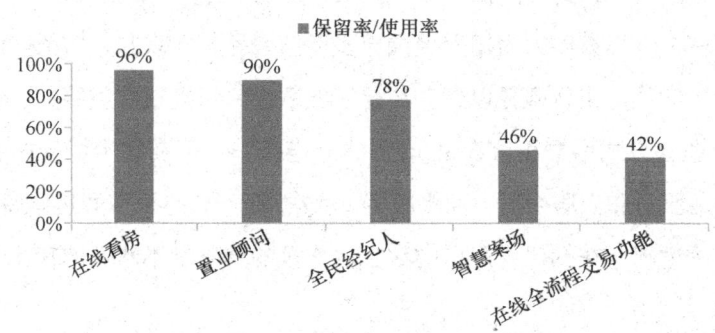

图 12-8　以线上引流为核心价值的功能模块保留率较高

房企智慧营销正不断发展，但自营线上平台在引流、体验、精准营销方面均存在不足，主要体现在以下几方面。

- 自营平台引流能力弱。相较于第三方线上营销平台，整合多家房企房源，房企自有线上营销平台均为自家线上房源，引流效果弱。
- 在线选房体验感较差、房源较少。根据克而瑞数据，TOP50 房企线上房源项目平均数为 168 套，而第三方线上营销平台房源项目数达 51 万套。
- 基本仍以线上推广和展示功能为主。房企自有营销平台通过线上交易较难描绘出客户画像，从而进行精准营销获得新增用户，较难打通整个线上营销流程。

除了房企自有营销平台,房地产中介服务平台也受益于数字化浪潮,正在加速发展。伴随着信息化技术的普及,房地产中介行业呈现出房源数字化、客源线上化、经纪人专业化的健康发展趋势。相比其他行业,居住行业产品非标准化特征更为明显,数字化进程推进较慢,但正在追赶过程中。房地产中介服务趋于数字化有助于降低客单成本,最终实现行业效率和盈利能力的提升。

从房源角度来说,如果采用传统方式收集房源信息,虚假房源问题很难得到解决。主观上,房地产中介为获取客源,通过恶意发布低价假房源欺骗对价格敏感的客户主动联系自己,诚信房地产中介的生存空间被挤压。客观上,房地产中介调查、追踪房源需要时间精力,房源的抵押情况、产权情况、业主心理价格乃至学区信息、物业管理信息等都是动态变化的。数字化使房源录入管理更为方便,房源真实性的可控度提高。从客源角度来说,买房和租房之间有一定的替代性,迁徙的人群通常会先选择租房,工作生活稳定之后择机买房,通过信息化手段跟踪管理这些客源数据,能够提供全生命周期房地产交易服务。房地产交易信息数字化有助于持续跟进用户需求,主动提供租赁升级、刚需购房、置换改善一条龙服务,大数据技术支持实现对用户全生命周期的需求管理,赚取长期合作效益。例如二手房连环交易的上下家的轨迹在未来很可能重复,可以估测需求时点并及时联络,取得积累用户、培养黏性的效果,使房地产中介提前把握交易链上最重要的客户需求环节(见图12-9)。

从流程角度来说,房产交易流程实现数字化会提高运营效率。首先,交易沟通过程方便留痕,浏览房源、经纪人匹配、实地带看和签约的全流程都可以实现可视化跟踪记录,既方便客户回看信息,又方便房地产中介复盘分析带看转化率等运营指标。其次,交易合同可以快速成文,根据房屋销售或租赁的交易类型选择标准化

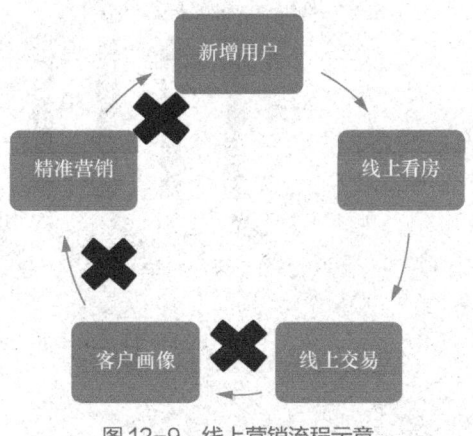

图12-9 线上营销流程示意

的合同模板，后台可以将房源和客户信息自动填充进合同草案中并核查是否符合当地法律法规，后期只须专业人士简单审核即可完成签约。

智慧营销的核心仍然是在线销售、实现闭环。房企与第三方平台合作获取新增用户，通过大数据技术对用户的个人信息、消费习惯、资产储备等标签进行大数据建模，从而精准描绘客户画像，在搭建客户管理体系、自建流量池后，实现用户服务闭环（见图12-10）。

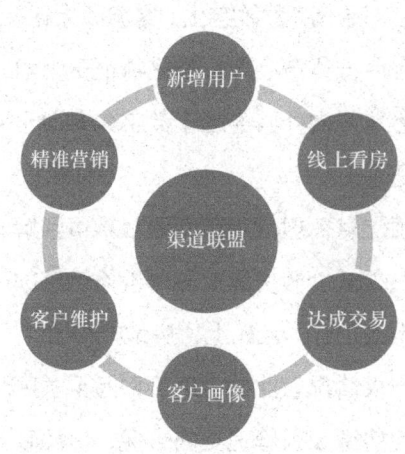

图12-10　房企线上自营服务闭环

4. 智慧社区

受我国物业管理行业发展及近年上市潮影响，为提升服务质量，降低单位人耗，上市物管企业的智慧投入力度加大。根据克而瑞数据，在30余家上市物管企业中，约61%的上市物管企业进行了数字化布局。在布局方向上，智慧社区解决方案、社区物联网平台、社区移动物联网平台、其他智慧社区垂直业务分别占比47%、29%、12%和12%。在上市物管企业中，平均智慧化投入（智慧化投入/上市募集资金）占比区间为15%～25%，TOP10上市物管企业平均投入占比达30%（见图12-11）。

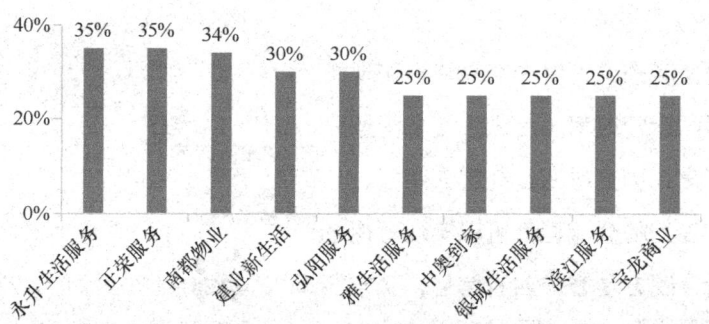

图12-11　TOP10上市物管企业智慧化投入占比

在智慧社区发展进程中，智慧安防和智慧通行是市场应用率较多的核心场景，包括智慧门禁、社区 App、智能监控、智慧停车、物联网数据平台等。智慧社区的核心是打通社区运维数据，串联集团内多维度协同，从顶层设计确保组织协同、项目协作，联动多业态间业务，集成设备间的应用，实现多维数据的打通。

5. 智慧商业

商业地产是居民进行消费活动的主要场所。在"双循环"背景下，消费的繁荣带来商业地产的繁荣。智慧商业不仅同时面向运营管理（包括规划定位、招商管理、预算管理、合同管理）和商户（包括商户服务、商户营销、销售上报、线上报事），而且侧重于以 C 端用户为核心的智慧化。

目前，数字化运营概念已逐步渗透市场。根据克而瑞数据，当前全国购物中心数字化应用率约 56%，TOP50 商业地产运营商数字化投入仅占营业收入约 2%，行业整体转型投入仍有较大空间。

会员系统为商业地产数字化的核心应用系统。截至目前，TOP50 商业地产运营商会员系统整体使用率约 88%（见图 12-12）。在当前会员系统平台中，停车、积分、定位等基础功能的使用率较高，已成为刚需功能，其他功能模块仍待摸索。

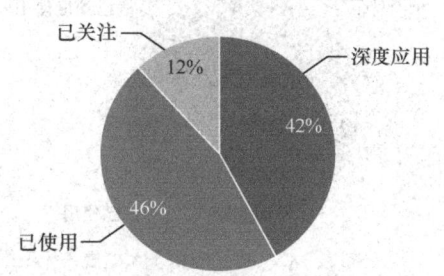

图 12-12　TOP50 商业地产运营商会员系统应用情况

目前，智慧商业在精准营销、数据互通、会员系统等方面均存在不足，主要表现在以下几个方面。

- 精准营销：数据采集和治理难度较大，精准营销难以实现闭环，仍在尝试过程中。
- 数据互通：由于购物中心项目内与品牌商、购物中心项目间、购物平台与外部平台均未打通，导致内外部数据无法互通，仍待完善。
- 会员系统：目前购物中心与大中型品牌商家各有独立的会员体系。会员系统繁多导致用户体验降低，购物中心会员系统难以与市场竞争，导致消费者使用意愿降低。

当前智慧商业的核心是应用大数据精准营销，重视存量会员和新增会员的运营，实现多方面数据打通，最后形成"消费全周期"的闭环。

6. 智慧建造

智慧建造应用于批量建筑及大型复杂工程，主要应用环节包括测绘环节、设计环节、施工环节等。根据克而瑞数据，目前房地产企业将智慧建造深度应用于测绘、设计、施工、大型复杂工程设计环节的占比分别约为10%、8%、4%和26%。房企在批量建筑与大型复杂工程应用智慧建造的程度差异较大，约3%的新建工程项目使用了智慧建造技术，约15%的新建建筑类项目已经开始使用智慧建造技术，超过86%的大型复杂工程项目已经开始使用智慧建造技术，大型复杂建筑应用渗透较高（见图12-13）。

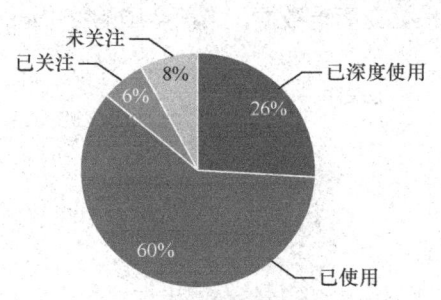

图12-13　房企应用于大型复杂工程设计环节（BIM系统）

尽管数字化技术正在地产业产业链各个环节不断落地应用，但在基础的地产开发和存量资产更新的建筑施工环节，工艺技术仍处于较为传统的阶段，对人力依赖较重，限制了产业效率升级。随着政策的推动和技术的成熟，装配式装修、装配式建筑、BIM等建筑工业化技术的应用落地正在稳步推进当中，尤其是在内装工业化领域，越来越多企业投身其中。

建筑工业化带来的构配件生产的工业化、建筑设计的标准化信息化以及施工的工业化，将显著提升建筑全生命周期的运营效率，也为各业务链条的数字化提供更完善的底层基础。

7. 地产业科技的未来新应用

现阶段，云计算、物联网、大数据、人工智能、AR/VR等技术是地产业科技应用落地过程的主要技术基础。其中，云计算、物联网以及物联网与人工智能融合的 AIoT，不断完善地产业的数据基础设施和上层应用。

整体而言，地产业 SaaS、智慧地产、数字建筑等各个产业链环节的技术应用，正处在落地的早期阶段，应用成熟度还有待提升。展望未来，还有哪些新兴技术将进一步推动地产业的数字化变革？

5G 作为物联网新一代基础设施，基于其高带宽、低时延、高可靠等性能，将加速地产业的万物互联和数字化，释放 AIoT 相关应用的潜力并解锁更多应用场景。例如在开发环节的智慧工地场景，建筑机器人、高清视频工地巡检、AR/VR 等，将在 5G 性能的支撑下具备更强的落地价值。

资产运营环节，5G 赋能下的智能传感器、智能家居等终端设备将具备更强大的功能和更高的通信效率，推动智慧家庭、智慧办公、智慧楼宇、智慧社区乃至智慧城市的应用走向深入，进一步发挥互联和数据的价值。

迎接 5G 时代到来的过程中，在地产业开发和存量改造方面，为了满足 5G 基站等基础设施的需求和网络覆盖特征，建筑空间设计乃至城市布局的规则都将产生相应的变化。

第13章

新科技、新安全、新生态

数字化技术、数字化安全、数字化生态是数字经济时代推动产业数字化转型的重要武器和抓手。如果能够合理、高效地利用好数字化技术，那么做好业务数字化工作将事半功倍。本章将详细介绍云计算、大数据、人工智能、区块链、物联网、5G及边缘计算、云原生、数据中台、数字化安全、数字化生态等相关技术及其应用。

13.1 数字化技术概览

数字化技术（Digital Technology），是一项与计算机相伴相生的科学技术，它是指借助一定的设备将各种信息（包括图、文、声、像等）转化为计算机能识别的二进制数字"0"和"1"后进行运算、加工、存储、传送、传播和还原的技术。由于在运算、存储等环节中借助计算机对信息进行编码、压缩、解码等，因此也称为数码技术、计算机数字技术等。

数字化技术通常包括云计算、大数据、人工智能、区块链等。数字化技术应用最大的价值是能够大幅提高整体经济效率。数字化技术可以构建一个更加直接高效的网络，打破过去企业和企业之间、个人和个人之间、人和物之间的平面连接。而平面连接的问题是接点多、效率低。通过数字化技术，未来将建立起立体、折叠、交互式的架构。在此架构中，点对点、端对端的交互式连接将更为直接，同时省去中间节点，进一步提高效率。此外，叠加以区块链为基础的密码算法建立数字信任，将使得经济运行更低成本、更高效率，带动社会迅速发展。数字化技术多应用于计算机、数控技术、通信设备、数字仪表、电子产品等。

13.1.1 云计算

1. 发展背景

云计算（Cloud Computing）是分布式计算的一种，指的是通过网络"云"将巨大的数据计算处理程序分解成无数小程序，然后通过多台服务器组成的系统处理和分析这些小程序并将结果返回给用户。云计算早期，简单地说，就是简单的分布式计算,解决任务分发并进行计算结果的合并。因而,云计算又称为网格计算。通过这项技术,可以在很短的时间内(几秒)处理完成数以万计的数据,从而达到强大的网络服务。现阶段所说的云服务已经不单单是一种分布式计算,而是分布式计算、效用计算、负载均衡、并行计算、网络存储、热备份冗杂和虚拟化等计算机技术混合演进并跃升的结果(见图 13-1)。

图 13-1 云计算示意

随着 Web 网站与电子商务的发展,网络已经成为目前人们离不开的生活必需品之一。云计算这个概念首次出现在 2006 年 8 月的搜索引擎会议上。

近几年,云计算正在成为信息技术产业发展的战略重点。全球的信息技术企业纷纷向云计算转型。每家企业都需要做数据信息化,存储相关的运营数据,进行产品管理、人员管理、财务管理等,而进行这些数据管理的基本设备就是计算机。

一台计算机的运算能力是远远无法满足企业数据运算需求的。它们需要购置一台运算能力更强的计算机——服务器。对规模比较大的企业来说,一台服务器的运算能力显然还是不够的,需要购置多台服务器,甚至演变成为一个具有多台服务器的数据中心,而且服务器的数量会直接影响数据中心的业务处理能力。除了高额的初期建设成本,计算机的运营支出中花费在电费上的金额比投资成本高得多,再加上计算机和网络的维护支出,这些费用是中小型企业难以承担的。于是云计算的概念应运而生。

2. 主要优势

云计算的可贵之处在于高灵活性、可扩展性和高性比等。与传统的网络应用模式相比,它具有以下优势与特点。

- 虚拟化技术。必须强调的是,虚拟化突破了时间、空间的界限,是云计算显著的特点。虚拟化技术包括应用虚拟和资源虚拟两种。众所周知，物理平台与应用部署的环境在空间上没有任何联系，而是通过虚拟平台对相应终端操作完成数据备份、迁移和扩展等。
- 动态可扩展。云计算具有高效的运算能力，在原有服务器基础上增加云计算功能能够使计算速度迅速提高，最终实现动态扩展虚拟化的层次，达到对应用进行扩展的目的。
- 按需部署。计算机包含了许多应用程序等，不同的应用程序对应的数据资源库不同，所以用户运行不同的应用程序需要较强的计算能力对资源进行部署，而云计算平台能够根据用户的需求快速配备计算能力及资源。
- 灵活性高。目前市场上大多数 IT 资源都支持虚拟化，比如存储网络、操作系统等。虚拟化要素统一放在云系统资源虚拟池当中进行管理，可见云计算的兼容性非常强，不仅可以兼容低配置机器、不同厂商的硬件产品，而且能够通过外设获得更高性能的计算。
- 可靠性高。云计算可靠性高，即使服务器故障也不影响计算与应用的正常运行。因为单点服务器出现故障时可以通过虚拟化技术将分布在不同物理服务器上面的应用进行恢复，或者利用动态扩展功能部署新的服务器进行计算。
- 性价比高。将资源放在虚拟资源池中统一管理在一定程度上优化了物理资源，用户不再需要昂贵、存储空间大的主机，可以选择相对廉价的计算机组成云，一方面降低费用，另一方面计算性能不逊于大型机。
- 可扩展性高。用户可以利用应用程序的快速部署条件更为简单快捷地扩展自身所需的已有业务以及新业务。例如，云计算系统出现设备故障，对用户来说，无论是在计算机层面，抑或是在具体运用上均不会受到阻碍，可以利用云计算的动态扩展功能对其他服务器开展有效扩展，这样能够确保任务得以有序完成。在对虚拟化资源进行动态扩展的情况下，还能够高效扩展应用程序，提高云计算的操作水平。

3. 三种主要服务模式

通常，云计算的服务模式分为三类，分别为基础设施即服务（Infrastructure as a Service，IaaS）、平台即服务（PaaS）和软件即服务（SaaS），如图 13-2 所示。这三种云计算服务有时称为云计算堆栈，因为它们构建堆栈，位于彼此之上。以下是这三种服务的概述。

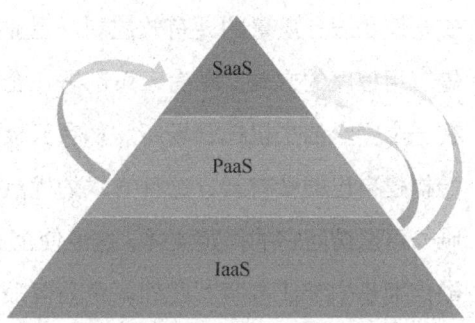

图 13-2　云计算的三种服务模式

- IaaS：IaaS 是主要的服务模式之一，它向云计算提供商的个人或组织提供虚拟化计算资源，如虚拟机、存储、网络和操作系统等。
- PaaS：PaaS 为开发人员提供通过互联网构建应用程序和服务的平台。PaaS 为开发、测试和管理应用程序提供按需开发环境。
- SaaS：SaaS 通过互联网提供按需付费应用程序，云计算提供商托管和管理应用程序，同时允许其用户连接并访问应用程序。

4. 公有云、私有云与混合云

公有云（Public Cloud）通常指第三方提供商供用户使用的云。公有云一般可通过互联网使用，可能是免费的或成本较低廉。公有云的最大意义是能够以低廉的价格为最终用户提供有吸引力的服务，创造新的业务价值。作为一个支撑平台，公有云还能够整合上游的服务（如增值业务、广告）提供者和下游最终用户，打造新的价值链和生态系统。它使客户能够访问和共享基本的计算机基础设施，其中包括硬件、存储和带宽等资源。由于用户可以访问服务提供商的云计算基础设施，因此他们无须担心安装和维护的问题。而它的缺点则与安全有关。公共云通常不能满足许多安全法规遵从性要求，因为不同的服务器驻留在多个国家并具有各种安全法规，而且网络问题可能发生在在线流量峰值期间。虽然公共云按需付费的定价方式通常具有成本效益，但在移动大量数据时，使用费用会迅速增加。

私有云（Private Cloud）是为一个客户单独使用而构建的，因而提供对数据、安全性和服务质量的最有效控制。企业拥有基础设施并可以控制在此基础设施上部署应用程序的方式。私有云可部署在企业数据中心的防火墙内，也可以将它们部署在一个安全的主机托管场所。私有云极大地保障了安全问题，目前部分企业已经开始构建自己的私有云，这种方式的优点是具有更高的安全性。这是因为单家企业是唯一可以访问它的指定实体，这也使企业更容易定制其资源以满足特定的 IT 要求。缺点则是安装成本高。此外，企业仅限于合同中规定的云计算基础设施资源。私有云的高度安全性可能会使得从远程位置访问变得很困难。

混合云是公有云和私有云两种服务方式的结合（见图 13-3）。由于安全和控制原因，并非所有的企业信息都能放置在公有云上。这样大部分已经应用云计算的企业将会使用混合云模式，其中很多将选择同时使用公有云和私有云。因为公有云只会向用户使用的资源收费，所以公有云将会变成处理需求高峰的一个非常便宜的方式。例如，一些零售商的操作需求会随着假日的到来剧增，或者有些业务会有季节性的特点。同时混合云也为其他目的的弹性需求提供了一个很好的基础，比如灾难恢复。这意味着私有云把公有云作为灾难转移的平台并在需要的时候使用。这是一个极具成本效应的理念。另一个好的理念是，使用公有云作为一个选择性的平台，同时选择其他的公有云作为灾难转移平台。这个理念的优点是允许用户利用公有云和私有云的优势，同时为应用程序在多云环境中的移动提供了极大的灵活性。

此外，混合云模式具有成本效益，因为企业可以根据需要决定怎样使用成本昂贵的云计算资源。缺点则是因为设置更加复杂而难以维护和保护。此外，混合云是不同的云平台、数据和应用程序的组合，因此整合可能是一项挑战。在开发混合云时，基础设施之间也会出现兼容性问题。

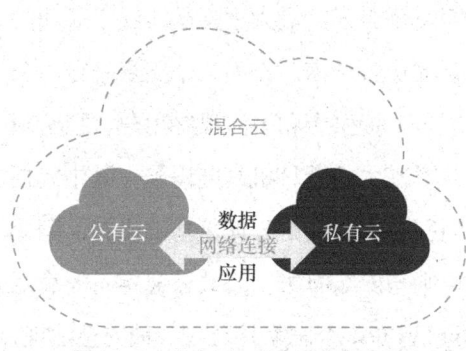

图 13-3　公有云、私有云和混合云

13.1.2 大数据

大数据（Big Data）是指无法在一定时间范围内用常规软件工具进行捕捉、管理和处理的数据集合，是需要借助新处理模式才能具有更强的决策力、洞察发现力和流程优化能力的海量、高增长率和多样化的信息资产。在维克托·迈尔－舍恩伯格及肯尼斯·库克耶编写的《大数据时代》中，大数据指不用随机分析法（抽样调查）这样捷径，而采用所有数据进行分析处理。大数据的 5V 特征（由 IBM 提出）为 Volume（数据量大）、Velocity（速度快）、Variety（多样性）、Value（价值密度低）、Veracity（真实性），如图 13-4 所示。

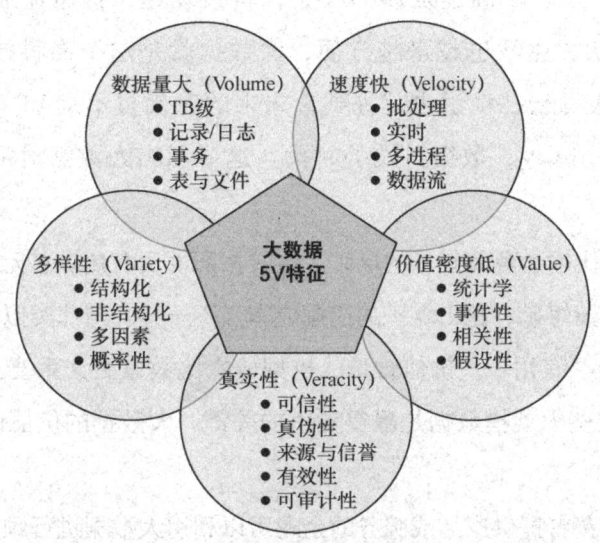

图 13-4　大数据的 5V 特征

大数据技术的战略意义不在于掌握庞大的数据信息，而在于对这些含有意义的数据进行专业化处理。换言之，如果把大数据比作一种产业，那么这种产业实现盈利的关键在于提高对数据的"加工能力"，通过"加工"实现数据的"增值"。从技术上看，大数据与云计算的关系就像一枚硬币的正反面一样密不可分。大数据无法用单台计算机进行处理，必须采用分布式架构。它的特色在于对海量数据进行分布式数据挖掘，但它必须依托云计算的分布式处理、分布式数据库和云存储、虚拟化技术。随着云时代的来临,大数据也吸引了越来越多的关注。分析师团队认为,大数据通常用来形容一个公司创造的大量非结构化数据和半结构化数据,若使用关系型数据库分析这些数据将会花费过多时间和金钱。大数据分析常和云计算联系到一起,因为实时的大型数据集分析使用像 MapReduce 这样的框架向数十、数百甚至数千台计算机分配工作。

适用于大数据的技术包括大规模并行处理数据库、数据挖掘、分布式文件系统、分布式数据库、云计算平台、互联网和可扩展的存储系统等。

1. 大数据的主要价值

现在的社会是一个高速发展的社会,科技发达,信息流通,人们之间的交流越来越密切,生活也越来越方便,大数据就是这个高科技时代的产物。阿里巴巴创办人马云在演讲中就提到,未来的时代将不是 IT 时代,而是 DT(Data Technology,数据科技)时代。这显示出大数据对阿里巴巴集团来说举足轻重。

有人把数据比喻为蕴藏能量的煤矿。煤炭按照性质有焦煤、无烟煤、肥煤、贫煤等分类,而露天煤矿、深山煤矿的挖掘成本又不一样。与此类似,大数据并不在"大",而在于"有用"。价值含量、挖掘成本比数量更为重要。对很多行业而言,如何利用这些大规模数据是赢得竞争的关键。大数据的价值体现在以下几个方面。

- 对大量消费者提供产品或服务的企业可以利用大数据进行顾客群体细分,从而实现精准营销。
- 做小而美模式的中小微企业可以利用大数据做服务转型,通过模拟实境等提高投资回报率。
- 面临互联网压力必须转型的传统企业需要与时俱进充分利用大数据的价值进行客户管理等。

大数据的主要商业价值如图 13-5 所示。

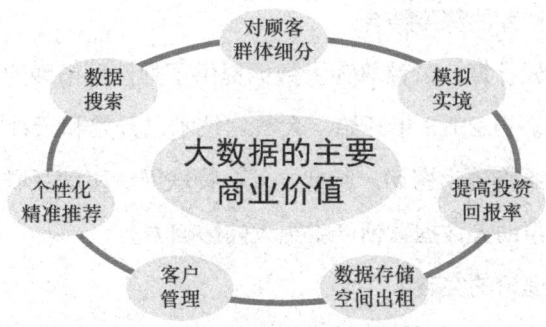

图13-5 大数据的主要商业价值

不过,"大数据"在经济发展中的巨大意义并不代表它能取代一切对于社会问题的理性思考,科学发展的逻辑不能被湮没在海量数据中。著名经济学家路德维希·冯·米塞斯曾提醒过:"就今日言,很多人忙碌于资料之无益累积,以致对问题之说明与解决,丧失了其对特殊的经济意义的了解。"这确实是需要警惕的。

在这个快速发展的智能硬件时代,困扰应用开发人员的一个重要问题就是如何在功率、覆盖范围、传输速率和成本之间找到那个微妙的平衡点。企业利用相关数据和分析可以帮助它们降低成本、提高效率、开发新产品、做出更明智的业务决策等。例如通过结合大数据和高性能的分析,企业可获得的收益如下。

- 及时解析故障、问题和缺陷的根源。
- 为成千上万的快递车辆规划实时交通路线,躲避拥堵。
- 分析所有库存,以利润最大化为目标来定价和清理库存。
- 根据客户的购买习惯,为他/她推送可能感兴趣的优惠信息。
- 从大量客户中快速识别出金牌客户。
- 使用点击流分析和数据挖掘来规避欺诈行为。

2. 大数据应用的主要趋势

趋势一:数据的资源化。

资源化是指大数据成为企业和社会关注的重要战略资源,因而,企业必须提前制订大数据营销战略计划,抢占市场先机。

趋势二：与云计算的深度结合。

大数据离不开云计算，云计算为大数据提供了弹性可拓展的基础设备，是产生大数据的平台之一。自 2013 年开始，大数据技术已开始和云计算技术紧密结合，预计未来两者的关系将更为密切。除此之外，物联网、移动互联网等新兴技术也将助力大数据革命，帮助大数据营销产生更大的影响力。

趋势三：科学理论的突破。

随着大数据的快速发展，就像计算机和互联网一样，大数据很有可能是新一轮的技术革命。随之兴起的数据挖掘、机器学习和人工智能等相关技术，可能会改变数据世界里的很多算法和基础理论，实现科学技术上的突破。

趋势四：数据科学和数据联盟的成立。

未来，数据科学将成为一门专门的学科，被越来越多的人所认知。各大高校将设立专门的数据科学类专业，也会催生一批与之相关的新的就业岗位。与此同时，基于数据这个基础平台，也将建立起跨领域的数据共享平台，之后，数据共享将扩展到企业层面并成为未来产业核心的一环。

趋势五：数据泄露泛滥。

未来几年，数据泄露事件的增长率也许会达到 100%，除非数据在其源头就能够得到安全保障。可以说，未来每个世界 500 强企业都将面临数据攻击，无论他们是否已经做好安全防范。而所有企业，无论规模大小，都需要重新审视当前的安全定义。在世界 500 强企业中，超过 50% 的企业将会设置首席信息安全官这一职位。企业需要从新的角度确保自身以及客户数据等所有数据在创建之初便获得安全保障，而并非在数据保存的最后一个环节，仅仅加强后者的安全措施已被证明于事无补。

趋势六：数据管理成为核心竞争力。

数据管理成为核心竞争力，直接影响财务表现。当"数据资产是企业核心资产"的概念深入人心之后，企业对数据管理便有了更清晰的界定，将数据管理作为企业核心竞争力，持续发展、战略性规划与运用数据资产成为企业数据管理的核心。数据资产管理效率与主营业务收入增长率、销售收入增长率显著正相关。此外，对具有互联网思维的企业而言，数据资产竞争力所占比重为 36.8%，数据资产的管理效果将直接影响企业的财务表现。

趋势七：数据质量是 BI（Business Intelligence，商业智能）成功的关键。

采用自助式商业智能工具进行大数据处理的企业将会脱颖而出，但是其中要面临的一个挑战是，很多数据源会带来大量低质量数据。想要成功，企业需要理解原始数据与数据分析之间的差距，从而消除低质量数据并通过 BI 获得更佳决策。

趋势八：数据生态系统复合化程度加强。

大数据的世界不只是一个单一的、巨大的计算机网络，而是一个由大量活动构件与多元参与者元素构成的生态系统，涉及终端设备提供商、基础设施提供商、网络服务提供商、网络接入服务提供商、数据服务使能者、数据服务提供商、数据服务零售商等一系列参与者。而今，这样一套数据生态系统的基本雏形已然形成，接下来的发展将趋向于系统内部角色的细分（即市场的细分）、系统机制的调整（即商业模式的创新）、系统结构的调整（即竞争环境的调整等），从而使得数据生态系统复合化程度逐渐增强。

13.1.3 人工智能

人工智能（Artificial Intelligence，AI）作为一门前沿交叉学科，是研究、开发用于模拟、延伸和扩展人的智能的理论、方法、技术及应用系统的一门新的技术科学，可以将其视为计算机科学的一个分支，其研究包括机器人、语言识别、图像识别、自然语言处理和专家系统等。

人工智能行业属于战略新兴产业，根据国家发展改革委发布的《战略性新兴产业重点产品和服务指导目录》2016 版，我国人工智能可分为三个下属行业，分别为人工智能软件开发、人工智能消费相关设备制造和人工智能系统服务。

1. 行业发展历程

人工智能概念的提出始于 1956 年的美国达特茅斯会议。人工智能自诞生至今经历了三次发展高潮期，分别是 1956—1970 年、1980—1990 年和 2000 年至今。

亚瑟·塞缪尔（Arthur Samuel）1959 年提出了机器学习，推动人工智能进入第一个发展高潮期。20 世纪 70 年代末期出现了专家系统，这标志着人工智能从理论研究走向实际应用。

20 世纪 80 年代到 90 年代随着美国和日本立项支持人工智能研究，人工智能进入第二个发展高潮期，期间人工智能相关的数学模型取得了一系列重大突破，如著名的多层神经网络、BP 反向传播算法等，算法模型准确度和专家系统进一步提升。这期间，研究者也专门设计了 LISP 语言与 LISP 计算机，最终由于成本高、难维护导致失败。1997 年，IBM 深蓝战胜了国际象棋世界冠军加里·卡斯帕罗夫（Garry Kasparov），这是一个里程碑意义的事件。

当前人工智能处于第三个发展高潮期，得益于算法、数据和算力三方面共同的进展。2006 年杰弗里·欣顿（Geoffrey Hinton）教授提出深度学习的概念，极大地发展了人工神经网络算法，提高了机器自学习的能力。随后以深度学习、强化学习为代表的算法研究的突破，算法模型持续优化，极大地提升了人工智能应用的准确性，如语音识别和图像识别等。随着互联网和移动互联网的普及，全球网络数据量急剧增加，海量数据为人工智能大发展提供了良好的土壤。大数据、云计算等信息技术的快速发展，GPU（Graphics Processing Unit，图形处理器）、NPU（Neural-network Processing Unit，嵌入式神经网络处理器）、FPGA（Field Programmable Gate Array，现场可编程逻辑门阵列）等各种人工智能专用计算芯片的应用，极大地提升了机器处理海量视频、图像等的计算能力。在算法、算力和数据能力不断提升的情况下，人工智能技术快速发展。

2. 主要应用领域

人工智能的应用基本已经进入千家万户，这里列举 10 个与大家日常生活息息相关的应用领域。

- 虚拟个人助理。只要我们对着手机说出命令，Google Now 和 Cortana（中文名叫小娜）这些虚拟个人助理就会帮助我们找到有用的信息。这一看似简单的过程实际上就有人工智能的介入，而且扮演着重要的角色。在语音唤醒虚拟个人助理的时候，人工智能会收集我们的命令信息，利用该信息进一步识别我们的语音并提供个性化的结果，而且会让我们觉得越来越好用。微软表示 Cortana 可以"不断了解用户"，最终将培养出预测用户需求的能力。

- 智能汽车。自动驾驶汽车确实越来越接近现实。谷歌公司旗下的自动驾驶汽车项目和特斯拉的"自动驾驶"功能是最新的两个例子。自动驾驶技术毫无疑问是基于人工智能之上的技术，而且目前发展速度极为迅猛。

- 在线客服。现在许多网站都提供用户与客服在线聊天的窗口，但其实并不是每个网站都由真人提供实时服务。在很多情况下，和我们对话的仅仅只是一个初级 AI。大多聊天机器人无异于自动应答器，但是其中一些能够从网站里学习知识，在用户有需求时将知识呈现在用户面前。最有趣也最困难的是，这些聊天机器人必须善于理解自然语言。显然，与人沟通的方式和与计算沟通的方式截然不同，所以这项技术十分依赖自然语言处理技术。一旦这些机器人能够理解不同的语言表达方式中所包含的实际目的，那么很大程度上可以用于代替人工服务。

- 购买预测。如果京东、天猫和亚马逊这样的大型零售商能够提前预见到客户的需求，那么收入一定有大幅度的增加。亚马逊正在研究这样一个预期运输项目：在客户下单之前就将商品运到货车上，这样当客户下单后可以快速收到商品。毫无疑问这项技术需要人工智能来参与，只有对每一位用户的地址、购买偏好、愿望清单等数据进行深层次的分析之后才能够得出可靠性较高的结果。基于这项技术市面上已经衍生出许多其他做法，包括赠送特定类型的优惠券、制订特殊的打折计划、有针对性的广告等。这种人工智能应用颇具争议性，毕竟使用预测分析存在隐私违规的嫌疑，许多人对此颇感忧虑。

- 音乐和电影推荐服务。与其他人工智能系统相比，这种服务比较简单。但是，这项技术会大幅度提高生活品质。我们在使用网易云音乐这款产品时一定会惊叹私人 FM 和每日音乐推荐与自己喜欢的歌曲的契合度。以前，想要听点好听的新歌很难，要么是从喜欢的歌手的歌曲中找，要么是从朋友的歌单里淘，但是往往未必有效。喜欢一个人的一首歌曲不代表喜欢这个人所有的歌曲。另外，有时候我们自己也不知道为什么会喜欢或讨厌一首歌曲。而在人工智能介入之后，这一问题就有了解决办法。也许我们自己不知道到底喜欢包含哪些元素的歌曲，但是人工智能通过分析我们喜欢的音乐可以找到其中的共性，而且可以从庞大的歌曲库中筛选出来我们喜欢的部分，这比资深的音乐人都要强大。电影推荐也采用相同的原理，对我们喜欢的影片了解得越多，就越了解我们的偏好，从而向我们推荐真正喜欢的电影。

- 智能家居设备。许多智能家居设备都拥有学习用户行为模式的能力，而且通过调整温度调节器或其他设备来帮助节省费用，不仅便利，而且节能。例如屋主外出工作，智能烤箱自动制作美食，无须等屋主回家后再启动烤箱。另一项家居设备也有人工智能的身影——照明，通过设置默认值和偏好，设备可根据住户的位置和正在做的事调整房子（内部和外部）周围的灯光。例如，看电视就暗一些，烹饪时较明亮，吃饭则亮度适中。

- 大型游戏。游戏 AI 可能是大多数人最早接触的 AI 实例。从第一款大型游戏到现在，AI 已经应用了很长时间。最早期的 AI 甚至不能称为 AI，它只会根据程序设定进行相应的行为，完全不考虑玩家的反应。不过最近几年，游戏 AI 的复杂性和有效性得到迅猛发展。

- 欺诈检测。人工智能通常用来监控欺诈行为。一般过程是，先将大量欺诈和非欺诈性交易样本数据输入计算机，然后分析，借此发现交易中类别不同的情况。经过足够多的训练，计算机系统将能够利用训练所学和种种迹象辨认出欺诈性交易。这在金融行业应用非常普遍（见图 13-6）。

- 安全监控。随着人们对安全问题越来越重视，监控摄像头也越来越普及。在方便场景记录和重现的同时也出现了新的挑战：监控摄像头所拍摄的内容仍然需要人工监测。安保人员在同时监控多个摄像头传输的画面时非常容易疲倦，而且容易出现发现不及时或者判断失误的情况。因此，在监控摄像头系统中引入人工智能技术非常有必要，借助人工智能 24 小时无间断监控，例如利用人工智能来判断画面中是否出现可疑人员，如果发现可以及时通知安保人员。

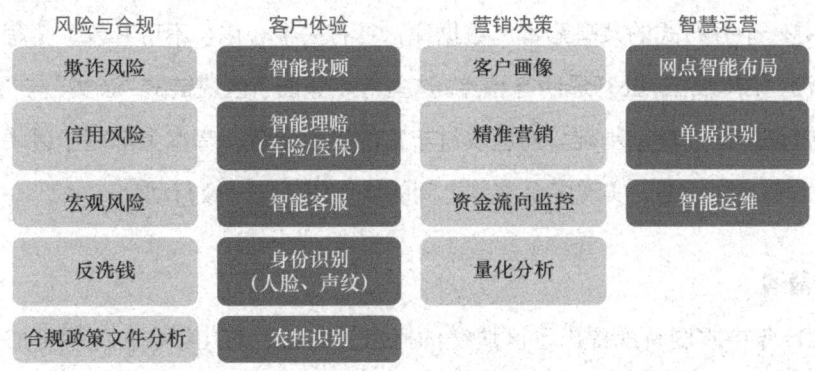

图 13-6　金融行业人工智能常见应用场景

- 新闻生成：根据美国 *Wired* 杂志统计，美联社、福克斯和雅虎都在利用人工智能编写文章，例如财务摘要、体育新闻回顾和日常报道等。目前，人工智能还没有涉及调查类文章，但是，如果内容相对简单、不太复杂，人工智能完全可以做到。从这个角度来说，电子商务、金融服务、地产业和其他数据驱动型行业都可以从人工智能中受益良多。

13.1.4　区块链

区块链（blockchain）是分布式数据存储、点对点传输、共识机制、加密算法等技术的新型应用模式。区块链本质上是一个去中心化的数据库。同时作为比特币的底层技术，区块链是一串使用密码学方法相关联产生的数据块（区块），每一个数据块都包含一批次比特币网络交易的信息，用于验证其信息的有效性（防伪）和生成下一个区块。

近年来，世界对比特币的态度起起落落，但作为比特币底层技术之一的区块链技术日益受到重视。在比特币形成过程中，区块是一个一个的存储单元，其中记录了一定时间内各个区块节点全部的交流信息。各个区块之间通过哈希算法（也称散列算法）实现链接，后一个区块包含前一个区块的哈希值，随着信息交流的扩大，一个区块与一个区块相继接续，形成的结果就叫区块链。从科技层面来看，区块链涉及数学、密码学、互联网和计算机编程等很多科学技术问题。从应用视角来看，区块链是一个分布式的共享账本和数据库，具有去中心化、不可篡改、全程留痕、可以追溯、集体维护、公开透明等特点。这些特点保证了区块链的"诚实"与"透明"，为区块链创造信任奠定基础。而区块链丰富的应用场景，基本上都基于区块链能够解决信息不对称问题，实现多个主体之间的协作信任与一致行动。

1. 发展背景

2008年中本聪首次提出了区块链的概念。在随后的几年中，区块链成为电子货币比特币的核心组成部分：作为所有交易的公共账簿。通过利用点对点网络和分布式时间戳服务器，区块链数据库能够进行自主管理。

2014年，"区块链2.0"成为一个关于去中心化区块链数据库的术语。对于这个第二代可编程区块链，经济学家认为它是一种编程语言，允许用户写出更精密和智能的协议。

随着区块链技术成为社会关注热点，被监管部门严厉打击的虚拟货币出现死灰复燃势头。针对这一新情况，多地监管部门宣布，新一轮清理整顿已经展开。2019年11月22日，国家互联网金融风险专项整治小组办公室相关人士表示，区块链的内涵很丰富，并不等于虚拟货币。所有打着区块链旗号关于虚拟货币的推广宣传活动都是违法违规的。监管部门对于虚拟货币炒作和虚拟货币交易场所的打击态度没有丝毫改变。

2. 核心技术

区块链技术的主要特点如下。

- 去中心化。区块链技术不依赖额外的第三方管理机构或硬件设施，没有中心管制，除了自成一体的区块链本身，通过分布式核算和存储，各个节点实现了信息自我验证、传递和管理。去中心化是区块链的本质特征。
- 开放性。区块链技术基础是开源的，除了交易各方的私有信息被加密，区块链的数据对所有人开放，任何人都可以通过公开的接口查询区块链数据和开发相关应用,因此整个系统信息高度透明。
- 独立性。基于协商一致的规范和协议(类似比特币采用的哈希算法等各种数学算法),整个区块链系统不依赖其他第三方,所有节点能够在系统内自动安全地验证、交换数据,不需要任何人为干预。
- 安全性。只要不能掌控全部数据节点的51%,区块链就无法肆意操控修改网络数据,这使区块链本身变得相对安全,避免了主观人为的数据变更。
- 匿名性。除非法律规范要求,单从技术上说,各区块节点的身份信息不需要公开或验证,信息传递可以匿名进行。

区块链核心技术主要包括以下几项。

- 分布式账本。分布式账本指的是交易记账由分布在不同地方的多个节点共同完成,而且每一个节点记录的是完整的账目,因此它们都可以参与监督交易合法性,同时也可以共同为其作证。与传统的分布式存储有所不同,区块链分布式存储的独特性主要体现在两个方面:一是区块链每个节点都按照块链式结构存储完整的数据,传统分布式存储一般是将数据按照一定的规则分成多份进行存储;二是区块链每个节点存储都是独立、地位等同的,依靠共识机制保证存储的一致性,而传统分布式存储一般是通过中心节点往其他备份节点同步数据。没有任何一个节点可以单独记录账本数据,从而避免了单一记账人被控制或者被贿赂而记假账的可能性。由于记账节点足够多,理论上除非所有的节点被破坏,否则账目就不会丢失,从而保证了账目数据的安全性。
- 非对称加密。存储在区块链上的交易信息是公开的,但是账户身份信息是高度加密的,只有数据拥有者授权的使用者才能访问,从而保证数据安全和个人隐私。
- 共识机制。共识机制解决了区块链在分布式场景下达成一致的问题,这既是认定的手段,也是防止篡改的手段。区块链提出了4种不同的共识机制,适用于不同的应用场景,在效率和安全性之间取得平衡。区块链的共识机制具备"少数服从多数"以及"人人平等"的特点,其中"少数服从多数"并不完全指节点个数,也可以是计算能力、股权数或者其他的计算机可以比较的特征量。"人人平等"是指当节点满足条件时,所有节点都有权优先提出共识结果、其他节点直接认同,最后有可能成为最终共识结果。

- 智能合约。智能合约是指基于可信的、不可篡改的数据,可以自动化地执行一些预先定义好的规则和条款。以保险为例,如果说每个人的信息(包括医疗信息和风险发生的信息)都是真实可信的,那么很容易在一些标准化的保险产品中实现自动化理赔。在保险公司的日常业务中,虽然交易不像银行业和证券业那样频繁,但是对可信数据的依赖有增无减。因此,笔者认为,利用区块链技术,从数据管理的角度切入,能够有效地帮助保险公司提高风险管理能力。

3. 主要应用领域

1)金融领域

区块链在国际汇兑、信用证、股权登记和证券交易所等金融领域有着潜在的巨大应用价值。将区块链技术应用在金融行业中,能够省去第三方中介环节,实现点对点的直接对接,从而在大大降低成本的同时快速完成交易支付(见图13-7)。

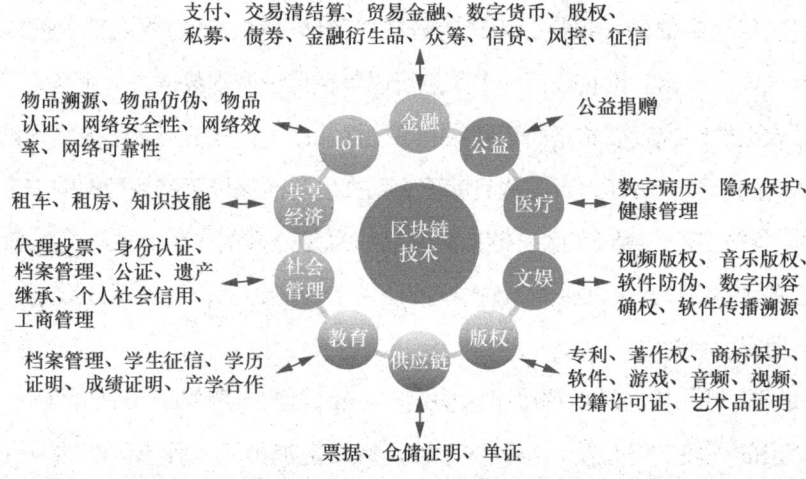

图13-7 区块链技术主要应用领域

比如Visa推出基于区块链技术的Visa B2B Connect,它能为机构提供一种费用更低、更快速和安全的跨境支付方式,来处理全球范围的企业对企业的交易。要知道传统的跨境支付需要 3 ~ 5 天，同时需要为此支付 1% ~ 3% 的交易费用。

2）物联网和物流领域

区块链在物联网和物流领域也可以天然结合。通过区块链可以降低物流成本，追溯物品的生产和运送过程并且提高供应链管理的效率。我们认为该领域是区块链一个很有前景的应用方向。

区块链通过节点连接的散状网络分层结构，能够在整个网络中实现信息的全面传递并检验信息的准确程度。这种特性一定程度上提高了物联网交易的便利性和智能化。"区块链 + 大数据"的解决方案利用了大数据的自动筛选过滤模式，在区块链中建立信用资源，可双重提高交易的安全性以及物联网交易便利程度，为智能物流模式应用节约时间成本。区块链节点具有十分自由的进出能力，可独立地参与或离开区块链体系，不会对整个区块链体系产生任何干扰。"区块链 + 大数据"解决方案利用了大数据的整合能力，促使物联网基础用户拓展更具有方向性，便于在智能物流的分散用户之间实现用户拓展。

3）公共服务领域

公共管理、能源、交通等领域的中心化特质带来的一些问题可以用区块链改造。区块链提供去中心化的完全分布式 DNS 服务，通过网络中各个节点之间的点对点数据传输服务能实现域名的查询和解析，可用于确保某个重要基础设施的操作系统和固件不被篡改，还可以监控软件的状态和完整性、发现不良的篡改，同时确保使用物联网技术的系统所传输的数据没有被篡改。

4）数字版权领域

通过区块链技术，我们可以对作品进行鉴权，证明文字、视频、音频等作品的存在，保证权属的真实性和唯一性。作品在区块链上被确权后，后续交易都会进行实时记录，实现数字版权全生命周期管理，也可作为司法取证的技术性保障。

5）保险领域

在保险理赔方面，保险机构负责资金归集、投资、理赔，往往管理和运营成本较高。通过智能合约的应用，既无须投保人申请，也无须保险公司批准，只要触发理赔条件，即可实现保单自动理赔。一个典型的应用案例就是 LenderBot，它是

2016年由区块链企业Stratumn、德勤与支付服务商Lemonway合作推出的。它允许人们通过社交网站的聊天功能注册定制化的微保险产品，为个人之间交换的高价值物品进行投保，而区块链在贷款合同中充当第三方的角色。

6）公益领域

区块链上存储的数据高度可靠且不可篡改，天然适用于社会公益场景。公益流程中的相关信息，如捐赠项目、募集明细、资金流向、受助人反馈等，均可以存放于区块链上并且有条件地透明公开公示，方便社会监督。

13.1.5 物联网

物联网是指通过信息传感器、射频识别、全球定位系统、红外感应器、激光扫描器等装置与技术，实时采集任何需要监控、连接、互动的物体或过程的声、光、热、电、力学、化学、生物、位置等信息，通过各类可能的网络接入方式，实现物与物、物与人的泛在连接，同时实现对物品和过程的智能化感知、识别和管理。物联网是一个基于互联网、传统电信网等的信息承载体，它让所有能够被独立寻址的普通物理对象形成互联互通的网络。

据2021年7月中国互联网协会发布的《中国互联网发展报告（2021）》，物联网市场规模达1.7万亿元，人工智能市场规模达3031亿元。

1. 主要特征及关键技术

从通信对象和过程来看，物与物、人与物之间的信息交互是物联网的核心。物联网的主要特征可概括为整体感知、可靠传输和智能处理。

- 整体感知。物联网可以利用射频识别、二维码、智能传感器等感知设备获取物体的各类信息。
- 可靠传输。物联网通过融合互联网、无线网络，实时、准确地传送物体的信息，以便信息交流、分享。
- 智能处理。物联网使用多种智能技术，对感知和传送到的数据、信息进行分析处理，实现监测与控制的智能化。根据物联网这一特征，结合信息科学的观点，围绕信息的流动过程，可以归纳出物联网处理信息的以下几个功能。

- 获取信息。该功能主要是指信息的感知、识别。信息的感知是指对事物属性状态及其变化方式的知觉和敏感；信息的识别是指能把所感受到的事物状态用一定方式表示出来。
- 传送信息。该功能主要是指把获取的事物状态信息及其变化的方式从时间（或空间）上的一点传送到另一点，涉及信息发送、传输、接收等环节。
- 处理信息。该功能是指信息的加工过程，即利用已有的信息或感知的信息产生新的信息。
- 施效信息。该功能是指信息最终发挥效用的过程。它有很多的表现形式，比较重要的是通过调节对象事物的状态及其变换方式，始终使对象处于预先设计的状态。

物联网在技术层面涉及如下几项关键技术。

■ 射频识别技术。RFID（Radio Frequency Identification，射频识别）是一种简单的无线系统，由一个询问器（或阅读器）和很多应答器（或标签）组成。标签由耦合元件及芯片组成，每个标签具有扩展词条唯一的电子编码，附着在物体上用于标识目标对象，它通过天线将射频信息传递给阅读器。阅读器就是读取信息的设备。射频识别技术让物品能够"开口说话"，这就赋予了物联网一个特性——可跟踪性，即人们可以随时掌握物品的准确位置及其周边环境。

■ 传感网。MEMS（Micro-Electro-Mechanical Systems，微机电系统）是由微传感器、微执行器、信号处理和控制电路、通信接口和电源等部件组成的一体化的微型器件系统。它的目标是把信息的获取、处理和执行集成在一起，组成具有多功能的微型系统，集成于大尺寸系统中，从而大幅度地提高系统的自动化、智能化和可靠性水平。它是比较通用的传感器。因为 MEMS 赋予了普通物体新的生命，它们有了属于自己的数据传输通路、存储功能、操作系统和专门的应用程序，从而形成一个庞大的传感网。

- M2M 系统框架。M2M（Machine-to-Machine/Man）是一种以机器终端智能交互为核心的、网络化的应用与服务。它将使对象实现智能化的控制。M2M 技术涉及 5 个重要的技术部分：机器、M2M 硬件、通信网络、中间件、应用。基于云计算平台和智能网络，M2M 可以依据传感器网络获取的数据进行决策，对对象的行为进行控制和反馈。
- 云计算。云计算旨在通过网络把多个成本相对较低的计算实体整合成一个具有强大计算能力的完美系统，同时借助先进的商业模式让终端用户得到这些强大计算能力的服务。

2. 主要应用领域

物联网的应用领域涉及方方面面，在工业、农业、环境、交通、物流、安保等基础设施领域的应用，有效地推动了这些方面的智能化发展，使有限的资源更加合理地使用分配，从而提高了行业效率和效益；在家居、医疗健康、教育、金融与服务业、旅游业等与生活息息相关的领域的应用，从服务范围、服务方式到服务的质量等方面都有了极大的改进，极大地提高了人们的生活质量；虽然在国防军事领域还处于研究探索阶段，但物联网应用带来的影响也不可小觑，大到卫星、导弹、飞机、潜艇等装备系统，小到单兵作战装备，物联网技术的嵌入有效提升了军事智能化、信息化、精准化，极大提升了军事战斗力。

物联网主要在以下领域有比较大的应用场景。

- 智能交通。物联网技术在道路交通方面的应用比较成熟。随着汽车越来越普及，交通拥堵甚至瘫痪已成为城市的一大问题。对道路交通状况实时监控并将信息及时传递给驾驶人，让驾驶人及时调整出行计划，可以有效缓解交通压力。高速路口设置道路自动收费系统（Electronic Toll Collection，ETC），免去进出口取卡、还卡的时间，提升车辆的通行效率。公交车上安装定位系统，能及时呈现公交车行驶路线及到站时间，乘客可以根据搭乘路线确定出行，免去不必要的时间浪费。汽车增多，除了会带来交通压力，停车难也日益成为一个突出问题，不少城市推出智慧路边停车管理系统。该系统基于云计算平台,结合物联网技术与移动支付技术共享车位资源,提高车位利用率和用户的方便程度。该系统可以兼容手机模式和射频识别模式,通过手机端 App 可以实现及时了解车位信息、车位位置,做好预定并实现交费等操作,很大程度上解决了"停车难、难停车"的问题。

- 智能家居。智能家居是物联网在家庭中的基础应用。随着宽带业务的普及,智能家居产品涉及方方面面。家中无人,可通过手机等产品客户端远程操作智能空调、调节室温;可以通过客户端实现智能灯泡的开关、调控灯泡的亮度和颜色等;可实现遥控插座定时通断电流,甚至可以监测设备用电情况,生成用电图表,让用电情况一目了然,合理安排资源使用及开支预算;通过智能体重秤,可以监测运动效果,内置可以监测血压、脂肪量的先进传感器,根据身体状态提出健康建议;智能牙刷与客户端相连,提供刷牙时间、刷牙位置提醒,可根据刷牙的数据生产图表,显示口腔的健康状况;智能摄像头、窗户传感器、智能门铃、烟雾探测器、智能报警器等也是家庭不可少的安全监控设备,我们即使出门在外,也可以在任意时间、任意地方查看家中任何一角的实时状况,消除安全隐患。看似烦琐的种种家居生活因为物联网变得更加轻松、美好。
- 公共安全。近年来全球气候异常情况频发,灾害的突发性和危害性进一步加大,物联网可以实时监测环境的不安全性情况,提前预防、实时预警、及时采取应对措施,降低灾害对人类生命财产的威胁。利用物联网技术可以智能感知大气、土壤、森林、水资源等方面的指标数据,对于改善人类生活环境发挥巨大作用。

13.1.6　5G 和边缘计算

1. 5G 关键技术

移动通信延续着每 10 年一代技术的发展规律,已历经 1G、2G、3G、4G 的发展。每一次代际跃迁，每一次技术进步，都极大地促进了产业升级和经济社会发展。从 1G 到 2G，实现了模拟通信到数字通信的过渡，移动通信走进千家万户；从 2G 到 3G、4G，实现了语音业务到数据业务的转变，传输速率成百倍提升，促进了移动互联网应用的普及和繁荣。当前，移动互联网已融入社会生活的方方面面，深刻改变了人们的沟通、交流乃至生活方式。4G 网络造就了繁荣的互联网经济，解决了人与人随时随地通信的问题。随着移动互联网快速发展，新服务、新业务不断涌现，移动数据业务流量呈爆炸式增长，4G 移动通信系统难以满足未来移动数据流量暴涨的需求，急需研发下一代移动通信（5G）系统。

5G 作为一种新型移动通信网络，不仅要解决人与人通信的问题，为用户提供增强现实、虚拟现实、超高清（3D）视频等更加身临其境的极致业务体验，而且要解决人与物、物与物之间通信的问题，满足移动医疗、车联网、智能家居、工业控制、环境监测等物联网应用需求。最终，5G 将渗透到经济社会的各行业、各领域，成为支撑经济社会数字化、网络化、智能化转型的关键新型基础设施（见图 13-8）。

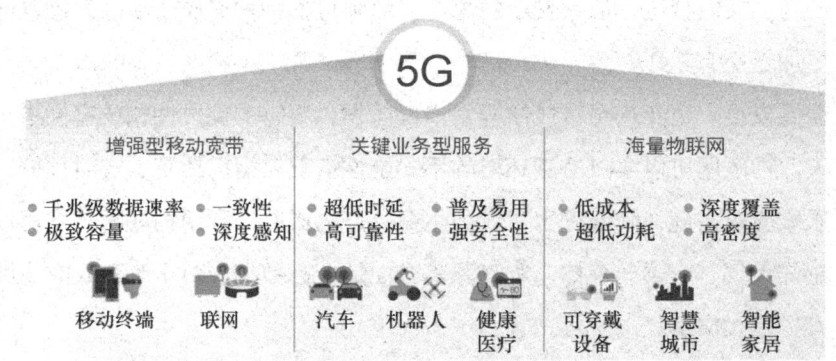

图 13-8　5G 的广泛应用

5G 国际技术标准重点满足灵活多样的物联网需要。在 OFDMA（Orthogonal Frequency Division Multiple Access，正交频分多址接入）和 MIMO（Multiple Input Multiple Output，多入多出）基础技术上，5G 为支持三大应用场景采用了灵活的全新系统设计。在频段方面，与 4G 支持中低频不同，考虑到中低频资源有限，5G 同时支持中低频和高频频段，其中中低频满足覆盖和容量需求，高频满足在热点区域提升容量的需求。5G 针对中低频和高频设计了统一的技术方案。为了支持高速率传输和更优的覆盖率，5G 采用 LDPC、Polar 新型信道编码方案、性能更强的大规模天线技术等。为了支持低时延、高可靠，5G 采用短帧、快速反馈、多层/多站数据重传等技术。

5G 采用全新的服务化架构，支持灵活部署和差异化业务场景。它采用全服务化设计，模块化网络功能，支持按需调用，实现功能重构；采用服务化描述，易于实现能力开放，有利于引入 IT 开发实力，发挥网络潜力。5G 支持灵活部署，基于 NFV/SDN，实现硬件和软件解耦，实现控制和转发分离；采用通用数据中心的云化组网，网络功能部署灵活，资源调度高效；支持边缘计算，云计算平台下沉到网络边缘，支持基于应用的网关灵活选择和边缘分流。

2. 5G 主要应用

1）工业领域

以 5G 为代表的新一代信息通信技术与工业经济深度融合，为工业乃至产业数字化、网络化、智能化发展提供了新的实现途径。5G 在工业领域的应用涵盖研发设计、生产制造、运营管理及产品服务 4 个大的工业环节，主要包括 16 类应用场景，分别为：AR/VR 研发实验协同、AR/VR 远程协同设计、远程控制、AR 辅助装配、机器视觉、AGV 物流、自动驾驶、超高清视频、设备感知、物料信息采集、环境信息采集、AR 产品需求导入、远程售后、产品状态监测、设备预测性维护、AR/VR 远程培训等。当前，机器视觉、AGV 物流、超高清视频等场景已取得规模化复制的效果，实现了"机器换人"，大幅降低人工成本，有效提高产品检测准确率，达到生产效率提升的目的。未来，远程控制、设备预测性维护等场景预计将会产生较高的商业价值。

5G 在工业领域丰富的融合应用场景将为工业体系变革带来极大潜力，促进使能工业智能化、绿色化发展。"5G+ 工业互联网" 512 工程实施以来，行业应用水平不断提升，从生产外围环节逐步延伸至研发设计、生产制造、质量检测、故障运维、物流运输、安全管理等核心环节，在电子设备制造、装备制造、钢铁、采矿、电力等 5 个行业率先发展，培育形成协同研发设计、远程设备操控、设备协同作业、柔性生产制造、现场辅助装配、机器视觉质检、设备故障诊断、厂区智能物流、无人智能巡检、生产现场监测等 10 大典型应用场景，助力企业降本提质和安全生产。

2）车联网与自动驾驶

5G 车联网助力汽车、交通应用服务的智能化升级。5G 网络的大带宽、低时延等特性，支持实现车载 VR 视频通话、实景导航等实时业务。借助于车联网 C-V2X（包含直连通信和 5G 网络通信）的低时延、高可靠和广播传输特性，车辆可实时对外广播自身定位、运行状态等基本安全消息，可广播交通灯或电子标志标识等交通管理与指示信息，支持实现路口碰撞预警、红绿灯诱导通行等应用，显著提升车辆行驶安全和出行效率，后续还将支持实现更高等级、复杂场景的自动驾驶服务，如远程遥控驾驶、车辆编队行驶等。5G 网络可支持港口岸桥区的自动远程控制、装卸区的自动码货以及港区的车辆无人驾驶应用，显著降低自动导引运输车控制信号的时延，以保障无线通信质量与作业可靠性，可使智能理货数据传输系统实现全天候全流程实时在线监控。

3）能源领域

在电力领域，能源电力生产包括发电、输电、变电、配电、用电 5 个环节。目前 5G 在电力领域的应用主要面向输电、变电、配电、用电 4 个环节开展，应用场景涵盖采集监控类业务及实时控制类业务，包括输电线无人机巡检、变电站机器人巡检、电能质量监测、配电自动化、配网差动保护、分布式能源控制、高级计量、精准负荷控制、电力充电桩等。当前，基于 5G 大带宽特性的移动巡检业务较为成熟，可实现应用复制推广。通过无人机巡检、机器人巡检等新型运维业务的应用，促进监控、作业、安防向智能化、可视化、高清化升级，大幅提升输电线路与变电站的巡检效率。配网差动保护、配电自动化等控制类业务现处于探索验证阶段，未来随着网络安全架构、终端模组等问题逐渐成熟，控制类业务将会进入高速发展期，提升配电环节故障定位精准度和处理效率。

在煤矿领域，5G 应用涉及井下生产与安全保障两大部分，应用场景主要包括作业场所视频监控、环境信息采集、设备数据传输、移动巡检、作业设备远程控制等。当前，煤矿利用 5G 技术实现了地面操作中心对井下综采面采煤机、液压支架、掘进机等设备的远程控制，大幅减少原有线缆维护量及井下作业人员；在井下机电硐室等场景部署 5G 智能巡检机器人，实现机房硐室自动巡检，极大提高检修效率；在井下关键场所部署 5G 超高清摄像头，实现环境与人员的精准实时管控。煤矿利用 5G 技术的智能化改造能够有效减少井下作业人员，降低井下事故发生率，遏制重特大事故，实现煤矿的安全生产。当前取得的应用实践经验已逐步开始规模推广。

4）教育领域

5G 在教育领域的应用主要围绕智慧课堂及智慧校园两方面开展。5G+ 智慧课堂凭借 5G 低时延、高速率特性，结合 VR/AR/ 全息影像等技术，可实现实时传输影像信息，为两地提供全息、互动的教学服务，提升教学体验；5G 智能终端可通过 5G 网络收集教学过程中的全场景数据，结合大数据及人工智能技术，构建学生的学情画像，为教学等提供全面、客观的数据分析，提升教育教学精准度。5G+ 智慧校园基于超高清视频的安防监控，可为校园提供远程巡考、校园人员管理、学生作息管理、门禁管理等应用，解决校园陌生人进校、危险探测不及时等安全问题，提高校园管理效率和水平；基于 AI 图像分析、GIS（Geographic Information System，地理信息系统）等技术，可对学生出行、活动、饮食安全等环节提供全面的安全保障服务，让家长及时了解学生的在校位置及表现，打造安全的学习环境。

5）医疗领域

5G 通过赋能现有智慧医疗服务体系，提升远程医疗、应急救护等服务能力和管理效率，同时催生 5G+ 远程超声检查、重症监护等新型应用场景。

5G+ 超高清远程会诊、远程影像诊断、移动医护等应用场景。在现有智慧医疗服务体系上叠加 5G 网络能力，极大提升远程会诊、医学影像、电子病历等数据传输速度和服务保障能力。在抗击新冠肺炎疫情期间，医院联合相关单位快速搭建 5G 远程医疗系统，提供远程超高清视频多学科会诊、远程阅片、床旁远程会诊、远程查房等应用，支援新冠肺炎危重症患者救治，有效缓解抗疫一线医疗资源紧缺问题。

5G+ 应急救护等应用场景。在急救人员、救护车、应急指挥中心、医院之间快速构建5G应急救援网络，在救护车接到患者的第一时间将病患体征数据、病情图像、急症病情记录等以毫秒级速度、无损实时传输到医院，帮助院内医生做出正确指导并提前制定抢救方案，实现患者"上车即入院"的愿景。

5G+远程手术、重症监护等治疗类应用场景。由于手术、重症监护等的容错率要求极低并涉及医疗质量、患者安全、社会伦理等复杂问题，具体技术应用的安全性、可靠性须进一步研究和验证，预计短期内难以在医疗领域实际应用。

6）文旅领域

5G在文旅领域的创新应用将助力文化和旅游行业步入数字化转型的快车道。5G智慧文旅应用场景主要包括景区管理、游客服务、文博展览、线上演播等环节。5G智慧景区可实现景区实时监控、安防巡检和应急救援，同时可提供VR直播观景、沉浸式导览及AI智慧游记等创新体验，大幅提升景区管理和服务水平，解决景区同质化发展等痛点问题；5G智慧文博可支持文物全息展示、5G+VR文物修复、沉浸式教学等应用，赋能文物数字化发展，深刻阐释文物的多元价值，推动人才团队建设；5G云演播融合4K/8K、VR/AR等技术，实现传统曲目线上线下高清直播，支持多屏多角度沉浸式观赏体验，5G云演播打破了传统艺术演艺方式，让传统演艺产业焕发了新生。

7）智慧城市领域

5G助力智慧城市在安防、巡检、救援等方面提升管理与服务水平。在城市安防监控方面，结合大数据及人工智能技术，5G+超高清视频监控可实现对人脸、行为、特殊物品、车辆等精确识别，形成对潜在危险的预判能力和紧急事件的快速响应能力；在城市安全巡检方面，5G结合无人机、无人驾驶汽车、机器人等安防巡检终端，可实现城市立体化智能巡检，提高城市日常巡查效率；在城市应急救援方面，5G通信保障车与卫星回传技术结合可实现建立救援区域海陆空一体化的5G网络覆盖，5G+VR/AR可协助中台应急调度指挥人员直观、及时了解现场情况，更快速、更科学地制定应急救援方案，提高应急救援效率。目前公共安全和社区治安成为城市治理的热点领域，以远程巡检应用为代表的环境监测也将成为城市发展的关注重点。未来，城市全域感知和精细管理成为必然发展趋势，但是仍须长期持续探索。

8）信息消费领域

5G 给垂直行业带来变革与创新的同时，也孕育新兴信息产品和服务，改变人们的生活方式。在 5G+ 云游戏方面，5G 可将云端服务器上渲染压缩后的视频和音频传送至用户终端，解决云端算力下发与本地计算力不足的问题，解除游戏优质内容对终端硬件的束缚和依赖，对于消费端成本控制和产业链降本增效起到积极的推动作用。在 5G+4K/8K VR 直播方面，5G 技术可解决网线组网烦琐、传统无线网络带宽不足、专线开通成本高等问题，可满足大型活动现场海量终端的连接需求并带给观众超高清、沉浸式的视听体验；5G+ 多视角视频可实现同时向用户推送多个独立的视角画面，用户可自行选择视角观看，带来更自由的观看体验。在智慧商业综合体领域，5G+AI 智慧导航、5G+AR 数字景观、5G+VR 电竞娱乐空间、5G+VR/AR 全景直播、5G+VR/AR 导购及互动营销等应用已开始在商圈及购物中心落地应用并逐步规模化推广。未来，随着 5G 网络的全面覆盖以及网络能力的提升，5G+ 沉浸式云 XR、5G+ 数字孪生等应用场景也将实现，让购物消费更具活力。

9）金融领域

金融科技相关机构正积极推进 5G 在金融领域的应用探索，使应用场景多样化。银行业是 5G 在金融领域落地应用的先行军，5G 可为银行提供整体的改造，前台方面，综合运用 5G 及多种新技术，实现智慧网点建设、机器人全程服务客户、远程业务办理等；中后台方面，通过 5G 可实现"万物互联"，从而为数据分析和决策提供辅助。除了银行业，证券业、保险业和其他金融领域也在积极推动"5G+"发展，5G 开创的远程服务等新交互方式为客户带来全方位数字化体验，线上即可完成证券开户核审、保险查勘定损和理赔，使金融服务不断走向便捷化、多元化，带动金融行业创新变革。

3. 边缘计算

边缘计算，是指在靠近物或数据源头的一侧，采用网络、计算、存储、应用核心能力为一体的开放平台，就近提供最近端服务。边缘计算的应用程序在边缘侧发起，产生更快的网络服务响应，满足行业在实时业务、应用智能、安全与隐私保护等方面的基本需求。边缘计算处于物理实体和工业连接之间，或处于物理实体的顶端。而云端计算仍然可以访问边缘计算的历史数据（见图13-9）。

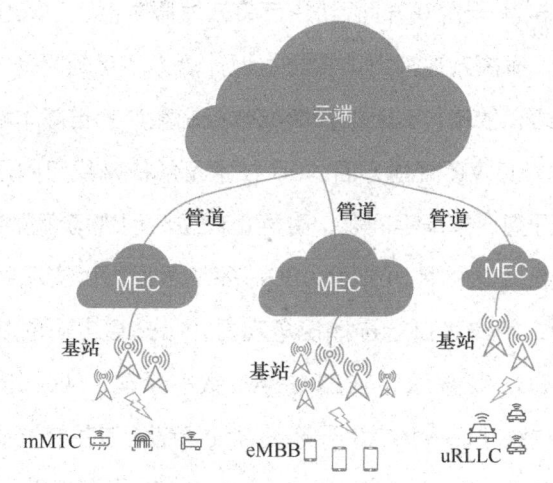

图13-9　云、边缘计算与5G示意

边缘计算并非一个新鲜词。作为一家内容分发网络CDN和云服务的提供商，AKAMAI早在2003年就与IBM合作"边缘计算"。作为世界上最大的分布式计算服务商之一，AKAMAI承担了全球15%～30%的网络流量。AKAMAI在一份内部研究项目中提出了"边缘计算"的目的和要解决的问题，同时基于IBM的WebSphere提供边缘计算服务。

对物联网而言，边缘计算技术取得突破，意味着许多控制将通过本地设备实现而无须交由云端，处理过程将在本地边缘计算层完成。这无疑将大大提升处理效率，减轻云端的负荷。由于更加靠近用户，边缘计算还可为用户提供更快的响应，将需求在边缘端解决。

边缘计算行业趋势可以从三个方面（维度）来看：第一是行业的业务，第二是行业的架构，第三是行业的规模与变化。

趋势一：AI、IoT与边缘计算的融合。

近几年，边缘计算和AI、IoT结合的案例非常多。随着智能设备增多，如果把所有的数据或视频全部回传到云端处理，整个成本与效率都非常不合适，所以直接靠近设备侧进行 AI 处理或 IoT 处理的需求越来越多。比如 AI 会在云上或在中心云做训练，然后在边缘做推理。

调查显示，到 2023 年，近 20% 用于处理 AI 工作负载的服务器部署在边缘侧；中国 70% 的物联网项目将包含 AI 功能，追求实时性、降低带宽、数据合规；中国 75% 的企业将在网络边缘对物联网数据进行处理。到 2024 年，50% 的计算机视觉和语音识别模型将在边缘运行。

趋势二：云延伸、IT 去中心化、设施自治、边缘托管。

边缘计算跟云计算是相互补充、相互依赖的关系。再延伸一步，边缘计算其实是云计算往边缘的一个延伸，把云上的一些能力往边缘上延伸。边缘计算要求 IT 业务在边缘侧去中心化。另外，因为边缘业务或设施是自治的，所以云和边之间在网络断开的情况下有一定控制能力。未来边缘计算的架构将向云延伸、IT 中心化、设施自治、边缘托管的发展路线演进。

- 混合云：到 2023 年，10% 的企业负载将运行位于本地数据中心和边缘资源上。
- 去中心化：到 2023 年，超过 30% 新基础架构将部署在边缘位置。
- 设施自治：到 2024 年，50% 核心企业数据中心和 75% 主要边缘 IT 站点将改变运维方式。
- 边缘托管：到 2022 年，50% 的公司将依靠托管服务来提高基于边缘人工智能的性能和投资回报率。

趋势三：5G 与边缘计算引爆新增长。

最近几年，随着 5G 的快速发展，边缘计算成为一个新的增长引爆点。预计到 2024 年，边缘应用程序的数量将增长 800%，可以预期这个行业未来的增长情况。典型应用场景将包括车联网（自动驾驶/车路协同）、智能电网（设备巡检/精准负荷控制）、工业生产控制、智慧医疗（远程 B 超/远程会诊）等。

13.2 数字化转型的云原生驱动力

13.2.1 云原生与云计算的天然联系

要谈云原生，我们先要看看云计算。云计算的概念最先由戴尔公司于 1996 年提出。2006 年，亚马逊公司率先推出了弹性计算云 EC2 服务，随后越来越多的企业开始接受云计算这一概念并将应用逐步迁移到云端。为了让应用能够更好地使用云的 PaaS 平台能力开发 SaaS，Heroku 于 2011 年提出了十二因子应用的概念（解析），这个概念所蕴含的理念可以称为云原生的起源。随后，Pivotal 于 2015 年明确地提出了云原生（cloud native）的概念，指出云原生是一种可以充分利用云计算优势构建和运行应用的方式，如图 13-10 所示。

图 13-10　云原生示意

我们现在普遍接受的概念是经过 CNCF（Cloud Native Computing Foundation，云原生计算基金会）修改确定的云原生定义："云原生技术有利于各组织在公有云、私有云和混合云等新型动态环境中构建和运行可弹性扩展的应用。

云原生的代表技术包括容器、服务网格、微服务、不可变基础设施和声明式 API。这些技术能够构建容错性好、易于管理和便于观察的松耦合系统。结合可靠的自动化手段，云原生技术使工程师能够轻松地对系统做出频繁和可预测的重大变更。"

对于这个定义，CTO、架构师、研发工程师、运维人员、安全人员、CIO 都可以从中找到自己熟悉的领域和存在感：CTO 关注云原生一系列的代表技术及其应用，架构师关注它能够构建高效的系统，研发、运维、安全工程技术人员可以从中找到自己可以入手的技术定位，而 CIO 应该重点从云原生中得到什么呢？这个定义没有表现出来，CIO 应该基于上述这些得到云原生对于数字化转型的驱动力。

13.2.2 云原生的技术构成

从前面的定义我们可以看出，只有结合云原生所提供的云服务，改造应用的架构，才能够更好地使用云原生技术，更好地构建弹性、稳定、松耦合的分布式应用并解决分布式复杂性问题。

此外，对架构的改造还意味着相关的开发模式、交付方式、运维方式、组织协同方式等都要随之改变，比如采用微服务架构重写应用，构建流水线方式自动化工具升级运维方式，部署方式由虚拟机转变为尽可能使用容器等。简单来说，云原生使得整个软件的生产流水线、生产理念甚至是上线和运营都发生了巨大的变化，而具体的变化程度又取决于企业对云原生的使用情况。

现在结合定义综合来看，除了拥有相当重要性的云原生架构，云原生还应当包括云原生技术、云原生产品、云原生架构以及构建现代化应用的开发理念，具体如下。

- 云原生产品和云原生技术需要基于公有云、私有云或混合云的云基础设施。
- 云原生架构和云原生开发理念是基于云原生技术和产品构建或实现的。值得注意的是，对于不是基于云原生技术或者产品的架构和理念，如基于传统物理服务器发布、构建的 DevOps，不使用微服务构建高度松耦合和可复用的应用，原则上都不会被划分到云原生范畴。

13.2.3 数字化转型为什么迫切需要云原生

从市场发展趋势看，云计算将是未来 IT 的主流。根据 Gartner 的数据，到 2025 年，预计将有 80%（而 2020 年仅为 10%）的企业会将应用转向云平台。据 Gartner 预测，到 2023 年，全球 70% 的企业都将在生产中运行三个或更多的容器化应用。据中国信息通信研究院统计，2019 年 43.9% 的被访企业表示已使用容器技术部署业务应用，另外计划使用容器技术部署业务应用的企业占比为 40.8%；28.9% 的企业已使用微服务架构进行应用系统的开发，46.8% 的企业计划使用微服务架构。

因此，云计算及与之密切相关的云原生技术，如同人工智能、大数据、物联网、移动互联等技术一样，构成企业/产业数字化转型的关键数字化基础设施，同时也是国家"新基建"的核心环节。而这个基础设施，是我们开展数字化的基石，也是降本增效的重要抓手。

基于云计算演化而来的云原生技术和架构会为企业数字化转型在提升效率、优化成本、提升用户体验、完善组织人才结构、加速创新等方面带来巨大的价值。

- 提升效率（企业业务）。越来越多的企业发现传统的应用已经无法满足数字化业务的需求，需要对应用进行彻底升级。采用云原生技术和云原生架构作为构建现代化应用的核心框架，可以帮助企业打造具备弹性、韧性、可观测性、API 驱动、多语言支持、高度自动化、可持续交付等特性的现代化应用。

- 优化成本（企业业务）。成本是企业董事、股东和管理层最为关心的企业运营因素。以前企业开展业务之前需要购买一大堆软硬件，云计算则是典型的按量付费模式，只要在业务需要的时候找云服务提供商开通对应的服务即可，这样可以减少企业的资本性支出，将其中的一部分转换为管理支出。同时，由于云服务具备"永远在线"的特性以及 Serverless 等服务模式，因此业务的运维成本、风险成本都得以下降，最终实现整体成本降低。

- 提升用户体验（用户服务）。数字时代强调差异化、个性化的用户体验，业务上实现"千人千面",这不仅要求企业在业务上不断推陈出新,而且要求企业可以利用云平台强大的计算能力构建更为智能化的系统,对用户进行全域的用户体验管理。此外,基于云原生的面向用户的应用具备更高的可用性、更低的延迟和更好的质量,可以增强数字时代用户的使用体验和用户黏性。

- 完善组织人才结构(人力资源)。云原生技术的大量应用,使企业内部的分工发生了变化。首先,由于使用了大量管理服务,可以不断减少 IaaS、PaaS 层组件的运维人员数量,最典型的就是数据库管理员、硬件运维工程师等的数量将会大量减少;其次,由于应用云原生技术及架构,在技术和管理上都需要综合性智能 IT 人员,例如运维和研发的融合技能人员、安全和运维的融合技能人员等,促使 DevOps 和容器化落地;最后,新的云原生技术的出现,也要求传统的 IT 人员不断接受新的技术挑战,学习并应用新的技术。

- 加速创新(自我迭代)。越来越多的企业逐渐意识到云服务的专业性和高 SLA(Service Level Agreement,服务级别协议)。这些企业在数字化转型的过程中将 IaaS 和 PaaS 的通用技术复杂性委托给云平台,从而能够更好地专注于自身业务逻辑的创新。企业依托有强大算力的云基础设施,构建"小步快跑、快速迭代"的微服务化应用,可以实现模块化迭代和快速试错,同时将每次业务升级的负面影响降到最低。此外,自动化流水线、API 集成、业务持续发布,可以帮助内部技术和业务团队之间形成更紧密的合作。利用云原生技术重塑企业的软件生产流水线,可以加大业务组件的复用程度,将软件交付周期从周、天降低到小时甚至分钟级别,从而提升业务的市场嗅觉灵敏度,增强市场反应能力。

13.2.4 使用云原生完成数字化转型目标

本节结合敏捷实践框架 SAFe(Scaled Agile Framework,大规模敏捷框架)

来给出应用云原生达成数字化转型目标的实现路径。

随着时代的发展,新的软件管理模型应运而生,更适应这个时代的易变性、不确定性、复杂性和模糊性。从瀑布模型到螺旋模型,再到敏捷管理、企业级敏捷。SAFe是规模化敏捷知识的集合,是一种应用于大型软件企业的规模化敏捷实践框架,已经在众多世界500强企业实施,并都取得了一定成效。SAFe核心价值是内建质量、项目群实施、协同一致、透明性。

结合笔者在世界500强集团的实践经验,在SAFe中有机地结合云原生技术,可以在降本增效、人员组织培养、有机做好IT与业务的协同方面,发挥比较大的功效,具体建议按照以下几个环节推进。

1. 业务需求分析和获取环节

在该环节,IT需要组织的内容包括:敏捷型组织,关于敏捷型组织,请参考第6章;团队,包含需求分析、设计、研发、运维、安全等模块;业务团队,包括业务所有人、具备一定IT知识对接IT的人员等。

在这个过程中,IT敏捷团队包含两大部分:一部分是掌握云原生技术、架构及理念的技术人员;另一部分是对业务熟悉,能够深入对话、沟通甚至是从IT角度为业务提出建议和意见的分析人员,他们需要具备一定的IT技能,对云原生及其他IT技术和能力有深入理解。

2. 设计和研发环节

在该环节,设计、研发团队需要采用微服务、DevOps等技术、平台、理念来实现业务需求转换为应用系统/模块的工作,需要通过微服务的设计模式来设计松耦合、强内聚、可复用、高可用、可扩展、安全可靠等的应用及架构并加以开发实现。

这个过程中,IT组织成员需要综合采用Spring Cloud、Pipeline、服务网格Mesh等众多云原生的具体技术平台和框架(例如参考ThoughtWorks推荐的成熟技术)。

3. QA 环节

在 QA 环节，IT 敏捷组织团队将针对单元、API、UI/UE 等测试目标，综合运用手工测试、自动化测试、性能测试、持续化测试、代码审计、安全测试（包括 SAST、DAST、IAST 等）等手段和工具，保证研发质量和安全。

4. 部署及安全运维环节

在此环节，IT 敏捷团队需要突破以往服务器、虚拟机的部署及安全运维方式，借助 CI/CD 和容器化，通过自动化调用并编排容器，对应用进行部署。同时，通过容器化方式也可以对底层 IaaS 资源进行灵活调用和扩充。通过容器流量监控、微服务监控、日志分析、事件分析等方式对以微服务方式在容器上运行的应用进行全方位安全和运维保障。

这个过程中，IT 敏捷团队也会综合使用包括 K8s、Rancher、Helm、ELK、Prometheus、Docker 安全、容器流量分析等方面的技术和平台，从而形成一整套的 DevSecOps 体系。

13.3 业务中台到底要不要

13.3.1 中台简介

2015 年阿里巴巴提出"大中台，小前台"的中台战略，通过实施中台战略找到能够快速应对外界变化、整合阿里巴巴各种基础能力、高效支撑业务创新的机制。阿里巴巴中台战略最早从业务中台和数据中台建设开始，采用了双中台的建设模式，到后来发展出了移动中台、技术中台和研发中台等，这些中台的能力综合在一起构成阿里巴巴企业级数字化能力。传统企业在技术能力、组织架构和商业模式等方面与阿里巴巴存在非常大的差异，那么在实施中台战略时是否可以照搬阿里巴巴中台建设模式？传统企业中台数字化转型需要提升哪些方面的基本能力呢？

从根本上说，中台建设是企业自身综合能力持续优化和提升的过程，最终目标是实现企业级业务能力复用和不同业务板块能力的联通和融合。图 13-11 展示了企业中台数字化转型的基本能力框架。

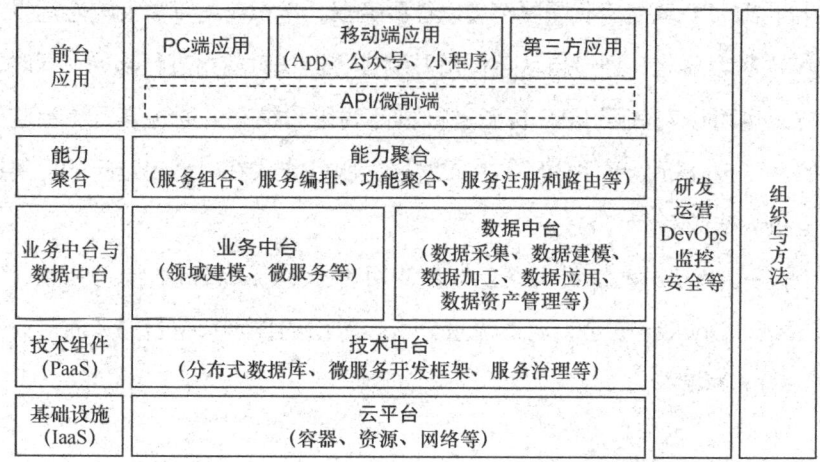

图 13-11　企业中台数字化转型基本能力框架

企业级的综合能力一般包含四种：业务能力、数据能力、技术能力和组织能力。

- 业务能力主要体现为对中台领域模型的构建能力、对领域模型的持续演进能力，企业级业务能力的复用、融合和产品化运营能力以及快速响应市场的商业模式创新能力。
- 数据能力主要体现为企业级的数据融合能力、数据服务能力以及对商业模式创新和企业数字化运营的支撑能力。
- 技术能力主要体现为对设备、网络等基础资源的自动化运维和管理能力以及对微服务等分布式技术架构体系化的设计、开发和架构演进能力。
- 组织能力主要体现为一体化的研发运营能力和敏捷的中台产品化运营能力，还体现为快速建设自适应的组织架构和中台建设方法体系等方面的能力。

这些能力相辅相成，融合在一起为企业中台数字化转型发挥最大效能。

13.3.2 业务中台

企业所有能力建设都是服务于前台一线业务的。从这个角度说，所有中台都可以称为业务中台。但本节涉及的业务中台一般是指支持企业线上核心业务的中台。

业务中台承载了企业核心关键业务，是企业的核心业务能力，也是企业数字化转型的重点。业务中台的建设目标是："将可复用的业务能力沉淀到业务中台，实现企业级业务能力复用和各业务板块之间的联通和协同，确保关键业务链路的稳定高效，提升业务创新效能。"

业务中台的主要目标是实现企业级业务能力的复用，所以业务中台建设须优先解决业务能力重复建设和复用的问题。通过重构业务模型，将分散在不同渠道和业务场景中（例如互联网应用和传统核心应用）重复建设的业务能力，沉淀到企业级中台业务模型，面向企业所有业务场景和领域，实现能力复用和流程融合。

图13-12是一个业务中台示例。在业务中台设计时，我们可以将用户管理、订单管理、商品管理和支付等这些通用的能力，通过业务领域边界划分和领域建模，沉淀到用户中心、订单中心、商品中心和支付中心等业务中台，然后基于分布式微服务技术体系完成微服务建设，形成企业级解决方案，面向前台应用提供可复用的业务能力。

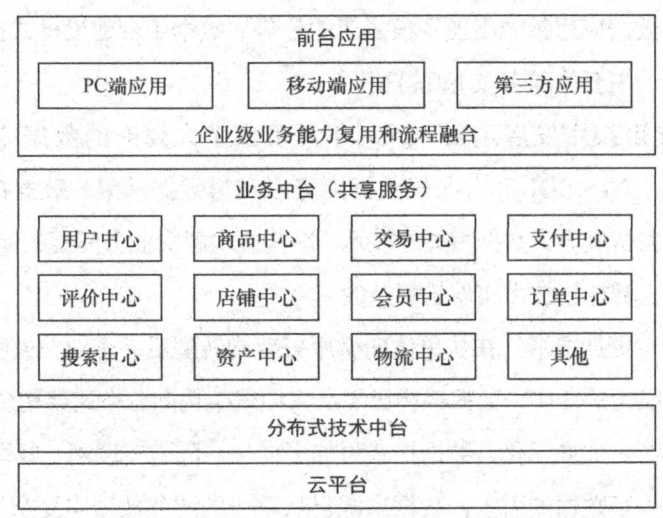

图 13-12 业务中台示例

在技术实现上，中台的系统落地可以采用微服务架构。微服务是目前公认的业务中台技术中的最佳实现，可以有效提升业务扩展能力，实现业务能力复用。

在业务建模上，中台领域建模可以采用领域驱动设计（Domain-Driven Design，DDD）方法，通过划分业务限界上下文边界构建中台领域模型，根据领域模型完成微服务拆分和设计。

业务中台可以面向前台应用提供基于 API 接口级的业务服务能力，也可以将领域模型所在的微服务和微前端组合为业务单元，以组件的形式面向前台应用，提供基于微前端的页面级服务能力。

业务中台建设完成后，前台应用就可以联通和组装各个不同的中台业务板块，既提供企业级一体化业务能力支撑，又可以提供灵活的场景化销售能力支撑。

13.3.3 数据中台

数据中台与业务中台相辅相成，共同支持前台一线业务。数据中台除了拥有传统数据平台的统计分析和决策支持功能，还会更多聚焦为前台一线交易类业务提供智能化的数据服务，支持企业流程智能化、运营智能化和商业模式创新，实现"业务数据化和数据业务化"。

近几年，数据应用领域出现了很多新的趋势。数据中台建设模式也随着这些趋势在发生变化，主要体现在以下几方面。

- 数据应用技术发展迅猛。近几年涌现出了大量新的数据应用技术，如 NoSQL、NewSQL 和分布式数据库等以及与数据采集、数据存储、数据建模和数据挖掘等大数据相关的技术。这些技术解决业务问题的能力越来越强，但同时也增加了技术实现的复杂度。
- 数据架构更加灵活。在从单体向微服务架构转型后，企业业务和数据形态也发生了很大的变化，数据架构已经从集中式架构向分布式架构转变。
- 数据来源更加多元化，数据格式更加多样化。随着车联网、物联网、LBS 和社交媒体等数据的引入，数据来源已从单一的业务数据向复杂的多源数据转变，数据格式也已经从以结构化为主向结构化与非结构化多种模式混合的方向转变。

- 数据智能化应用将会越来越广泛。在数字新基建的大背景下，未来企业将汇集多种模式下的数据，借助深度学习和人工智能等智能技术优化业务流程，实现业务流程的智能化，通过用户行为分析提升用户体验，实现精准营销、反欺诈和风险管控，实现数字化和智能化的产品运营以及 AIOps 等，提升企业数字智能化水平。

面对复杂的数据领域，如何建设数据中台管理并利用好这些数据，这对企业来说是一个非常重要的课题。数据中台的大部分数据来源于业务中台，经过数据建模和数据分析等操作后，将加工后的数据返回业务中台为前台应用提供数据服务，或直接以数据类应用的方式面向前台应用提供 API 数据服务。

数据中台一般包括数据采集、数据集成、数据治理、数据应用和数据资产管理，另外还有诸如数据标准、指标建设以及数据仓库或大数据等技术应用。图 13-13 展示了一个数据中台示例。

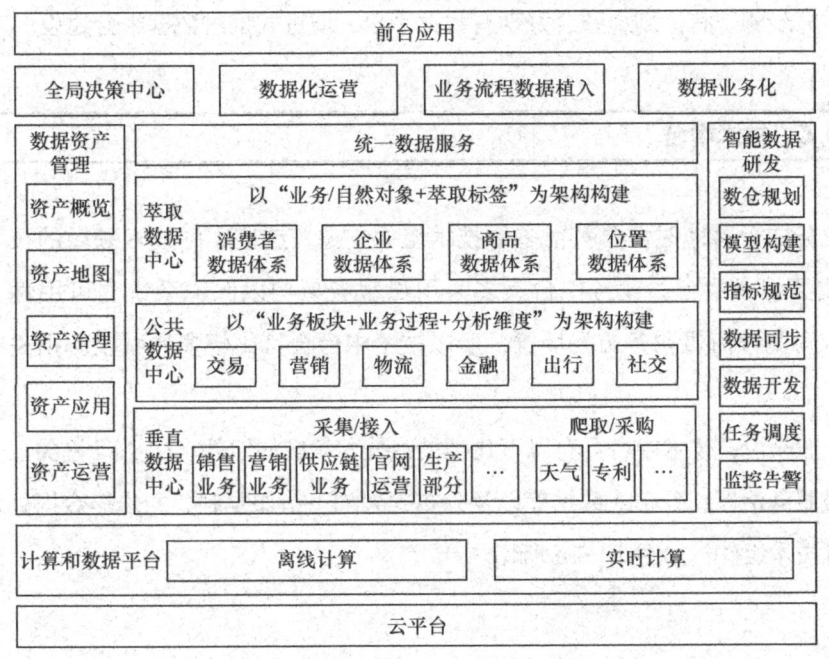

图 13-13　数据中台示例

综上所述，数据中台建设需要做好以下三方面的工作。

一是建立统一的企业级数据标准指标体系，解决数据来源多元化和标准不统一的问题。企业在统一的数据标准下，规范有序地完成数据采集、数据建模、数据分析、数据集成、数据应用和数据资产管理。

二是建立与企业能力相适应的数据研发、分析、应用和资产管理技术体系。企业结合自身技术能力和数据应用场景，选择合适的技术体系构建数据中台。

三是构建支持前台一线业务的数据中台。业务中台微服务化后，虽然提升了应用的高可用能力，但是随着数据和应用的拆分，会形成更多的数据孤岛，增加应用和数据集成的难度。在业务中台建设的同时，需要同步启动数据中台建设，整合业务中台数据，消除不同业务板块核心业务链条之间的数据孤岛，对外提供统一、一致的数据服务，用"业务+数据"双中台模式，支持业务、数据和流程的融合。

数据中台投入相对较大，收益周期较长，但会给企业带来巨大的潜在商业价值，也是企业未来数字化运营的重要基础。企业可以根据业务发展需求，制定好阶段性目标，分步骤、有计划地整合好现有数据平台，演进式推进数据中台建设。

13.3.4 技术中台

业务中台落地时需要有很多的技术组件支撑，这些不同技术领域的技术组件就组成了技术中台。业务中台大多采用微服务架构以保障系统高可用性，从而有效应对高频海量业务访问场景，所以技术中台会有比较多的微服务相关的技术组件。

一般来说，技术中台会有以下几类关键技术领域的组件，如 API 网关、开发框架、微服务治理、分布式数据库以及分布式架构下诸如复制、同步等数据处理相关的关键技术组件，如图 13-14 所示。

新科技、新安全、新生态 第13章

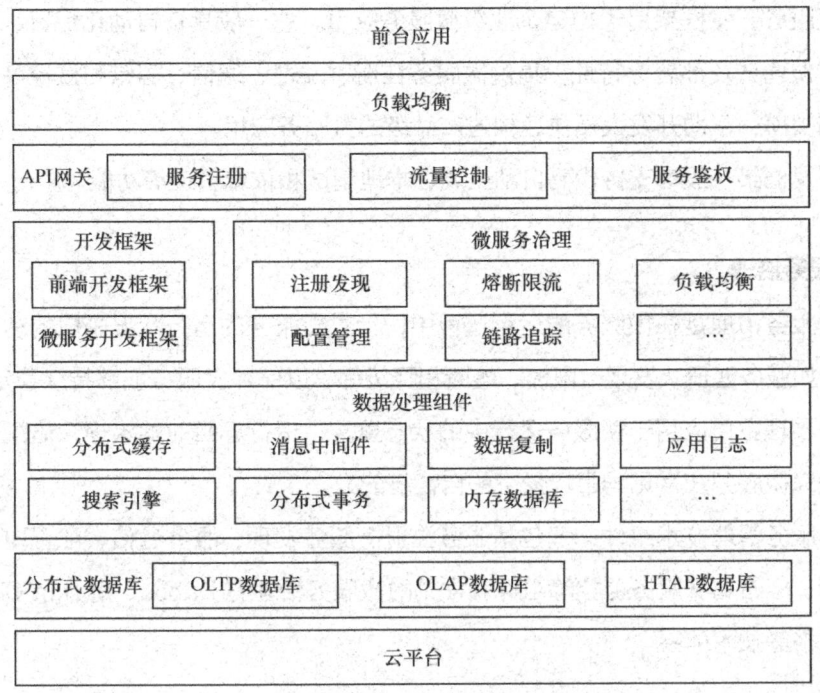

图 13-14 技术中台关键技术领域的组件

1. API 网关

微服务架构一般采用前后端分离设计，前端页面逻辑和后端微服务业务逻辑独立开发、独立部署，通过网关实现前后端集成。前台应用接入中台微服务的技术组件一般是 API 网关。

API 网关主要包括鉴权、降级限流、流量分析、负载均衡、服务路由和访问日志等功能。API 网关可以帮助用户方便地管理微服务 API 接口，实现安全的前后端分离，实现高效的系统集成和精细的服务监控。

2. 开发框架

开发框架主要包括前端开发框架和后端微服务开发框架，基于前、后端开发框架，分别完成前端页面逻辑和后端业务逻辑的开发。前端开发框架主要是面向 PC 端或者移动端应用，用于构建系统表示层，规范前后端交互，降低前端开发成本。

微服务开发框架用于构建企业级微服务应用。它一般具备自动化配置、快速开发、方便调试及部署等特性，提供微服务注册、发现、通信、容错和监控等服务治理基础类库，帮助开发人员快速构建产品级的微服务应用。

开发框架一般都支持代码自动生成、本地调试和依赖管理等功能。

3. 微服务治理

微服务治理是在微服务的运行过程中，针对微服务的运行状况采取的动态治理策略，如服务注册、发现、限流、熔断和降级等，以保障微服务能够持续稳定运行。微服务治理主要应用于微服务运行中的状态监控、运行异常时的治理策略配置等场景，保障微服务在常见异常场景下的自恢复能力。

微服务治理技术组件一般包括服务注册、服务发现、服务通信、配置中心、服务熔断、容错和微服务监控等组件。常见的微服务治理有 Dubbo、Spring Cloud 和服务网格等技术体系。

4. 数据处理组件

为了提高应用性能和业务承载能力，降低微服务的耦合度，实现分布式架构下的分布式事务等要求，技术中台还有很多数据处理相关的基础技术组件，如分布式缓存、搜索引擎、数据复制、消息中间件和分布式事务等技术组件。

分布式缓存是将高频热点数据集分布于多个内存集群节点，以复制、分发、分区和失效相结合的方式进行维护，解决高并发热点数据访问性能问题，降低后台数据库访问压力，提升系统吞吐能力。Redis 是典型的开源分布式缓存技术组件。

消息中间件主要适用于数据最终一致性的业务场景，它采用异步化的设计，实现数据同步转异步操作，支持海量异步数据调用，同时通过削峰填谷设计提高业务吞吐量和承载能力。它广泛适用于微服务之间的数据异步传输、大数据日志采集和流计算等场景。另外，在领域驱动设计的领域事件驱动模型中，消息中间件是实现领域事件数据最终一致性的非常关键的技术组件，可以实现微服务之间的解耦，满足"高内聚，松耦合"设计原则。Kafka 是典型的开源消息中间件。

数据复制主要满足数据同步需求，实现同构、异构数据库间以及跨数据中心的数据复制，满足数据多级存储、交换和整合需求。它主要应用于基于表或库的业务数据迁移、业务数据向数据仓库复制等数据迁移场景。数据复制技术组件大多采用数据库日志捕获和解析技术，在技术选型时需要考虑数据复制技术组件与源端数据库的适配能力。

搜索引擎主要满足大数据量的快速搜索和分析等需求，将业务、日志类等不同类型的数据加载到搜索引擎，提供可扩展和近实时的搜索能力。

分布式事务主要解决分布式架构下事务一致性的问题。单体应用被拆分成微服务后，原来单体应用大量的内部调用会变成跨微服务访问，业务调用链路中任意一个节点出现问题，都可能造成数据不一致。分布式事务是基于分布式事务模型，保证跨数据库或跨微服务调用场景下的数据一致性。

虽然分布式事务可以实时保证数据的一致性，但过多的分布式事务设计会导致系统性能下降，因此微服务设计时应优先采用基于消息中间件的最终数据一致性机制，尽量避免使用分布式事务。

5. 分布式数据库

分布式数据库一般都具有较强的数据线性扩展能力，它们大多采用数据多副本机制实现数据库高可用，具有可扩展、低成本等技术优势。

分布式数据库一般包括三类：交易型分布式数据库、分析型分布式数据库和交易分析混合型分布式数据库。

- 交易型分布式数据库用于解决交易型业务的数据库计算能力。它支持数据分库、分片、数据多副本，具有高可用的特性，提供统一的运维界面，具备高性能的交易型业务数据处理能力。它主要应用于具有跨区域部署和高可用需求、须支持高并发和高频访问的核心交易类业务场景。
- 分析型分布式数据库通过横向扩展能力和并行计算能力，提升数据整体计算能力和吞吐量，支持海量数据的分析。它主要应用于大规模结构化数据的统计分析、高性能交互式分析等场景，如数据仓库、数据集市等。

- 交易分析混合型分布式数据库通过资源隔离、分时和数据多副本等技术手段，基于不同的数据存储、访问性能和容量等需求，使用不同的存储介质和分布式计算引擎，同时满足业务交易和分析需求。它主要应用于数据规模大和访问并发量大、需要解决交易型数据同步到分析型数据库时成本高，数据库入口统一的问题，需要支持高可用和高扩展性等数据处理业务场景。

技术中台是业务中台建设的关键技术基础。在中台建设过程中，我们可以根据业务需要不断更新和吸纳新的技术组件，也可以考虑将一些不具有明显业务含义的通用组件（如认证等）通过抽象和标准化设计后纳入技术中台统一管理。为了保证业务中台的高性能和稳定性，在进行技术组件选型时一定要记住尽可能选用成熟的技术组件。

13.3.5 数据中台、大数据平台和数据仓库的区别

我们会发现，数据中台的建设和数据仓库、大数据平台是有重合的，这就需要我们充分理解三者的区别。

数据中台的特点主要包括以下几个方面。

- 数据中台是企业级的逻辑概念，体现企业 D2V（Data to Value）的能力，为业务提供服务的主要方式是数据 API。
- 数据中台距离业务更近，为业务提供速度更快的服务。
- 数据中台可以建立在数据仓库和大数据平台之上，是加速企业从数据到业务价值过程的中间层。

大数据平台则主要包括以下几个特点。

- 大数据平台是在大数据基础上出现的、融合结构化和非结构化数据的数据基础平台，为业务提供服务的方式主要是直接提供数据集。
- 大数据平台的出现是为了解决数据仓库不能处理非结构化数据和报表开发周期长的问题，所以先撇开业务需求、把企业所有的数据都抽取出来放到一起，成为一个大的数据集，其中有结构化数据、非结构化数据等。当业务方有需

求的时候，再把它们需要的若干个小数据集单独提取出来，以数据集的形式提供给数据应用。

而数据仓库的主要特点如下。

- 数据仓库是一个相对具体的功能概念，是存储和管理一个或多个主题数据的集合，为业务提供服务的方式主要是分析报表。
- 数据仓库是为了支持管理决策分析，而数据中台则是将数据服务化之后提供给业务系统，不仅限于分析型场景，也适用于交易型场景。
- 数据仓库具有历史性，其中存储的数据大多是结构化数据。这些数据并非企业全量数据，而是根据需求针对性抽取的，因此数据仓库对于业务的价值是各种各样的报表，但这些报表又无法实时产生。数据仓库报表虽然能够提供部分业务价值，但不能直接影响业务。

综上可以发现，数据中台是在数据仓库和大数据平台的基础上将数据生产为一个个数据 API 服务，以更高效的方式提供给业务，本质是一个构建在数据仓库之上的跨业务主题的业务系统。

我们会发现，无论要做哪一个数据项目，数据才是核心，统一数据仓库、主数据是基础。我们只有打通各业务系统的数据孤岛，将数据标准、口径、模型、存储统一，形成具备完整性、规范性、一致性、准确性和及时性的高质量数据，才能逐渐释放数据价值。

13.3.6 什么样的企业适合上中台

无论是数据中台、数据仓库还是大数据平台，最终都是为了让数据的价值更好地作用于业务、经营和管理。根据业界调研和经验，企业可以从两个维度来判定自己是否要上中台。

首先，从数据成熟度来看，企业一般需要满足以下条件。

- 具有良好的数据底子，拥有丰富的数据维度。
- 企业的各业务板块都有数据仓库和报表，需要面向集团构建统一的数据管理平台。
- 具有多个大数据场景，例如阿里巴巴、淘宝、天猫、支付宝等多个业务板块的场景。

其次，从业务性质来看，满足以下几个条件的企业适合上中台。
- toC 或者 toB 业务，而且业务运营非常依赖用户／客户数据。
- 企业内部运营多业态／品牌／产品的客户数据，需要打通数据共享。
- 供应链特别复杂的企业，需要数据驱动优化。
- 生产制造业，生产线上的数据需要数据中台来整合服务化。

13.4 不可忽视的数字化安全

13.4.1 数字化转型面临的安全挑战

在席卷全球的新冠肺炎疫情催化下，基于云计算、大数据、5G、人工智能和区块链等技术的数字化转型变革在过去一年正跨过技术革命的边缘，逐渐从根本上改变我们的生活、工作和相互联系的方式，其规模、范围与复杂性已经远远超出人类的历史经验。企业在数字化浪潮下正经历着激烈的优胜劣汰过程，商业环境及企业发展正翻开新的篇章。

在新的时代背景下，企业网络安全需要重新定位，从合规导向和保障信息化导向转变为业务与竞争力导向。网络安全既是企业守护者，也可以赋能于数字化转型，甚至能够成为部分行业的业务竞争力驱动因素。新的定位为企业的网络安全工作带来了更严峻的挑战，主要包括以下几个方面。

1. 数字化安全意识薄弱

部分企业管理层未充分了解数字化转型中网络安全的重要性，仍将网络安全看作是企业普通合规事项、IT 内部控制事项以及成本中心，导致资源投入不足以及网络安全工作难以在全公司有效协作与落地。在国内，部分企业仍然将安全与 IT 捆绑，然而数字化变革下，安全问题存在于 IT 及企业部门中。但现状是，董事会、关键部门对安全信任不足，安全沟通存在障碍，导致首席安全官未实现跨业务部门合作，信息安全不可避免地被其他业务职能和业务领域绕过，例如在推出新产品或服务时给企业带来新的网络安全威胁。

2. 合规挑战

近年网络安全相关法律法规、监管要求、行业标准不断发布，监管要求愈发严格。越来越多企业的声誉及业务的正常开展受合规问题影响，加上大部分企业对于网络安全的合规洞察滞后，导致企业面临严峻的合规挑战。近年来随着网络安全法律法规体系趋于复杂，不同监管层面陆续出台各种监管要求，执法力度也逐渐加大，导致网络安全合规成为企业的难点。

3. 新兴技术新应用带来全新的网络安全挑战

5G、区块链、AI 等新兴技术早已不再是概念，物联网、车联网、云计算正得到加速推广并深度应用。新技术的引入提升了企业竞争力，同时也带来了新的安全威胁。这些新的安全威胁甚至可能超出了企业的安全知识界限，使企业陷入加速推进数字化转型进程和无法感知、应对转型带来的威胁的两难。如各类物联网设备的应用为业务拓展了新思路，但是也大大增加了企业受攻击面。物联网设备的精简硬件限制导致安全防护能力有限，外加零日漏洞不断涌现，这些因素导致物联网设备成为黑客的重点攻击对象。

4. 供应链整合引发的安全隐患

供应链的上下游通过系统与数据进行深度整合已不是新鲜概念。供应链的基本协作往往基于关键信息的共享。在供应链中协作如何保障自身的敏感信息得到有效保护以及合理使用,如何保障合作供应商交付产品的安全性和可控性等问题,都已经成为企业的难题。

5. "互联网+"时代引发的数据安全疑虑

我们在享受数字化变革带来的价值时,也面临着愈发严重的数据安全及隐私保护问题。合规和社会关注的压力将数据安全与隐私从内部管理问题引申至社会责任问题,更影响着企业的生存与发展。例如,近期许多出海的互联网企业遭受围追堵截,对手在数据安全与隐私问题上大做文章。这就要求包括业务主管在内的上下全员能够准确认识数据安全与隐私保护的重要性,建立相应的文化、组织、流程与技术,在有效控制风险的同时,最大限度地释放数据的价值。

6. 更灵活的商业模式带来以往未曾考虑到的商业风险

数字化的快速应用和扩展推动了商业模式的快速发展。业务与市场活动的数字化、线上化不仅带来强大的驱动力,而且带来传统模式难以感知和考虑的业务风险——比如"羊毛党"的出现。这种商业风险的防控已超出以往IT、安全、风控等独立部门的单一认知范畴,这要求不同条线的人员协作打造覆盖事前、事中、事后,包含流程、标准、技术的跨部门立体式业务风险体系。

7. 模糊的网络边界显著增加了安全管控的难度

物联网设备、远程办公、移动互联、各类云场景的广泛使用、借助公众号或小程序等渠道拓展用户触点等促使网络边界进一步模糊化,不同场景下责任边界划分、管理颗粒度、力度以及措施的定义已成为安全管理的难点。在国内环境下,企业重视度及资源投入不足的情况增大了边缘模糊化风险的风险隐患,使其管控难度增加。

13.4.2 应用"数智化安全框架"保障数字化安全

目前业界对于数字化安全保障的理论和实践尚属空白,主要依据传统的等保要求、ISO 27001系列标准等进行套用，通过传统安全设备、机制等在数字化方面的直接应用来进行。其实，数字化安全是一个新的安全业务范畴，需要进行针对性的研究和防护，因此，笔者结合在世界500强集团的实践创新，给出一个"数智化安全框架"（见图13-15），用来给读者和广大企业作为参考和借鉴。

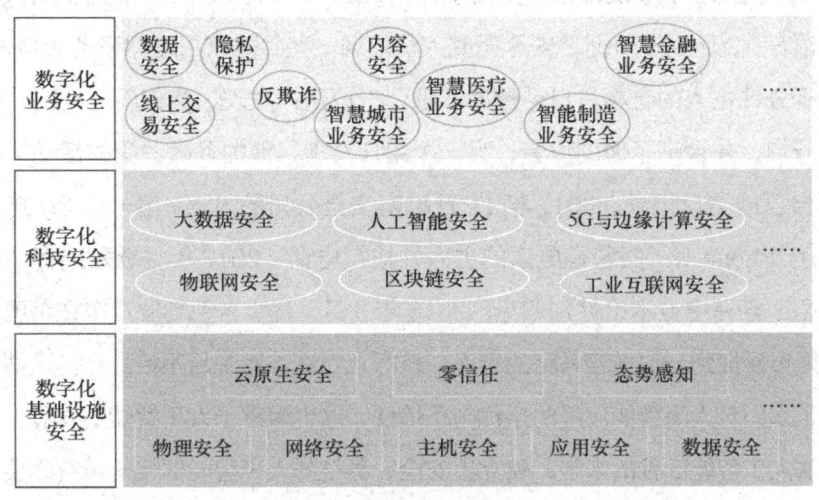

图13-15 数智化安全框架示意

图13-15所示的框架包括三个层面的含义。

一是数字化基础设施安全。这个层面既需要涵盖传统的物理安全、网络安全、主机安全、应用安全、数据安全等，也需要吸纳云原生安全、零信任、态势感知这类与数字化转型息息相关的安全元素。

二是数字化科技安全。这个层面要关注大数据安全、人工智能安全、5G与边缘计算安全、物联网安全、区块链安全、工业互联网安全等。

三是数字化业务安全。如果说前两层都是首席安全官层面关注的，那么第三层则更受CEO和CIO/CDO等关注。这个层面随着不同的业态有所侧重，包括数据安全（注意，数据安全应该属于业务安全）、智慧医疗业务安全、智慧城市业务安全、智慧金融业务安全等。

关于这个框架的具体实践落地，将在本书后面几章通过金融业、制造业等的具体实例进行展示。

13.4.3 人工智能原生安全需引起高度重视

1. 人工智能安全概览

近年来人工智能爆发出很多安全事件。2017年6月Facebook的机器人开发出自己的语言。2017年10月，安全研究人员发现一些谷歌家用迷你设备会悄悄打开，录制数千分钟主人的音频，自动传回谷歌，一位用户发现，当他看电视时，数字助理自动开启，并录制了他的声音；另一个用户发现，他的谷歌"我的活动"菜单下出现了自己的信息记录。2017年11月越南安全公司的Bkav用一个3D打印的面具欺骗了iPhone X，假装是电话的主人并拨打电话。2017年谷歌翻译在"土耳其语→英语"翻译中显示出性别偏见。2018年3月，优步自动驾驶汽车在美国亚利桑那州坦佩市碰撞到一位横穿马路的行人，该行人在送往医院后不治身亡。这些安全事件引发了人们对人工智能应用的担忧与不信任，这也阻碍了人工智能的发展，为了避免第三次人工智能低谷的来临，建立更安全、稳健的人工智能框架是很有必要的。

对人工智能安全的探索最早可以追溯到1942年美国科幻小说家艾萨克·阿西莫夫（Isaac Asimov）在他的一篇小说中提到的"机器人三大法则"。后来随着人工智能的诞生与发展以及人工智能在众多领域的应用，人工智能的安全与可持续发展引起人们的重视。2017年1月在美国加利福尼亚州举行的会议"Beneficial AI"引发了众多学者对AI安全发展的探索并最终形成了"阿西洛马人工智能原则"（Asilomar AI Principles）。该原则共有23项，分为三大类，分别为科研问题（research issue）、伦理和价值（ethics and value）、更长期的问题（longer-term issue）。2006年深度学习的提出，使得AI在自动驾驶、智慧城市、智能制造等众多领域开始应用，与此同时也出现了很多安全事故，引发了众多学者对AI安全的研究。近几年的安全研究主要聚焦在人工智能算法安全以及人工智能带来的伦理道德方面的问题。

针对人工智能算法的攻击主要包括数据投毒攻击、闪避攻击、模型窃取攻击以及后门攻击。图13-16给出了针对这些算法攻击的主要抑制方法。

攻击方法 阶段	后门攻击	数据投毒攻击	模型窃取攻击	闪避攻击
数据收集阶段		训练数据过滤 回归分析	差分隐私	对抗样本生成
模型窃取阶段	模型剪枝	集成分析	隐私聚合教师模型PATE 模型水印	网络蒸馏 对抗训练
模型使用阶段		输入预处理		对抗样本检测 输入重构 DNN模型验证

图13-16 针对人工智能算法攻击的主要抑制方法

- 数据投毒攻击。数据投毒攻击发生在训练阶段，通过在训练数据中加入伪装数据、恶意样本等，实现降低模型准确度或者特定输入的定向、非定向输出。
- 闪避攻击。闪避攻击是一种针对人工智能系统常见的攻击方式。它发生在推理阶段，攻击者通过制作使AI模型错误分类的数据而达到攻击的目的。闪避攻击有两种攻击方式——对抗样本攻击和传递性黑盒攻击。
  - 对抗样本攻击是通过在原样本或正确分类样本上添加微小扰动来欺骗AI算法，使得AI系统不能正确分类，对抗样本攻击有数字样本攻击和物理世界攻击两种。
  - 传递性黑盒攻击是通过样本在模型之间的传递性达到攻击目的，即只要两个模型的训练数据是一样的，对一个模型生成的对抗样本也能欺骗另一个模型。
- 模型窃取攻击。模型窃取攻击是指攻击者对云端服务的AI模型的接口进行调用，然后通过解方程的形式求解得到相似的AI模型，甚至利用窃取到的模型逆向生成与原始数据非常接近的数据，从而对模型的隐私性造成很大的威胁。
- 后门攻击。纽约大学研究团队发现可以通过在AI模型中嵌入后门的方法来操控自动驾驶和图像识别。该团队表示来自云提供商的AI可能存在这些后门。AI在为客户正常运行的过程中，如果引发了触发器（trigger），将导致AI

模型把一个对象误认为另一个对象。例如在自动驾驶中，本来车辆每一次都可以正确识别停车标志，但看到带有预定触发器的停车标志（如 Post-It 标志），车辆可能会将其看作限速标志。

2. 人工智能原生安全

人工智能安全除了算法安全，在模型的构建、模型部署的环境、网络通信、模型再训练等阶段都会出现安全问题。人工智能系统在最初发布之时就已经存在的安全问题为人工智能原生系统安全，而人工智能生态系统在构建之时就已经存在的安全问题则为人工智能原生系统生态安全。人工智能原生安全包括两个维度——人工智能内生安全与人工智能外生安全（见图 13-17）。

图 13-17 人工智能原生安全示意

1）人工智能内生安全

人工智能内生安全指的是人工智能本身的机制所导致的安全问题。人工智能原生系统的内生安全往往由 AI 代码安全、模型完整性、模型机密性、模型鲁棒性、模型可解释性等方面所导致。

（1）AI 代码安全

AI 模型代码以及所依赖的框架（如 TensorFlow、PyTorch 等）或组件（如 OpenCV、NumPy 等）存在漏洞或后门，攻击者能够利用这些漏洞或后门实施高级攻击。在 AI 模型层面上，攻击者同样可能在模型中植入后门并实施高级攻击，由于 AI 模型的不可解释性，在模型中植入的恶意后门难以检测出来。

（2）模型完整性

攻击者通过对输入样本进行更改伪装，从而欺骗模型，使得模型的预测结果与预期出现偏离。比如垃圾邮件识别模型完整性攻击，攻击者通过将垃圾邮件伪装成正常邮件，从而造成垃圾邮件识别模型误识别。或者攻击者利用模型的用户反馈机制，污染模型重新训练的数据，使得模型的效果偏离预期，比如某语音助手被爆出聊天内容低俗、进行语言攻击等。

（3）模型机密性

模型机密性是指训练好的模型结构以及参数在未经授权的情况下不能被用户获取。在互联网以及云计算高速发展的今天，很多人工智能模型向外提供服务，这样使得攻击者可以通过多次调用服务的接口，直接模拟一个与原有模型非常相似的模型并利用模拟出来的模型对原始模型进行白盒攻击。

（4）模型鲁棒性

模型的鲁棒性是指由于模型的训练样本不够丰富，训练场景不够全面，导致模型在一个新的场景以及遇到新样本输入的情况下，模型的预测结果出错，或者模型的训练数据存在偏差。

（5）模型可解释性

模型可解释性是指对模型的运行机制以及对输入数据的反馈能够让大家信服，当模型给出错误的反馈的时候，能够定位出具体的原因。只有了解模型对数据进行处理和判断的机制，才能使得人工智能让大家信服和放心。

2）人工智能外生安全

人工智能的外生安全是人工智能内生安全的一个对立解释，指的是由于人工智能本身机制之外的因素——人工智能在应用过程中所依赖的环境、人工智能在应用过程中所需或产生的数据的安全性以及人工智能应用是否符合相应法律法规等，所引发的安全。人工智能外生安全往往是由人工智能所运行的服务器、硬件、操作系统、运行时的数据存储系统、集成的人工智能应用系统、通信协议等安全问题，以及人工智能被用于做一些违反国家法律法规、社会伦理道德的事情所导致的。人工智能外生安全涉及人工智能系统的物理层安全、系统层安全、网络层安全、数据层安全及应用层安全。

（1）物理层安全

人工智能系统物理层安全是指人工智能系统运行所依赖的各类硬件（如GPU、内存、摄像头、音箱等）安全，涉及的攻击方式有侧信道攻击、硬件木马攻击、硬件供应链攻击等。这些攻击可能会导致设备损坏失效、人工智能系统不可用、人工智能系统被控制、数据泄露等风险。对应的解决方法有进行设备指纹的身份认证、信道及设备指纹的测量与特征提取，以及采用硬件木马检测、容灾、可信硬件、干扰屏蔽等技术进行防御。

（2）系统层安全

人工智能系统系统层安全研究的是人工智能系统所运行的操作系统（如Linux等）、数据库系统、人工智能所承载的服务系统、体系结构等安全。这些系统可能存在漏洞或者后门，导致人工智能系统不可用、被控制等风险。我们可以采用系统安全体系结构设计、系统的脆弱性分析、软件的安全性分析、智能终端的用户认证技术、恶意行为识别等技术进行防御。

（3）网络层安全

人工智能网络安全研究工作的主要目标是保证连接人工智能服务的使用者与人工智能系统服务提供方之间的中间网络自身安全，涉及各类无线通信网络、计算机网络、物联网、工控网等网络的安全协议，确保人工智能服务的使用方与提供方之间在进行数据传输的时候使用安全的传输协议，以防数据在传输过程中被截取或篡改。我们可以采用网络用户行为分析、恶意流量监测等技术进行防御。

（4）数据层安全

人工智能数据层安全主要研究人工智能系统在运行过程中需要的、产生的数据以及人工智能系统中的服务的安全性，以确保人工智能系统数据的机密性、完整性、不可否认性、匿名性等。我们可以采用对数据进行加密、访问控制等手段进行防御。

（5）应用层安全

人工智能应用层安全主要研究的是人工智能系统会不会对人类、社会、国家产生威胁。这需要对人工智能系统所提供的服务、发布的内容和人工智能系统的行为倾向进行检测，或者通过相应的法律法规对人工智能系统的发布以及用途进行实名监管。

13.5 数字化生态是必经之路

对于数字化生态系统，TechTarget 是这样解释的："它是一组互连的信息技术资源，可以作为一个整体来工作。"例如数字化生态系统可以由供应商、客户、贸易伙伴和第三方数据服务商等组成。显然，当下的数字化生态系统要比之前的更先进、更复杂，它由一个复杂的"利益相关者网络"组成，这些"利益相关者网络"可以在线相互连接并以"为所有人创造价值"的方式进行数字化交互。

BCG 最近进行的一项研究显示，一个强大的数字化生态系统需要拥有 40 多个合作伙伴（例如亚马逊有近 70 个合作伙伴）。研究还指出，83% 的数字化生态系统涉及来自 3 个以上行业的合作伙伴，同时 90% 涉及来自 5 个以上国家的参与者。

零售业的典范——苹果公司是首个通过以推出 App Store 提出数字化生态系统概念的公司之一，囊括了旗下公司的 iPhone、iWatch、iMac 等大部分产品，而且已经吸纳了大量的开发者进行应用开发和资源引入。但如果把数字化生态系统比喻成浩瀚的宇宙，那么 App Store 最多只能算是大海。与数字化生态系统海量的第三方资源相比，App Store 所承载的体量实属渺小。优步也是一个数字化生态系统应用的典型案例，它不仅有 iSO、安卓等版本，还提供了便捷的支付系统，而且与餐馆和企业合作提供了包裹递送服务。它甚至还与 Alexa 和谷歌地图合作，以便跟踪旅客和包裹的位置，最终为消费者提供全面的一站式解决方案。

对银行而言，典型的数字化生态系统是由广泛的应用程序组成的。这些应用程序集成移动钱包、数字存折、网上银行、费用管理器以及网点预约等所有功能。

虽然数字化生态系统建设是一次弯道超车的绝佳机会，但许多公司时至今日仍未意识到其价值,有可能在不知不觉中错失建立数字化生态系统的契机。究其根本,这些公司忽略了各个渠道在满足客户需求方面的重要性。

同时,我们也提倡数字化生态系统的建立需要立足于国情、行业、企业、供应链等各方面,只有努力构建一个基于"政、产、学、研、用、介"全方位的生态系统,才能真正实现共同链接、共同繁荣的生态价值。

13.6 数字经济时代的"新科技、新安全、新生态"

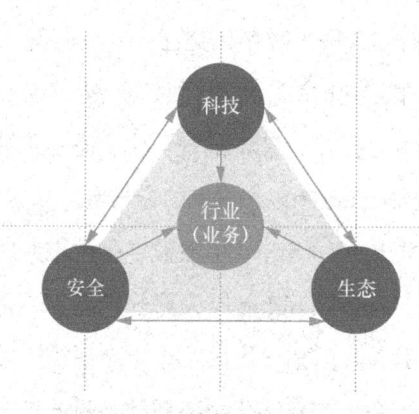

图 13-18 面向数字化转型的"新科技、新安全、新生态"

随着数字化的普及,数字社会的复杂度越来越高,企业越来越需要低门槛、高便利性的数字化工具。未来基于5G、云计算和大数据等技术,企业应当降低技术和业务的耦合性,加快产业数字化转型,提升传统产业效能。未来,产业的数字化已经成为必然的趋势,围绕质量、创新、发展深化数字型产业改革。

在这个前提下,我们提出如图 13-18 所示的应用并驾驭数字技术的三项主题工作。

13.6.1 应用"新科技"

"新科技"指的是促进数字中国经济发展的、各行各业需要拥抱和使用的网络化、智能化、数字化等技术,例如云计算、大数据、人工智能、移动互联、物联网、区块链等。数字经济以互联网为核心，目前正面临由信息互联网向价值互联网的转变，而各行各业也纷纷拥抱数字发展的时代机遇。

在此过程中，新科技的驱动和引领对企业来说尤为重要。企业在数字化转型中要节能增效，需要应用云计算等新型的基础设施；要做运营分析并沉淀数据价值，精准营销乃至衍生出新的商业模式，则需要大数据和人工智能进行支撑；为了以用户为中心、改善用户体验和获客方式，则需要应用移动互联、人工智能、物联网、5G等技术；为了防控风险，做到不可篡改和不可抵赖，则需要用到区块链等技术。这些技术在全行业的应用都比较广泛，但是又有所侧重。

企业数字化转型的科技推进需要结合行业发展、企业自身业务发展阶段及诉求进行。例如，对制造业、地产业、互联网、金融等行业来说，科技的应用需要以信息化为基础，连基本OA、ERP、MES等系统都不具备的企业需要完成这个必然的过程，在此基础上再进行数字化和智能化的工作，例如构建以三大中台（数据、业务、技术）为基础的数字化转型平台，构建以人工智能和大数据为基础的业务智能分析平台等；又如医药行业，需要在医药信息化的基础上，尝试通过引入大数据、人工智能、区块链等科技手段来优化医药研发等业务。除此之外，科技应用必然会有益于业务流程优化和再造，尤其是制造业、医药等行业，将会带来流程简化、提升等益处，科技高管们也需要在转型中为业务的流程优化提供一些有益的输入和贡献。

13.6.2 夯实"新安全"

"新安全"指的是倡导深度融合数字经济时代产业业务安全、科技安全、关键信息基础设施安全的"安全3.0"，其在金融行业的代表就是"金融安全3.0"（见图13-19）。无论是全球政治经济的格局转变还是新科技革命，中国都站在这个引领历史的入口，而这个入口亦是数字经济的入口，随着企业数字化转型、科技应用于各大业务场景，在各种内因与外因的作用下，随之而来也非常考验企业安全风险管控与防御能力。

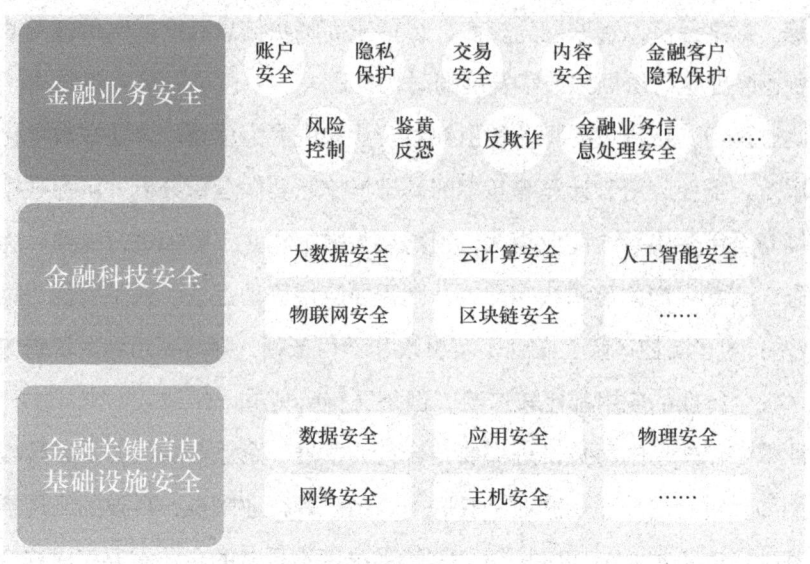

图 13-19 "金融安全 3.0"框架

新科技应用在支持和驱动业务的同时也带来了相应的风险。风险控制是企业数字化转型的必选项,而不是可选项。新兴技术都存在安全风险,以人工智能为例,近年来因人工智能导致的安全事件频发,安全问题已经到了避无可避之时。我们重新定义了人工智能的原生安全系统并从人工智能内生安全及外生安全的角度对其进行了研究与安全实践,希望从不同的维度将技术更健康地应用于业务。当然人工智能的发展也离不开数据,目前数据泄露等安全问题也十分严峻。让技术成为业务健康可持续发展推手的同时我们必须时刻重视对安全的防御与风险管理。

13.6.3 打造"新生态"

"新生态"是助建融合共生、共同发展的数字经济新时代的必由之路。"新生态"提倡以"科技+安全+生态"的创新发展模式,从传统的"产、学、研"拓展到当下的"政、产、学、研、介、用",构建新生态,其内涵是科技引领未来、安全驱动发展、构建健康生态、助力网信蓝图。构建新生态必须以各产业、各领域专家强强联合为手段，通过融合各界优势，合力创新，领先发展，以先赢带动共赢，推及行业，面向产业，共同推动数字中国的建设及新科技、新安全、新生态模式下的先进技术发展，促进数字生态建设和数字经济的弯道超车。

  数字化这块，我们还有必要提一提"信创"。信创即信息技术应用创新，这个概念其实是从国产化、自主可控、安全等发展过来的，是我国各行各业和企业通过数字化技术驱动转型的不可忽略的一环。在过去，我国的金融、制造、电信等各行业的信息化技术、IT基础设施等都过度依赖国外产品和解决方案。这样的依赖在某些敏感时期甚至是非常时期，都无异于一颗颗生死攸关的"定时炸弹"。当时，笔者在世界500强金融集团平安集团也针对人工智能这个异常火热、应用场景极为广泛的新型技术提出了"人工智能原生安全理论"，其中一个目的就在于提醒业界审慎对待外来框架的人工智能安全问题，防微杜渐，"勿在浮沙筑高台"。因此，在当今国际激烈竞争的大形势下，如何解决数字化转型中"卡脖子"技术的创新和应用，是我们不得不面对的一个话题。作为企业的数字化转型领导者，我们不但要懂得转型，还要懂得如何通过信创的力量来辅助转型。这是一个千秋大业，若干年后大家会看到，我们的业务数字化、数字化基础设施等都是构筑在信创基础之上，这样的转型是有中国特色的，也是牢固和自主可控的。

第 14 章

数字化转型的误区和应对策略

企业在开展数字化转型的过程中,由于种种原因,必然会遇到战略、战术、思想意识、投资、技术等各方面的误区,从而影响数字化转型的推进过程,甚至导致失败。因此,本章将通过举例来指出转型中需要避免的那些"坑",同时结合笔者多年投身数字化转型的经验和心得,提供"李洋十二条"给大家进行参考,以期尽可能少走弯路,避免误区。

14.1 转型避坑指南

目前众多企业正处于产业数字化转型的迷茫期和困顿期，受到铺天盖地的科技热点、科技噱头、科技"网红"的影响，企业领导者无所适从，心猿意马，进入各种误区。我们将这些误区概括为战略、战术、思想意识、投资、技术五大类。

14.1.1 战略误区

战略误区指企业领导者对数字化转型存在误解，没有清晰的方向或者全局的格局和视野，或者是方向/目标与企业经营和价值创造背道而驰等。

典型表现如"先搞定老板和预算，有无效果再说""先项目投入上马，干到哪算哪""数字化转型是颠覆，是改革，业务往往也不能理解"等。由于没有把握转型的正确目标而导致后期可能存在方向性错误，转型从一开始就存在偏差和错误，进而满盘皆输。

14.1.2 战术误区

企业在战术执行层面上制定的数字化转型切入点、实现路径等存在错误或者偏差，导致执行过程中没有结果或者结果不理想。换句话说，这些转型过程中的错误在很大程度上也会导致最后转型的失败，结果"无疾而终"或者收效甚微。

具体表现如"要转型，先堆人，越多越好""按照咨询公司的 PPT 干转型，别人都这么干准没错，错了也不用负责""把系统用新技术再干一遍"等。典型的影响就是劳民伤财，堆人堆物等，不但没有达到降本增效的目的，反倒增加了企业的负担。

14.1.3 思想意识误区

企业领导者在思想意识和文化方面对数字化转型的意义、目标和方向存在模糊或者错误认识,导致执行转型的组织层面存在障碍和偏差,影响转型的进程、执行效率和效果,从而导致转型失败或者出现负面影响。

具体表现如"转型是老板和公司的事情,跟着执行就行了""转型请咨询公司过来做规划,失败了不是我们的责任""转型就是要做几个大项目,完成了就结束了""转型是IT部门的事情,业务搞不明白""把IT部门所有名称都变成数字化部门,这样才是数字化转型的组织"等。思想意识层面是最容易被忽视的因素,影响到人,也就影响到人做的事情,所以要特别重视,不能忽略。

14.1.4 投资误区

数字化转型涉及投资以及公司的成本、利润和投入产出比等。负责数字化转型的领导者没有很好地认识和履行投资的必要性、重要性、投入产出等要素分析,导致盲目投资、铺张浪费甚至是错误投资,从而加重企业负担,最终不但没有产生应有的价值,反倒拖累企业发展。

具体表现如"科技就是要投入,大家都是这么干""转型就是要大兴土木,人越多越好""把最新的平台和技术都引进来""以前的系统都是非数字化系统,转型就要都报废掉重建"等。

14.1.5 技术误区

数字化转型过程中数字化技术的使用具有一定的科学性,不能为了使用而使用,也不能滥用和误用,各类人才要能够学会驾驭这些技术。各个企业所处的阶段不一样，没有哪项技术是数字化转型的标志，需要因地制宜。

技术误区主要表现如"别人建中台，我们也建几个，时髦""把所有系统都改成微服务，不然不叫数字化转型""所有系统都用数字化改造一遍，这才叫数字化"等。

另外，笔者在跟很多大型集团的 CEO、CIO、CDO 的交流当中发现一个普遍特点，那就是我们的企业董事、股东、经营高管、科技高管在数字经济时代存在焦虑，在信息爆炸和泛滥的时代为过多的数字化转型等新名词充斥，生怕在数字化转型的赛道上慢人一步、落后时代，未分析判断、结合企业实际和现阶段科技水平匆匆上马，导致众多的不必要投入和转型失败，这些例子不在少数。

因此，笔者结合多年来的信息化和数字化转型经验一直在思考，能不能从企业经营管理者和科技工作者的视角来总结提炼一些有益的经验来给大家参考，让大家少走一点弯路，笔者也能在总结中提炼和提升。著名的投资大师和思想家查理·芒格（Charlie Thomas Munger）多次提到"常识"的力量，他提倡要学习在所有学科中真正重要的理论并在此基础上形成所谓的"普世智慧"。产业数字化转型这个集自然科学和社会科学于一身的实践学科在当今时代缺乏这样平常人不知道的"常识"，所以基于这些背景笔者进行了总结提炼，得到十二条建议，并在广东省数字化联盟 2020 年 12 月 12 日举办的峰会上，将这十二条建议公布出来，现场反响非常热烈。可以看出，大家对这块非常关注和感同身受，急需一些指引。

14.2 给转型者的一些建议——"李洋十二条"

这十二条建议从数字化转型所涉及的价值观和战略战术方法论两个大的层面来概括。第 1 条～第 4 条属于价值观层面。

第 1 条：以企业主人翁视角看待数字化。

这条建议主要给所有涉及和参与数字化转型的高管和核心骨干以参考，强调转型者的企业责任感、格局和视野，从CEO、股东和董事的角度来看待数字化转型工作，避免转型中的战略误区和思想意识误区。

第2条：以经营企业的思路经营科技组织。

这条建议主要给CIO、CDO以参考，以企业的思路和方式、责任感来经营科技或者数字化组织，科技也是业务，所以要在战略上重视。这条建议也用来提醒避免战略误区和思想意识误区。

第3条：做大事业，视科技为战略资产，不只是实用资产。

这条建议主要给CEO、CIO、CDO以参考，科技是数字经济时代的战略资产，不只是传统意义上的实用资产，所以在转型中要保持这种必要的战略意识，以避免战略误区和思想意识误区。

第4条：在实干中实现目标，不纸上谈兵，不做科技噱头。

这条建议主要给CIO、CDO以参考，牢牢记住数字化转型是一项科学、系统的工程，是实践出来的，不是PPT上勾勒和嘴上说出来的，以提醒避免战术误区和思想意识误区。

第5条~第12条则属于战略战术方法论层面。

第5条：没有适合所有行业/企业的数字化转型之路。

这条建议主要给CEO、CIO、CDO以参考，强调不要试图"依葫芦画瓢"，以一个行业、企业或者咨询公司给出的样板作为依据实践企业的数字化转型工作，这不现实也不科学，以提醒避免战术误区和思想意识误区。

第6条：不要依赖长期的规划，最好不要超过2年。

这条建议主要给CEO、CIO、CDO在规划层面以参考与提醒，不要过度僵化和教条，行业、企业等的规划普遍在3~5年，这里的"2年"只是一个指代数量词，不是说必须不超过2年，而主要是为了强调数字化转型工作会随着用户、企业、资源、技术等方面的改变而不断深入，在必要时可以进行细微调整，只要目标和战略相对稳定即可，以避免战略误区、战术误区、投资误区等。

第7条：快速切入、试错，不断迭代和优化。

这条建议主要给CIO、CDO进行数字化转型战术执行时提供参考，强调速度、阶段性产出和迭代优化，相对于科技行业以前的"难以短期证伪"，希望在转型过程中能够随时总结和调整，一步一个脚印。这条主要用来避免战术误区和技术误区。

第 8 条：数字化转型不要随意推翻/否定已有的，大兴土木。

这条建议主要给 CIO、CDO 战术执行时提供参考，避免忽视存量数字化/信息化投入的价值，随意推翻前期的工作基础，导致较大的成本投入和历史沉没成本，给企业造成损失。这条主要用来避免战术误区、投资误区和技术误区。

第 9 条：精益经营，不要给后来者留下一片废墟。

这条建议与第 8 条有相应的继承关系，主要给 CIO、CDO 以参考，在不轻易否定已有成果的前提下，数字化转型的投资和经营也要审慎和科学，反对"一门心思搞投入，哪管企业成本和经营"的转型的错误路径，做到有选择、有担当、有效果的投入。这条主要用来避免战术误区、投资误区。

第 10 条：寻找利基市场，积小胜为大胜。

这条建议主要给 CIO、CDO 在战术执行时寻找"红海中的蓝海"作为切入点。数字化转型不是不分青红皂白地把所有东西都重新做一遍，所以如何切入非常值得讲究和推敲。很多企业经过信息化和互联网化阶段已经在很多方面取得成果，并且逐步获得阶段性成果，将一些局部数字化的成果慢慢转化为大的成果。这条主要用来避免战术误区，切忌急躁、盲目和冒进。

第 11 条：重视流程、组织/人员、技术和数据，但不要"拿着锤子找钉子"。

这条建议主要提供给 CIO、CDO 在战术执行上做参考。科技/数字化主要会落实在流程、组织/人员、技术、数据这些因素上，所以要给予重视，但是不能唯这些工具论，不顾及和考虑业务的形态、特点、发展、需求等，光用技术的思维去考虑问题是片面的，也是成效最低的。这条主要用来避免思想意识误区和技术误区。

第 12 条：打造生态，综合各利益攸关方，不闭门造车，不自娱自乐。

这条建议提供给 CEO、CIO、CDO 作为战术和思想意识参考，不要指望一个企业、一个团队能够解决所有的问题，企业都是在行业、社会、国家中生存，用户、国家、监管、伙伴、供应链等都需要想办法整合进来形成利益共同体，取各家之长，共荣共生。这条主要用来避免战术误会和思想意识误区。

从上面的分析不难看出，其实"李洋十二条"背后的驱动逻辑比较朴素，核心在于明确数字化转型的常识，可借鉴，可落地。我们希望通过这十二条建议提醒产业、企业的领导者不忘数字化转型的初心，紧紧抓住提升企业竞争力和创造价值的目标，做好战略指引和战术布局并科学运用数字化技术进行转型，也非常希望在此呼吁大家用"内生企业家"的视角、以企业经营的思维去推动数字化转型工作，不要好高骛远，也不要脱离实际，而应该因地制宜，紧密结合业务，探索适合本企业的数字化转型之路并使用正确的战略、战术方法实践与落地。

第15章
金融业数字化转型案例

本章将结合世界 500 强企业平安集团的具体案例,介绍其在寿险、银行、互联网金融安全风控、集团数字化安全方面推动数字化转型的具体举措和成果。

15.1 平安人寿业务数字化转型

根据国家"十四五"规划的要求,推动保险业向高质量转型和发展,需要坚持科技创新。时代在飞速发展和变迁,被称"Z世代"的95后不仅是互联网的原住民,更是移动互联网的原住民。相比于其他年龄阶层,他们更强调社交性、移动性和个性化。在这种情况下,寿险业务将面临三大困难。

第一,获客难度越来越大。获客难是一个老问题,寿险行业的发展离不开主顾开拓,主顾开拓做不好,寿险业务就做不好,未来更是得年轻人者得天下。年轻人的生活方式与其父辈是不同的,如何能够服务好年轻一代的客户是值得我们思考的问题。

第二,增员和队伍发展越来越困难。随着经济的飞速发展,很多线下服务行业(如外卖、快递、网约车等)都在分流寿险代理人的队伍。

第三,组织推动越来越困难。近年来寿险业务得到高速发展,但在某种程度上存在粗放式经营的问题,"打哪儿指哪儿"策略为后续的发展产生很大影响。

随着时代、客户群的变迁以及科技的发展,寿险行业需要破圈、出圈,深度拥抱互联网、大数据等新科技,开展模式创新。唯有破圈、出圈,寿险行业才可能有更好的发展空间。平安集团旗下的平安人寿近年来在前台、中台和底层科技建设等方面做了以下三方面的数字化转型改革。

第一,线上、线下、前台方面,通过线上和线下相结合来主顾开拓,线上拓客,线下转化以提升产能。对于前台客户,目前寿险企业主要依靠线下门店,或者仅仅利用互联网开发简单产品。即使线上获客量很大也无法落到线下,特别是高保障产品的销售难度很大。此外,传统寿险企业从线下走到线上也较为困难。因此,平安人寿近年来采用线上线下相结合的模式:公域流量采用树立人设、精细促活和重视变现的"三板斧",私域流量利用百万代理人,公域流量和私域流量相结合,最终实现流量裂变。此改革使得代理人平均获客量达到原来的 3 倍。

第二,智能化大脑中台方面,从目标设定到行为追踪,全域数字化经营,深入洞察客户,分群经营。对内的智能化中台,即全域经营管理平台,是寿险公司的大脑。所有数据下拽到下属营业部和营业组,总部及各层级的活动都录入中台系统中,这样可以提前预测发展趋势,提前发现问题,及时解决问题,从而将以前经营管理中的"打哪儿指哪儿"变成"指哪儿打哪儿"。

此外,利用大数据技术对客户进行精准分层,做智能化精准营销,帮助销售队伍开展傻瓜相机式的客户开发和推进工作。智能化中台是转型的核心。

第三,大数据等底层科技方面,构建人工智能模型,打造画像图谱体系,建立全域因子数据库。

寿险企业必须拥抱互联网、大数据,利用科技开展数字化转型,才有可能成功。但又不仅限于此,更重要的是文化、观念、思维的转变,只有执行层能够做出效果,才是真正的数字化转型。

15.2 平安银行业务数字化转型

平安集团旗下的平安银行在数字化资金投入、团队建设和口袋银行 App 等方面在业界都具有一定的影响力,主要体现在组织和科技两个方面的转型。

15.2.1 推动组织变革与机制创新

科技资源配置方面,平安银行将承担业务线相关渠道、产品、风险和运营系统建设任务的研发团队配置到业务线,与业务人员共同组建敏捷团队;运作机制方面,复合型科技骨干深度参与到产品规划和业务运营活动中，一些领域以项目驱动的系统建设模式向更加聚焦于价值交付的产品驱动和运营驱动模式转变。敏捷转型促进科技与业务深度融合，提升组织的创新能力和交付效率。

平安银行多措并举加强科技队伍建设，以科技赋能经营管理数字化转型。从国内外引进大量高端技术人才，增强科技的创新引领能力；持续扩大科技人员规模，增强队伍的交付能力和保障能力；以多种形式持续开展数字化技能和领导力培训，致力于打造"精技术、懂业务、会管理"的人才队伍。此外，业务线大量引进有科技背景和数据思维的人才，同时开辟了复合型科技人才到业务部门任职的发展通道。

平安银行秉承与生俱来的创新基因，在鼓励创新、包容试错的文化氛围下，建立完善自顶向下和自底向上的创新机制；成立平安银行创新委员会，指导和协调跨条线、跨职能的战略性创新项目开展；通过创新大赛、创新车库等形成创新孵化机制，激发全员创新活力。目前，平安银行专利申请数在股份制银行中名列前茅。

15.2.2　全面提升核心科技能力

平安银行推动架构转型，实现技术体系全面升级。以架构转型带动技术体系的全面升级，实现金融科技的规模化应用，在基础设施云、分布式、微服务架构，开发运维一体化等技术领域，都取得了突破性进展。搭建平安私有云平台，采用主流开源技术进行二次开发和封装，与数据中心资源管理和运维流程无缝整合，基础设施的各项指标能力得到显著提升。

自主研发分布式金融 PaaS 平台，支持敏捷开发、弹性扩展和多活部署，为高并发的线上化互联网应用提供支撑。平安银行基于该平台自主研发的新一代信用卡核心系统实现了首次将关键业务系统全部从大型主机迁移到基于 PC 服务器的分布式系统；建设 Starlink 开发运维一体化平台，支撑敏捷研发、生产部署和数字化效能管理，2020 年平台通过中国信息通信研究院"研发运营一体化（DevOps）能力成熟度"系统和工具的首批评估，这标志着平安银行在 DevOps 领域走在行业前列；参照中国人民银行颁布的金融技术标准，基于开源系统构建区块链 BaaS 平台，全面增强了平台的易用性、安全性和联盟治理能力，并在供应链金融、云签约存证、发票数字证等应用场景落地。

聚焦数据驱动，提升数字化创新能力。把数据能力建设作为科技工作的一个突破点，通过推动数据资产化管理夯实基础数据管理，构建数据中台以提升数据服务水平，为数据驱动的经营管理和创新提供强大引擎。主要体现在如下两方面。

一是以数据资产化管理赋能数据价值利用。参照监管数据治理指引和行业实践，推进数据治理迈向更高的水平；持续优化组织架构，完善管理工具，加强数据标准和规范的制定和应用；通过企业级数据架构嵌入开发过程管理，加强主数据管理，业务指标统一管理，构建质量监控雷达等手段，实现数据质量的持续提升；大力推动数据颗粒化、标准化、标签化和模型化管理，为数据智能化应用奠定基础；制定数据分级分类标准，强化数据交换共享的合规要求和审批流程，管理和技术手段并重，加强数据安全和隐私保护。平安银行全面盘点银行数据资产，依托集成统一的数据资产管理平台，实现管理流程的线上化和闭环，让数据资产看得见、看得全、看得清，赋能银行数据分析和价值挖掘。

二是构建数据中台助力全面数字化经营。从客户营销、风险管理、运营优化和财务绩效等维度全面分析数据化经营所需要的数据能力，规划建设具有企业级数据融合能力、数据处理加工能力和数据服务能力的数据中台。数据中台具有包括多类型数据存储、批量和流式计算、自动化运维在内的完整大数据技术栈，同时构建了集人工智能算法训练、可视化机器学习和人工智能云服务于一体的人工智能能力，支持数据提取、特征工程、模型开发、模型训练、模型部署的全线上化处理。数据中台支持各类数据分析工具的对接，同时通过接口和组件等形式对外提供数据服务。数据中台极大增强了对各类业务场景的实时化、智能化决策和服务支持，提升了客户体验，极大提高了银行运营优化和模式创新的能力，成为数据驱动、智能决策的重要引擎。

15.3 平安集团大数据安全风控

当前中国互联网行业已经进入大数据和人工智能时代，越来越多传统业务由于加入了大数据和人工智能的技术能力，业务模式发生了巨大的改变。在社会发展和技术迭代的同时，网络空间安全威胁和黑色产业链也进入了技术工具迭代更快、数据共享范围更广、分工协作更紧密、攻击手段更智能的时代。互联网金融行业作为时代发展的新宠儿，面对的业务风险和技术挑战都更为紧迫。面对如此严峻的安全形势，互联网金融企业需要尽最大可能收集内部业务数据和外部威胁情报信息，构建基于大数据/人工智能算法的业务安全风控系统，持续提升企业自身在业务安全保障方面的事件/威胁快速响应、安全风险实时精准检测分析和及时合理处置等能力。

陆金所作为平安集团旗下互联网投融资平台，自成立以来为广大机构、企业和投资者等提供专业、高效、安全的综合性金融资产交易服务，成为国内领先并具有重要国际影响力的金融资产交易服务平台。伴随陆金所成长的不仅有业界瞩目的业绩和荣誉，也有撞库、虚假注册、交易欺诈、身份伪造、数据泄露、数据交易、越权等业务风险。风险的蔓延与扩散，给业务发展带来了极大的挑战。平安集团信息安全专家服务团队运用多年来集团在综合金融领域中沉淀的安全风险控制经验，采用大数据和人工智能技术手段，以安全和业务视角控制风险，为陆金所提供业务安全风险控制解决方案。结合陆金所在业务场景上的精准分析，平安集团信息安全专家服务团队为陆金所搭建了大数据业务安全风控系统。该系统通过围绕账户权限、交易欺诈和异常业务逻辑等关键风控关键节点，全面记录和采集行为数据，高效匹配规则，同时通过精准的模型分析，将风控措施前置到业务流程中，及时有效地发现和处置风险。

大数据业务安全风控系统总体架构如图15-1所示。

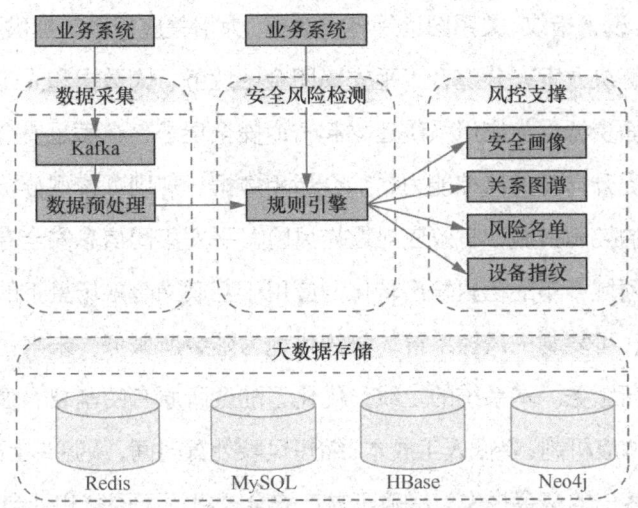

图 15-1 大数据业务安全风控系统总体架构

- 业务数据采集和数据预处理系统：负责接收来自 Kafka 的业务事件消息并按要求对其进行预处理。
- 业务安全风险检测系统：由规则引擎及响应的风控规则管理后台组成。风控规则管理后台负责配置管理所有业务相关的风控规则，规则引擎负责根据配置好的风控规则调用风控支撑系统的各类数据进行风险计算，给出相应的风险处置建议。
- 风控支撑系统：由安全画像、关系图谱、风险名单、设备指纹等多个系统组成，共同为风控规则引擎提供实时、快速的数据查询服务。该系统对确保风险检测和风险决策的准确性和实时性极为关键，其中，安全画像负责提供用户、账户、终端等的安全相关特征标签；关系图谱负责提供用户与用户、用户与设备、用户与 IP 之间的关联关系分析结果；风险名单集成来自公司内外部的 IP、手机、证件等各类风险名单数据；设备指纹提供对用户终端设备的自动识别服务。
- 业务端安全控制组件：负责实现来自风控支撑系统的各种风控处置建议，如阻断业务、补充验证、人机验证等。
- 大数据存储系统：负责存储业务事件、风控规则、风险名单、风险事件、安全画像、设备指纹、关系图谱等各类数据，为相关应用系统提供数据读写服务。

以上技术解决方案充分整合了平安集团金融业务、大数据和人工智能技术、安全能力等各方面资源，为应用系统建立起一道安全堡垒，在满足安全和金融监管合规要求的同时提升自身的风控能力，综合运用数据、规则、模型分析等多维度、多视角、多层次的控制措施，有效应对欺诈风险。平安集团信息安全专家服务团队将其在金融安全领域多年的积累输出转化为应用于互联网金融场景下的安全机制，搭建一套可伸缩、可复制的风控系统，集约化地为陆金所服务，未来也可扩展为平安集团其他子公司服务。本系统的上线，优化了陆金所原有的割裂、独立和迟滞的安全风险发现与响应机制，降低人工成本，缩短风险处置时间，从源头上减少了陆金所、平安集团以及客户的资金损失，保障了财产安全，巩固了国家和社会的金融安全。

15.4 平安集团下一代智能安全运营中心 NGSOC

平安集团在 30 多年的发展中积淀了大量的信息资产，拥有 140 多万员工、40 多万终端以及 30 多家专业公司，业务覆盖保险、银行、证券、普惠、互联网金融等。集团安全运营工作需要设计、建设安全运营平台，与各专业公司进行有效联动，从而应对外部入侵威胁和内部数据泄露风险。然而，集团一直缺乏一套行之有效的方法、机制和平台对这些工作加以保障，主要存在以下问题。

- 安全防护能力需要增强。传统安全手段更多依赖边界、终端等的被动检测和监控，缺乏对诸如 Wannacry、APT（Advanced Persistent Threat，高级持续性威胁）等新兴安全威胁的检测以及在线阻断能力，使得安全工作较为滞后，在事前和事中往往无所作为。

- 安全防护传统趋向于单点化，未形成统一安全威胁分析和处置机制，导致很多在终端、网络出现的安全事件难以在事中进行监测和预警，尤其是 APT

之类的威胁。
- 应急响应未形成全集团统一调度和统一行动。各专业公司出现安全事件后如何与集团联动，集团发现安全风险如何协调专业公司统一预警和处置，这些都未解决。
- 集团安全运营缺乏必要的可视化、智能化和自动化手段，运营效率不高，不能满足集团面临的日益严峻的安全态势，也不能从整体上感知和审视集团安全状况。

为了改变集团和业界在安全方面长期存在的误区（在实际工作中具体表现是只有安全技术和安全管理的概念，没有安全运营的观念和具体举措，忽略了人员、流程、技术的结合），平安集团在架构设计时强化了在如下三个方面的提升以及结合。

- 人员方面：架构强调组织的变化和革新，将安全运营组织细分为安全规划、建设运维、安全防护、监控分析和响应处置几个部分，通过应用项目管理和安全能力建设的思路和方法，做到各个组织各尽其职，各专其能。
- 流程方面：依据集团需要，设置运维、监控、响应和处置流程，人员/组织将依据流程进行职能的履行、协调和串联。
- 技术方面：以安全能力和安全大数据为核心，人员/组织依靠平台通过数据的采集、分析、处理、展现等方式，在既定流程下完成安全运营工作。平安集团金融安全运营框架如图15-2所示。

图15-2 平安集团金融安全运营框架

在金融安全运营框架下，结合态势感知技术、威胁情报技术等，智能安全运营中心 NGSOC 包括一个框架、4 个子平台、3 个能力。

- SOC 主框架：是 NGSOC 的整体调度模块，对 4 个子平台、3 个能力进行整体调度，包括数据采集、数据分析、预警、应急响应处置等。
- 威胁情报子平台：包含业界情报和自产情报，情报社区运营等，在集团 30 余个子公司进行共享。
- 网络流量分析子平台：网络关键位置全流量存储及分析，包括攻击回溯、追踪关联等。
- 工作流子平台：基于安全事件预测、告警、响应、处置等的应急响应及协同处置，以此联动集团与各专业公司的安全组织人员和相关安全设备。
- 终端监控和响应子平台：终端数据安全监控、数据防泄露、终端高级威胁防御与实时响应。
- 主动安全防护能力：网络边界、内部网络关键位置及 APT 威胁发现、预警、阻断等。
- 用户行为分析能力：针对网络、终端等安全大数据的、基于用户的行为分析、判断和处置。
- 智能分析和展示能力：应用人工智能和机器学习算法的智能监控分析（流量分类、聚类、关联等）以及 NGSOC 基于重要安全监测指标的可视化处理。

15.5 平安集团数字化生态建设

作为一家以保险业起家的综合性金融控股集团，平安集团在推进数字化转型的过程中面临非常多的安全风险防控问题。金融行业的监管日趋严格，急需整合业界生态的力量进行联合创新和实践落地，平安金融安全研究院顺势而生。

平安金融安全研究院是由平安集团旗下的全资子公司平安科技成立的业界首家综合性的金融安全研究及创新机构。该研究院以"聚焦金融、着力创新、引领行业、打造品牌"为指导方针，以共建"科技＋安全＋生态"的科技创新及应用体系为核心，承担筑构国家网信事业发展的愿景，着力整合"政、产、学、研、金、介、用"的业界优秀资源。与国家、行业、高校、研究院所等强强联合，"一手抓创新，一手抓落地"，在金融关键信息基础设施安全、金融科技安全、金融业务安全风控三方面持续创新实践。同时致力于构建"金融安全3.0"时代的安全生态圈，为平安集团、行业、国家提供强有力的金融安全技术支撑，为金融机构在互联网、人工智能时代下的信息安全建设、业务安全风控、金融科技安全保障和国家金融安全做出贡献，形成可持续发展的独特学术研究优势、产品和服务，推动和引领我国在金融安全方面上的科学技术进步，打造金融安全品牌。

研究院的研究方向主要包含以下几点。

- 重点研究金融网络空间面临的各种防护手段，涉及网络安全态势分析、网络异常行为分析、网络渗透检测、网络应急响应控制、无线通信安全等。
- 重点研究如何通过数据管控、行为监测、大数据分析等手段防止金融数据泄露，在满足行业合规的前提下做好金融行业的个人隐私数据。
- 重点研究金融网络空间上具有计算能力的计算机系统（含移动平台）的安全问题，涉及恶意代码分析与防护、可信云计算、虚拟机化安全、计算机取证等。
- 应用前沿人工智能技术，针对金融业务场景及风险点，在反欺诈、账户安全、交易行为分析、设备指纹、生物特征识别、反垃圾服务等方面进行深入研究。
- 结合平安集团在物联网、大数据、移动互联、云计算、人工智能、区块链等领域的实践，不断跟进国家、行业联盟标准/政策要求，参与和引领安全标准/政策制定。
- 结合平安集团在金融安全合规方面的技术经验，融合智慧安全和智慧医疗，重点研究医疗安全标准合规、医疗信息物理安全、医疗健康数据安全、医疗信息系统安全、智能医疗设备及应用安全、医疗网络安全等。

该研究院成立至今硕果累累，发表20余项信息安全方面的白皮书，包括《平安云健康数据安全白皮书》《网络安全态势感知技术及应用发展蓝皮书》《威胁情报技术应用及发展分析蓝皮书》等；申请专利超过 120 件；参与制定《大数据安全技术要求》《金融网络安全威胁信息共享指南》等 20 余份安全标准/报告；筹措 10 余个产学研项目并与国家权威机构合作孵化大数据协同安全技术国家工程实验——金融行业安全研究中心。

第16章

制造业数字化转型案例

工业互联网、智能制造和供应链金融是当前制造业数字化转型的典型领域和案例。本章将结合多家世界 500 强企业的具体案例来介绍制造业如何从这些方面入手进行数字化转型以及取得的一些成效。

16.1 海尔集团工业互联网平台

海尔集团是中国家电产业的领先企业之一,自 2009 年以来一直保持全球大型家电市场占有率第一的地位。2012 年,海尔集团开始施行网络化战略,根据互联网经济特征,通过在生产制造方面向数字化、网络化、智能化转型,力图实现企业整体的转型升级,其中,主要的举措就是建设海尔智能制造平台(Cloud of Smart Manufacture Operation Platform,COSMO 平台)。COSMO 平台作为海尔集团自主研发、自主创新、有全球引领作用的工业互联网平台,未来发展愿景是建立以用户为中心的社群经济下的工业新生态。

COSMO 平台的目标是打造开放的工业级平台操作系统,在此基础上聚合各类资源,为工业企业提供丰富的智能制造应用服务。目前,COSMO 平台的业务架构主要为 4 层,自上往下依次为业务模式层、应用层、平台层和资源层(见图 16-1)。

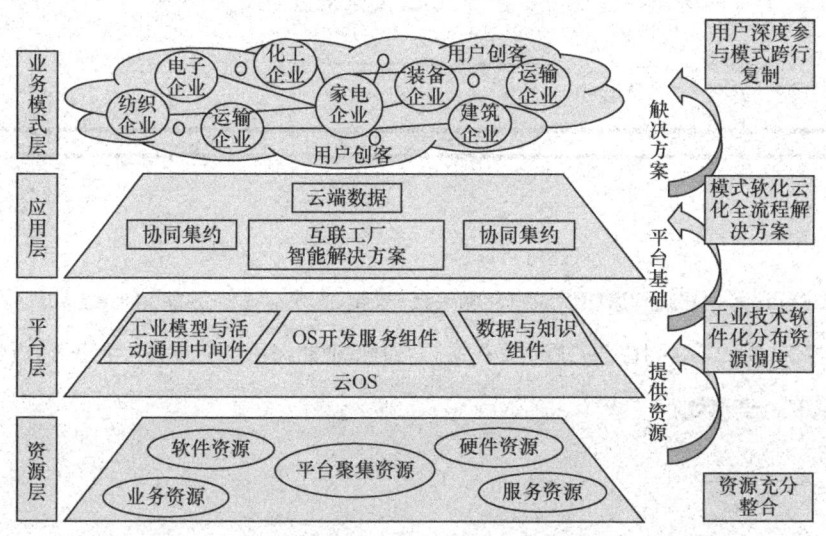

图 16-1 海尔集团 CSOMO 业务架构

最顶层的业务模式层的核心是互联工厂模式。在此基础上，海尔集团借助自身在家电行业积累几十年的制造模式和以用户为中心、用户深度参与的定制模式以及在工业互联网运营方面的经验模式，引领并带动利益相关者及与自身相关的其他行业发展。例如，海尔集团依托自身的家电制造模式，在制造电子行业、装备行业进行跨行复制。在业务模式层上，海尔集团对传统制造的组织流程和管理模式进行了颠覆，这是 COSMO 平台核心的颠覆。

在应用层上，海尔集团基于互联工厂提供的智能制造方案，将制造模式上传到云端并在应用层平台上开发互联工厂的小型 SaaS 应用，从而利用云端数据和智能制造方案，为不同的企业提供具体的、基于互联工厂的全流程解决方案。应用层目前已有基于 IM、WMS 等 4 大类 200 多项服务应用进驻。

平台层是 COSMO 平台的技术核心所在。在平台层上，海尔集团集成了物联网、互联网、大数据等技术，构建开放的云平台，同时采用分布式模块化微服务的架构，通过工业技术软件化和分布资源调度，向第三方企业提供云服务部署和开发。此外，平台层的数据与知识组件和工业模型活动的通用中间组件既可以为公有云提供服务，也可以为所有第三方企业的私有云提供服务。

COSMO 平台的基础层是资源层。这一层集成和充分整合平台建设所需的软件资源、业务资源、服务资源和硬件资源，通过打造物联平台生态，为以上各层提供资源服务。

COSMO 平台目前的运行机制是在智能服务平台上建设智能生产系统并构建智能产品、智能设备与用户的互联互通（见图 16-2）。

综上所述，COSMO 平台运行机制的核心理念在于以用户为中心，保证用户在生产全流程、全周期参与的体验迭代，通过与用户持续交互实现用户终身价值。这也是 COSMO 平台区别于国外主要工业互联网平台的关键所在。在具体操作中，COSMO 平台将全流程拆分为 7 个模块，分别对应交互定制、开放创新、精准营销、模块采购、智能生产、智慧物流、智慧服务等覆盖全流程的七大环节，通过泛在物联能力、知识沉淀能力、大数据分析能力、生态聚合能力、安全保障能力等五大能力，实现灵活部署、跨行业快速复制，赋能企业转型升级。

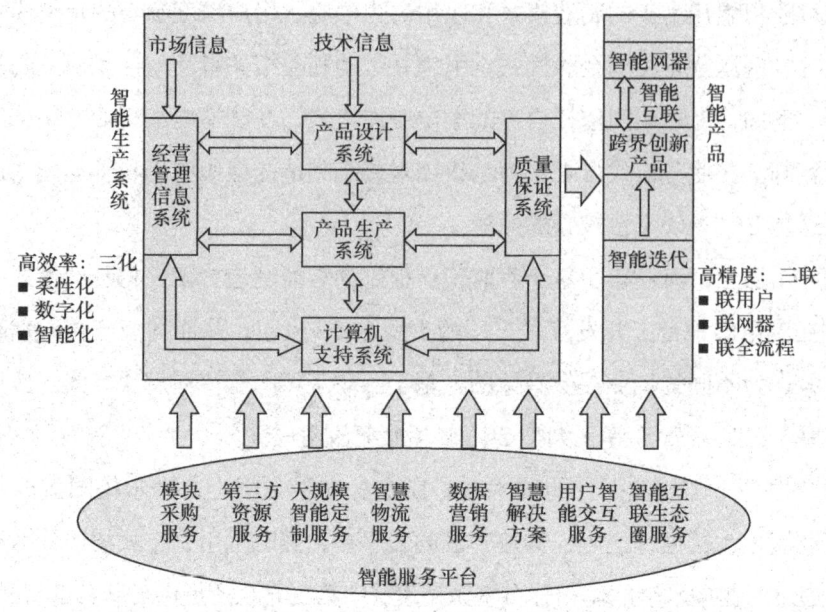

图 16-2 COSMO 平台的运行机制

16.2 海尔集团智能制造

当前全球各国都在争相介入新一轮国际分工争夺战中，随着比较优势逐步转化，全球制造业版图将被重塑。为此我国提出了"互联网+"行动计划。自 2009 年以来，7 年蝉联大型家用电器零售量全球第一的海尔集团，同样处在激烈竞争的旋涡中。同时海尔集团也是转型最快、最成功的企业之一，其核心思想是"互联工厂"，特点是以互联网技术为支撑，快速满足用户的定制化需求，使用户获得最佳体验。

海尔互联工厂通过互联网，让用户和生产线实现直接对话。用户的个性化需求可以在第一时间反馈到生产线，满足用户最佳体验。为了满足不同用户个性化需求，海尔互联工厂实现了从线上用户定制方案到线下柔性化生产的全定制流程。整个定制流程主要包括需求、交互、设计、预售、制造、配送、服务，循环迭代升级，各方资源融合成共创共赢生态圈。

海尔互联工厂可理解为"数字化支撑下的全流程透明可视"，其中包括两个含义：一是企业生产全流程可视，二是用户信息可视。"企业生产全流程可视"需要在基础设施上实现"IT与OT融合"，其含义是车间物联网、信息通信网、售后产品服务网的三网融合以及以iMES为核心的ERP、PLM、工业控制、物流系统的系统整合。这种融合其实就是"工业4.0"描述的"纵向整合"概念。"用户信息可视"要求实现"更广泛互联互通"，一方面是内外互联，通过互联网实现用户与设计、生产部门的互联互通，高效协同；另一方面是信息互通，机器设备与产品数据互联互通，最终还要和用户数据互通。也就是说产品在市场上的信息，可以在互联工厂实时反映到加工的设备、物流物料、加工的供应商，甚至员工的绩效也可以由用户对产品的评价驱动。这种互联互通与"工业4.0"所描述的"横向整合"异曲同工。

胶州空调工厂是海尔集团建设的互联工厂，也是"工业4.0"在国内的最新成果。该厂空调的颜色、外观、性能、结构等全部由用户决定，例如用户下单后，订单送达互联工厂，互联工厂随即开始定制所需模块，通过模块化拼装，可以实现用户对不同功能的选择并最大限度缩短产品制造所耗时间。在整个制造过程中，用户可以通过各种终端设备获取订单进程，了解定制产品在生产线上的进度和位置。

海尔互联工厂根据智能制造系统架构，设计出适合自己的转型之路——从"大规模制造"向"大规模定制"的转变（见图16-3）。信息技术（ERP、CMS、质量、财务、物流、供应链管理）和运营技术（传感器、机器、控制器、执行器）的完美融合是推动智能制造的核心动力。互联企业将业务与生产车间环境联系在一起，挖掘这两方面的数据并将其转化为具有指导意义的信息，这需要性能卓越、安全稳定、扩展性强且性价比高的服务器产品的支持。

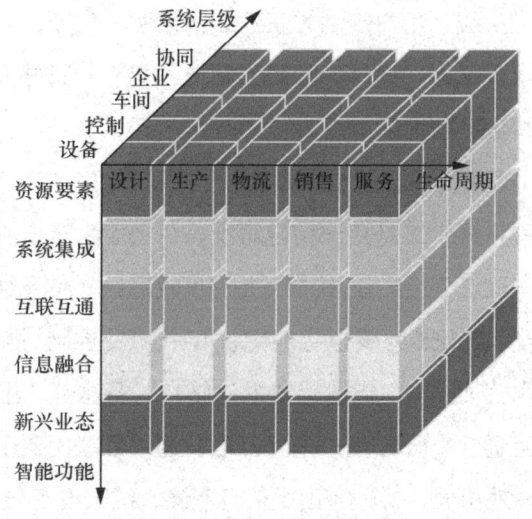

图 16-3　智能制造系统架构

16.3
海尔集团"数据上云"平台

作为世界 500 强企业,海尔集团在全球 17 个国家拥有 8 万多名员工,用户遍布世界 100 多个国家和地区。在发展过程中,海尔集团产生了大量有价值的文档数据资产。目前海尔集团在终端数据保护方面存在以下问题。

- 文档存储分散在员工本地硬盘上,备份困难,容易发生信息丢失、泄露等问题。
- 文档共享无法细分权限,权限混乱,散发范围广,对员工数据访问和带走文件难以有效控制。
- 文档全生命周期管理不能形成日志,无法追溯、审计、定位问题所在并进行有效风险规避。
- 员工终端丢失,容易造成大量终端数据泄露。

因此,海尔集团需要实施统一的海尔数据安全共享与存储管理云平台,保证企业文档资产的安全性,防止外泄。

海尔集团按照实际信息化和安全管理需求,采用 Hadoop 2.0 架构,在集团内部搭建了分布式存储和共享的"数据上云"平台(见图16-4)。基于廉价的硬件资源,搭建海尔数据安全共享与存储管理云平台,使用成熟的分布式架构(包括分布式应用和服务、分布式存储、分布式计算等),确保平台的高性能、高可用、可伸缩和可靠性。产品性能保证超过 10 000 并发用户、超过 30 000 注册用户正常使用并能支持平滑扩展。

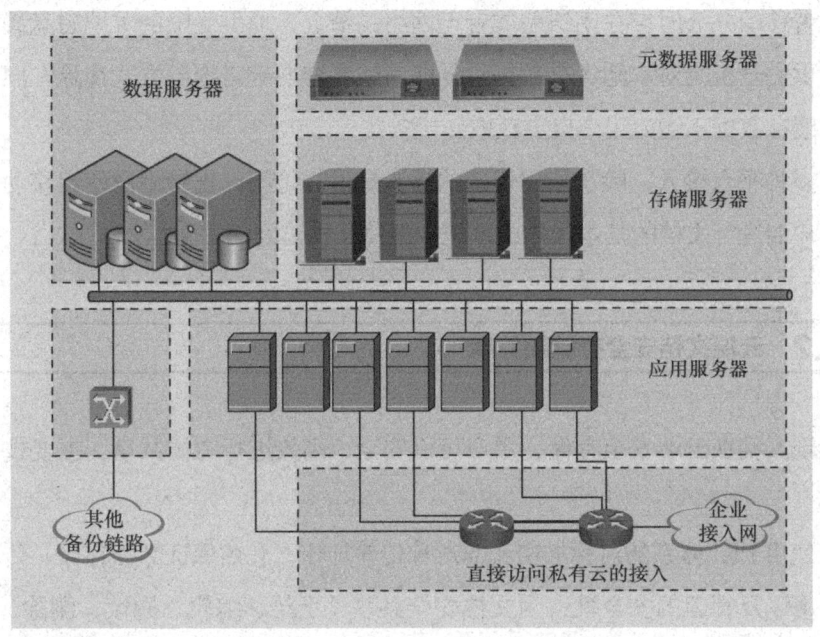

图16-4 "数据上云"平台分布式架构

"数据上云"该平台是制造业第一个应用分布式的存储和计算技术构建的平台,数据集中存储在云端,而应用程序仍然驻留在 PC 端、移动端,可以极大地节约投入成本,同时完成信息化 + 安全管理的有效结合。

16.3.1 终端数据"上云"

海尔集团搭建数据安全共享与存储管理云平台,回收员工工作终端中的办公文档，降低文档泄露风险。主要方式实现如下。

- 终端使用方式上，在客户端电脑安装 Agent，虚拟一个类似于磁盘访问的盘符（保障用户体验，降低学习成本，保证用户快速上手），客户对于文档的访问均仅在此虚拟盘内进行，其他本地磁盘通过组策略或者其他可行方式进行隐藏或禁用，限制用户仅能对虚拟盘进行自主访问和文档存取操作。
- 客户端计算机不再存储办公数据，切断终端数据泄露的途径。考虑到出差或者移动办公时存在网络差或者无网络的情况，提供受限的本地磁盘缓存，提供安全机制对本地缓存数据进行即时或者定期等可定制方式清除，同时保证缓存数据不能为用户自主获取。
- 多种平台接入。除了使用传统的计算机进行访问，支持用户使用移动设备客户端进行文档的基本操作，系统应保障文档访问的安全性。

16.3.2 云端文档安全存储和共享

实现文档在云端安全存储，用户可以安全、高效进行文档共享。主要技术实现如下。

- 使用 PKI 体系的对称加密和非对称传输加密，有效保证数据存储、传输、使用以及管理的安全性，为文档安全共享（上传、编辑、阅读、删除、签入/签出等）提供细粒度的权限控制。
- 云端文档共享应该逻辑区分个人使用空间和共享使用空间，以保证个人和部门间共享。
- 在云端可通过不发送真实文件的方式安全共享文档，以减少对网络资源的消耗和提高安全性。
- 可对云端文档数据根据权限进行检索和使用。
- 支持并维护文档使用的多版本并可避免误删除。

16.3.3 云端文档访问全生命周期安全管理和审计

云中数据访问"事事留痕",为文档访问审计提供依据。主要技术实现如下。
- 系统提供文档生命周期操作的详尽记录,包括操作人、动作、时间、操作文档对象等信息,同时形成基于 Excel 等的日志报表,提供审计依据。
- 平台文档管理可进行二次授权,信息安全审计员、部门文档管理员、运维人员管理权限应进行严格分离,文档访问由各部门进行独立运营并保证权限控制。

16.4 雪松控股集团供应链金融平台

雪松控股集团创立于 1997 年,总部位于广州,是广州本土成长起来的世界 500 强企业、中国大宗商品领军企业,以 2334 亿元营收位列 2021 年世界 500 强第 359 位,连续 4 年上榜,是一家覆盖大宗商品供应链、化工新材料、文化旅游康养、社区智联服务和社会公益服务五大产业板块的民营企业,旗下拥有齐翔腾达、希努尔两家上市公司。

当前,国际经济形势风云变幻,我国中小微企业也面临着产业链重构的影响,同时融资难、融资贵问题依然突出,创新能力不强等问题有待于进一步加强。一方面,传统服务模式和技术条件下,中小微企业缺信用、缺信息、缺抵押的根本症结没有得到解决,依然面临成本高、风险大、效率低、供需不匹配等问题;另一方面,由于信用无法覆盖多级上下游企业,致使处于供应链长尾端的七成中小微企业仍存在融资难题。由于信息不全面导致信息不对称问题,中小微企业只能依赖抵押和质押。目前,市场上的信贷产品比较单一,大多要求企业提供土地、房产这些资产进行抵押、质押,而且经常要求企业家提供个人的无限连带责任担保,这些资金成本和时间成本都转嫁到中小微企业的融资成本上,加大了中小微企业管理者的个人负担。

近年来，尤其自 2020 年以来，随着物联网、区块链和金融科技手段的推广应用，通过专业的大宗商品供应链金融平台，贸易链条"四流合一"得以更好地展现，为金融机构塑造了一个真实可信、不可篡改的线上风控环境，促进了以应收账款融资、订单融资等方式为代表的供应链金融融资模式落地，为中小微企业更好地解决了融资难、融资贵的问题。

雪松控股集团通过"区块链 + 大宗商品"在供应链金融领域的创新业务模式探索，加速供应链金融发展的步伐。通过新业务模式的推广实践，帮助中小型企业解决融资难、融资贵的难题。此外，该项目的顺利建设，帮助区块链技术与传统供应链金融服务业快速融合，为中小微企业提供全流程多场景的服务，为中小微企业有针对性地开发融资产品，帮助金融机构完善对中小微企业的融资产品和服务的不断创新。

16.4.1 "区块链 + 大宗商品"业务场景

基于不可篡改、去中心化、匿名性、公开透明、自治性的特点，区块链技术能够有效解决大宗商品贸易行业虚假贸易、内幕交易、商业欺诈、设立平台对赌、提单仓单重复质押、篡改数据等不规范的交易行为。

通过搭建"区块链 + 大宗商品供应链金融"平台（见图 16-5），充分利用区块链技术特性，能针对性地解决传统业务痛点并优化现有业务流程，实现全业务流程及周边供应链金融、物流、仓储的线上化支持。在该平台中，商品的生产出厂、货物在途运输、货物存放入库、货物贸易关系创建、货物提取出库、第三方机构监管、融资申请等相关核心环节的业务数据将随业务扩展逐步实现全量上链，在实现业务全方位支持的基础上，逐步实现与外部合作方、监管方、服务方业务系统的跨区域、跨机构、跨系统高效便捷对接。

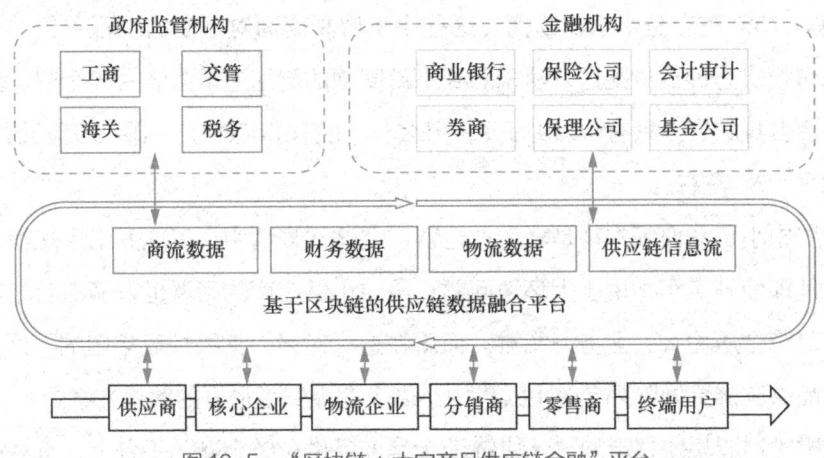

图16-5 "区块链+大宗商品供应链金融"平台

"区块链+大宗商品供应链金融"平台的价值包括但不限于如下这些。

- 业务数据透明化。区块链上的所有信息对全网成员实时公开，包括各级监管机构，从根本上解决交易数据不透明的问题。
- 数据交互实时化。仓储货物的数量和种类必须实时与区块链上的汇总信息相符，监管者可以随时核对检查，而无须事先从交易所或第三方登记机构汇总仓单信息。这有助于现实对交易的实时监管，提高监管效率及灵活度。
- 流程执行自动化。利用区块链建立智能合约，可以通过条件触发自动执行传统合约的条款，执行过程不能人为干扰。
- 业务结算封闭化。这适用于清算结算体系。由于区块链的高度安全特性和数据永久保存特性，它非常适合用来做登记确权，如果交易也在区块链上发生，那么交易和清算同步完成，实现实时清算，尤其是在多层级贸易场景中，能够彻底消除由于延时清算造成的交易多方风险。

雪松控股集团打造的"区块链+大宗商品供应链金融"平台有效地解决了目前大宗商品贸易领域各参与主体的痛点和难点，尤其是中小微企业和金融机构。

16.4.2 疫情实践中的应用（以建材行业为例）

以建材行业工程配送项目为例，目前全国成千上万个工程项目中，上游的建材供应商有70%左右是中小贸易商。这些中小贸易商面对下游的工程单位，一般都是以赊销模式开展建材配送，从采购到下游回款的周期通常为3～4个月。如果一个贸易商自身的资金只有1000万元，那么一年能有3000万～4000万元的收入，毛利水平15%左右。

这些中小贸易商基本都是轻资产运营，在这次疫情中，工地开工大规模延迟，有的工地即使开工了，由于大环境问题，给中小供应商的回款也普遍滞后，使得中小贸易商资金压力大，业务开拓难。而就在这个时候，雪松控股集团的"区块链+大宗商品供应链金融"平台的上线为中小微企业提供了很好的解决方案。

在雪松控股集团打造的"区块链+大宗商品供应链金融"平台上，贸易商只需要提供一些基本资料并与雪松控股集团指定的贸易商签订购销合同，同时由雪松控股集团指定的贸易商与下游工程单位签订购销合同；在平台供应链风控管理下，保障物资真实、安全地配送至工地；在下游工程单位收货确权之后，即可以通过平台合作的金融机构向上游供应商发放贷款。

首先，该平台解决了中小企业融资难的问题。中小贸易商不需要通过不动产抵押或信用担保的方式获取资金，而是通过平台的四流合一、先进的技术集成和O2O的风控管理，获取银行等资金方的充分信任后，按照优质的应收账款等底层资产来融资。所有的融资环节实现在线处理，提升了融资效率，在下游物资确权后1～2个工作日即可放款。相比于之前3.5～4次/年的周转率，可以大幅提升其资金周转，扩大市场规模。

其次，该平台解决了中小企业融资贵的问题。雪松控股集团通过对接国内各大国有银行和商业银行，通过自身的金融优势，成功地为平台客户对接上了一些低成本的资金方，按照目前的平均水平，能为中小企业提供8%左右的资金成本，使得贸易商的利润翻了一倍多。

最后，该平台不断帮助提升中小企业的盈利能力。一方面，雪松控股集团的平台为中小企业成功地提供了便捷、低成本资金，使得平台上的中小贸易商能最大化地利用自身优势开拓市场和客户资源，大幅提升收入和盈利水平。例如上述案例中的中小贸易商，如果有能力和资源获取5倍的订单，在自有资金1000万元的基础之上，通过平台再获得 4000 万元的融资，则全年可以实现 1.5 亿～ 2 亿元的收入，利润相比之前翻了两倍多。另一方面，雪松控股集团通过线上和线下的贸易合作，帮助中小贸易商优化了供应链管理，例如通过综合物流服务或集采服务，帮助中小企业获取更低成本的车辆运输和材料采购，进一步提升盈利水平。

虽然雪松控股集团的平台根据供应链金融的原理，很好地解决了中小企业的融资问题，但目前很多银行还停留在传统的授信理念，对依托核心企业信用而延伸供应链金融授信的新授信理念还不能很好地接受，导致对雪松控股集团的平台的客户授信不足，无法满足平台企业的业务需求和融资需求，这还需要政府有关部门协助推进银行转变观念、提高效率，或者由政府主导、企业参与，成立专项供应链金融基金，通过科技平台，扩大对中小微企业的供应链金融融资支持。

雪松控股集团的"区块链＋大宗商品供应链金融"平台目前已达成交易额 282 亿元，主要服务于华北、华东、华南地区的百余家中小贸易商和加工制造企业，其中，以应收账款和订单融资为主的供应链金融业务已经形成 10 多亿元的业务额，涉及 15 家企业。平台目前已合作的物流和仓储企业共计 100 多家，合作的银行等金融机构有 10 余家，平均放款周期根据不同的项目需要 3～7 个工作日。